연구윤리와 학습윤리

연구윤리와 학습윤리

김명식 엮음

연암서가

엮은이 김명식

고려대 철학과를 졸업하고 같은 대학원에서 박사학위를 받았다. 영국 랭커스터대 포스트닥 연구원, 계간 『과학사상』 편집주간을 지냈고, 현재는 저널 *Environmental Ethics* 편집위원이다. 주요 저서로는 『숙의민주주의와 환경』, 『환경, 생명, 심의민주주의』가 있고, 옮긴 책으로는 『환경윤리』가 있다.

연구윤리와 학습윤리

2013년 11월 20일 초판 1쇄 발행
2016년 3월 25일 초판 2쇄 발행

엮은이 | 김명식
펴낸이 | 권오상
펴낸곳 | 연암서가

등 록 | 2007년 10월 8일(제396-2007-00107호)
주 소 | 경기도 고양시 일산서구 호수로 896번지 402-1101
전 화 | 031-907-3010
팩 스 | 031-912-3012
이메일 | yeonamseoga@naver.com
ISBN 978-89-94054-45-2 93190

값 17,000원

이 책에 수록된 일부 도판은 저작권자와 연락이 닿지 않아 사용 승낙을 받지 못하였습니다.
저작권자와 연락이 닿는 대로 절차에 따라 사용 승낙을 받도록 하겠습니다.

서문

 사회 저명인사들의 표절 시비를 겪으면서 우리나라에서도 연구윤리가 강화되는 추세이다. 연구윤리를 확립하기 위해서는 법적 접근이 필요하지만, 그만큼 교육적 접근도 중요하다고 생각한다. 물론 연구윤리를 법적으로 강제하고, 연구부정행위를 범했을 경우 불이익과 확실한 제재가 따른다는 사실을 각인시킬 필요는 있다. 그래야 건강하고 정의로운 사회가 될 것이다. 하지만 더 중요한 것은 교육적 접근이라고 생각한다. 특히 우리나라의 경우 연구윤리 의식도 부족하지만 연구윤리를 지키는 방법에 대한 지식도 부족하다. 이에 대한 교육이 필요한 것이다. 누군가를 표적으로 삼아 일벌백계하는 것은 만사형통도 아니고 공정하지도 않다.
 연구윤리 교육에는 네 가지 요소가 있다고 한다. 태도(attitude), 지식(knowledge), 기술(skill), 행동(behaviour)이 그것이다. 행동과 태도가 윤리의 영역에 속한다면, 지식과 기술은 방법의 영역에 속할 것이다. 이 두 가지가 잘 조화롭게 교육되어야 할 것 같다.
 연구윤리에는 어떤 확실한 답이 없다. 연구윤리는 어느 몇 가지 원리들에 의해 일반화되지도 않는다. 전공이나 문화별로 고유한 것들이 있어 연구자 공동체에서 일반적으로 통용되는 관행에 의존하기 때문이다. 그래서 어떤 원리를 절대적 진리인 양 가르치는 방법이 아니라 구체적 사례를 가지고 토론해가면서 합의에 도달하는 과정이 필요하다. 바람직한 연구윤리가 무엇인지는 사회문화에 의해 규정되며, 그리고 이는 궁극적으로 토론과 합의의 영역에 속한다는 점을 인식할 필요가 있다.

연구윤리는 효율적 방식으로 교육되어야 한다. 그래서 당연한 말이지만 연구윤리 교육은 지위와 전공에 따라 달리 교육되어야 한다. 가령 연구책임자나 교수들에게는 멘토링의 의미와 연구비 규정, 저자순서 등이 강조된다면, 학부생에게는 논문 쓰는 방법과 각주를 다는 방법 등 기본적인 사항이 강조되어야 할 것 같다. 그리고 이공계열이나 생명과학전공 대학원생에게는 실험실의 수칙, 3R, 사전동의 등이 교육되어야 할 것이다.

이 책은 교육대학 학부생을 위한 학습윤리 개론서로 기획되었다. 그래서 일반적인 연구윤리 이외에 대학생을 위한 학습윤리와 초등 학습윤리로 꾸며 보았다. 초등 학습윤리를 다룬 마지막 2장을 제외하면 일반대학의 인문계 학부생에게도 유용한 학습윤리 교재가 될 것이라고 생각한다.

교수나 자연계열 대학원생을 위한 쓸 만한 연구윤리 입문서는 있었지만 일반대학 학부생을 위한 적절한 학습윤리 책은 눈에 띄지 않았다. 그래서 처음에는 단순한 강의용 소책자로 시작했지만 발전시켜 단행본으로 내게 되었다. 이 책의 장점은 일반적인 연구윤리와 대학생을 위한 학습윤리를 모두 다루고 있고, 그리고 이런 작업에 필요한 만큼 다양한 전공의 연구자들이 참여하고 있다는 점이다. 윤리학, 철학 전공자 이외에 국어학, 과학교육, 정치학, 미술교육 교수가 필자로 참여했고, 초등 학습윤리와 관련해서는 현직 초등학교 교사들이 집필자로 참여하였다.

공동연구로 기획되었기에 여러 번 같이 모여 상호수정할 기회를 가졌다. 하지만 각 장은 각 전공자가 책임지고 작성하는 식으로 집필되었다. 엮은이는 연구와 책을 기획하고, 필자들이 쓴 원고를 마지막으로 손질하는 역할을 수행했다. 겹치는 부분은 최소화하고, 어색한 표현은 손질하고 용어를 통일하는 등 작업을 했지만, 각 장 집필자의 주장은 수정 없이 반영했다.

    여러 번에 걸쳐 수정본을 싫지 않은 표정으로 내주신 집필자 선생님들께 감사드린다. 그리고 원고를 읽고 도움말을 해주신 진주교대의 여러 교수님들, 도덕과의 조기제, 이경원, 김낙진 교수님, 국어과의 박기용 교수님, 과학과의 김경수 교수님께 감사를 드린다. 그리고 관심을 갖고 도움을 아끼지 않았던 노은환 기획연구처장님과 김선유 총장님께도 감사의 말씀을 드린다. 그리고 자료실을 잘 꾸며 유용한 자료를 제공해 준 연구윤리센터, 연구를 지원해 준 한국연구재단, 부족한 원고를 정성스럽게 책으로 만들어 준 연암서가에 감사드린다. 마지막으로 이 책의 부족한 초고를 읽으면서 수업을 함께 했던 진주교대 수강생들에게 고맙다는 말을 전하고 싶다.

2013년 9월
엮은이 김명식

차례

서문 •5

1부 | 연구윤리

1장 연구윤리의 배경과 주제들 _김명식 •17

1. 들어가는 말 •17
2. 연구윤리의 의의 •18
3. 연구부정행위의 발생 배경 •24
4. 연구윤리의 주제들 •27

    4.1 연구진실성과 연구부정행위 | 4.2 이해갈등 | 4.3 멘토링과 협력 | 4.4 인체 대상 및 동물 대상 실험 | 4.5 연구자의 사회적 책임

5. 연구윤리와 연구윤리 교육 •32
6. 나가는 말 : 황우석 사태 •34

생각해 볼 문제 | 더 읽거나 가볼 만한 곳 | 참고자료

2장 연구윤리의 이념과 실제 _김명식 •40

1. 연구윤리의 이념 •40
2. 연구윤리와 과학의 상업성 •44

    2.1 과학의 객관성과 이해관계 | 2.2 과학의 공유주의와 지적 소유권

3. 연구부정행위 •50
   3.1 표절 | 3.2 문헌인용과 표절 | 3.3 저자공헌도 표시 | 3.4 중복게재
   생각해 볼 문제 | 더 읽거나 가볼 만한 곳 | 참고자료

3장 지식재산권과 저작권 _최문성 •63

1. 지식재산권의 중요성 •63
2. 지적 재산권의 개념과 보호체계 •65
   2.1. 개념 | 2.2 지식재산권의 보호체계
3. 저작권 •69
   3.1 의의와 목적 | 3.2 연혁 | 3.3 저작물의 성립요건과 범위 | 3.4 저작권 침해와 구제 | 3.5 저작권의 국제적 보호
4. 특허 전쟁과 일상생활 •79
   4.1 글로벌 기업의 특허 전쟁 | 4.2 일상생활과 저작권 | 4.3 온라인 동영상강의 | 4.4 저작물의 제호(題號)에 관한 사례 | 4.5 최근 저작권 쟁점 사례들
5. 나가는 말 •87
   생각해 볼 문제 | 더 읽거나 가볼 만한 곳 | 참고자료

4장 과학연구윤리 _공영태 •92

1. 과학윤리 문제의 대두 배경과 출처 •92
2. 과학연구윤리의 원칙 •96
3. 데이터 보존과 하우저 사례 •98
4. 연구노트 •100
   4.1 연구노트 현황 | 4.2 연구노트의 유용성 | 4.3 연구지식의 관리 및 전수 | 4.4 연구개발 결과의 법적 보호
5. 과학과 유사과학 •105
   5.1 과학의 특징 | 5.2 과학과 유사과학의 구분

6. 과학기술자의 윤리 •108

    6.1 과학과 기술 | 6.2 과학기술의 빛과 그림자 | 6.3 사회 속에서의 과학기술자 | 6.4 조직에서의 과학기술자

7. 나가는 말 •114

생각해 볼 문제 | 더 읽거나 가볼 만한 곳 | 참고자료

5장 인체 및 동물 대상 실험윤리 _김명식 •117

1. 들어가는 말 •117
2. 의료윤리의 배경과 역사 •118
3. 의료윤리의 네 가지 원칙 •122
4. 동물실험의 역사 •127
5. 동물실험 논쟁 •130

    5.1 윤리적 논쟁 | 5.2 필요성 논쟁

6. 3R •139

생각해 볼 문제 | 더 읽거나 가볼 만한 곳 | 참고자료

6장 연구윤리와 예술 _김정선 •145

1. 들어가는 말: 창조와 모방 사이 •145
2. 위조(forgery), 표절(plagiarism), 패러디(parody) •148

    2.1 모방의 여러 형태 | 2.2 위조(forgery) | 2.3 표절(plagiarism) | 2.4 패러디(parody)

3. 예술에서의 '창조'의 의미변화: 패러디는 왜 표절이 아닐까? •161
4. 예술에서 저작권법과 창조성 •165
5. 나가는 말: 어디까지가 예술? •169

더 읽거나 가볼 만한 곳 | 참고자료

2부 | 학습윤리

7장 학습윤리 _김명식·정보주 •175

1. 들어가는 말 •175
2. 학습진실성과 학습부정행위 •177
3. 학습부정행위의 원인 •181
4. 학습부정행위에 대한 대책 •183
5. 과제물 작성 및 제출 •186
6. 협동학습 •188
7. 기타 학습부정행위 •190
8. 나가는 말 •191

생각해 볼 문제 | 더 읽거나 가볼 만한 곳 | 참고자료

8장 글쓰기 _류성기 •195

1. 들어가는 말 •195
2. 글쓰기 정의 •196
3. 글쓰기 방법 •196

   3.1 글쓰기 과정 | 3.2 설명문 쓰기 | 3.3 논술문

4. 보고서(report) 쓰기 •210

   4.1 의미 | 4.2 체재 | 4.3 작성 방법 | 4.4 평가 기준

5. 졸업논문 쓰기 •214

   5.1 졸업논문의 성격 | 5.2 주제 정하기 | 5.3 선행 연구 고찰하기 | 5.4 자료 수집하기 | 5.5 목차 작성하기 | 5.6 서론 쓰기 | 5.7 본론 쓰기 | 5.8 결론 쓰기 | 5.9 참고문헌 목록 기록법

6. 나가는 말 •229

생각해 볼 문제 | 더 읽거나 가볼 만한 곳 | 참고자료

9장 글쓰기 윤리 _류성기 •232

1. 들어가는 말 •232
2. 글쓰기에서 저작권과 표절 •234
3. 좋은 글쓰기 •236
   3.1 윤리적인 관점 | 3.2 문장론적 관점
4. 나가는 말 •247

생각해 볼 문제 | 더 읽거나 가볼 만한 곳 | 참고자료

10장 초등 학습윤리 _박기혈 •252

1. 들어가는 말 •252
2. 공부의 의미 •254
   2.1 자아에 대한 이해 | 2.2 과학 발전의 의미
3. 공부의 규칙 및 지도상의 유의점 •257
   3.1 공부의 이념과 규칙 | 3.2 공부의 규칙 지도 시 유의점
4. 공부/연구의 부정사례 살펴보기 •261
   4.1 공부, 연구의 부정 사례 | 4.2 공부, 연구(학습)의 부정행위 사례 찾기
5. 나가는 말 •264

생각해 볼 문제 | 더 읽거나 가볼 만한 곳 | 참고자료

11장 초등 글쓰기 윤리 _이점선·류성기 •268

1. 들어가는 말 •268
2. 글쓰기 표절과 글쓰기 방법 •269
   2.1 표절한 시와 창작시 | 2.2 글쓰기 지도 방법
3. 정직한 글쓰기 지도 •275
4. 자기 생각 글쓰기 지도 •282

5. 나가는 말 •288
생각해 볼 문제 | 더 읽거나 가볼 만한 곳 | 참고자료

부록

1. 과학부정행위의 사례_김명진 •295
    1. 윌리엄 서머린 사건 | 2. 존 다시 사건 | 3. 헤르만-브라흐 사건 | 4. 말콤 피어스 사건
2. 연구윤리 확보를 위한 지침_교육과학기술부 훈령 •302
3. 임상시험 설명문 및 동의서_예시 •312
4. 동물보호법_법률 제11737호 •317
5. 학부생용 표절방지 지침 및 연구윤리 준수 확인서 •321

1부
연구윤리

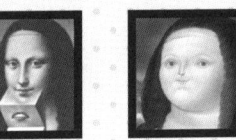

연구윤리의 배경과 주제들 _김명식

연구윤리의 이념과 실제 _김명식

지식재산권과 저작권 _최문성

과학연구윤리 _공영태

인체 및 동물 대상 실험윤리 _김명식

연구윤리와 예술 _김정선

제1장

연구윤리의 배경과 주제들

김명식

1. 들어가는 말

 2005년 황우석 사태는 연구윤리의 중요성을 한국사회에 일깨워 준 일대 사건이었다. 황우석 교수팀은 연구원의 난자 제공, 난자 증여자의 난자 대가 기증, 부당한 저자표시 등 일반적 연구윤리와 관련된 주요 규범을 모두 위반해 세상을 놀라게 했다. 그리고 데이터 위조라는 연구진실성에서 결정적인 잘못을 범함으로써 한국학계 전체에 오명을 남겼는데, 이는 전 세계 연구윤리의 역사를 새로 쓸 정도로 전례 없는 것이었다.[1] 한편 교육부총리, 장관 및 국회의원 등 고위 공직자 후보자들이 인사청문회에서 잇따라 표절 시비에 연루되어 낙마하면서 이

---

[1] 실제로 연구윤리 분야에서 가장 많이 읽히는 샴푸와 레스닉의 책(*Responsible Conduct of Research*) 2판에서는 "남한의 줄기세포 사기"라는 제목으로 황우석 사태를 대표적인 연구부정행위로 소개하고 있다(Shampoo & Resnik, 2009:11-13).

제 교수 출신 후보자들은 논문 검증부터 해야 한다는 소리마저 나오고 있다. 연구윤리가 한국학계를 넘어 한국 사회 전반의 뜨거운 관심사가 된 것이다.

여기서는 우리가 왜 연구윤리를 공부해야 하는지 그 이유를 알아본다. 그리고 연구부정행위가 발생하는 배경과 연구윤리에서 다루는 주제에는 어떤 것들이 있는지 살펴본다.

2. 연구윤리의 의의

일반적으로 연구윤리에 관심을 갖게 된 시점은 대형 연구부정행위가 발생한 이후부터다. 미국의 경우, 1974년 미국 윌리엄 서머린(William Summerlin) 사건, 1981년 미국 존 다시(John Darsee) 사건이 터지면서 연구윤리에 대한 관심이 시작된다. 독일은 1990년 독일 헤르만-브라흐(Hermann-Brach) 사건이 터지면서 연구윤리 교육과 훈련을 제도화하기 시작한다.[2] 미국의 경우, 이 같은 일련의 연구부정행위 사건을 계기로 1985년 관련법규가 제정되어 연구부정행위 사례를 다루는 절차가 확립되고, 1992년 연구윤리국(ORI)이 발족되어 연구윤리와 관련된 일을 담당한다. 우리나라는 2005년 황우석 사태로 인해 연구윤리 문제를 주목하기 시작했고, 2006년 과학기술부가 과학연구윤리와 연구진실성을 확립하기 위한 방안을 연구하여 2007년 2월 '연구윤리 확보를 위한 지침'을 발표한다. 이를 토대로 학회, 대학교, 연구소 같은

---

[2] 이 사례들을 포함해 다양한 연구부정 사건에 대해서는 부록을 참고할 것.

연구기관에서 연구윤리 규정이 만들어지고, 적절한 연구행위를 독려하게 된다.

연구윤리가 중요한 이유는 사회적 관심이 쏠리는 대형 부정사건이 발생한 탓도 있지만, 경미한 부정행위는 이보다 훨씬 더 많다는 사실 때문이다. 이런 점에서 연구부정행위를 소수의 철면피나 하는 짓으로 치부할 수는 없을 것 같다. 2002년 미 국립보건원의 연구비를 지원받은 과학자들을 대상으로 실시한 설문조사에서 과학자들 중 1/3은 열 가지의 심각한 일탈행위 중 한 가지 이상을 저지른 적이 있다고 대답했다. 가령 데이터를 변조했거나 인간 피험자에 대한 중요한 규제사항을 무시한 적이 있다는 것이다(Jim, 2007:243).

연구윤리가 중요하게 부각된 지금도 연구부정행위는 줄지 않고 오히려 증가하는 추세이다. 『웹 오브 사이언스』에 등재된 학술저널의 집계에 따르면, 과학논문의 게재취소 사례가 2001년에는 22건이었는데, 2006년에는 139건, 2010년에는 339건으로 크게 늘고 있다고 한다(오철우, 2011:63).

연구자들에게 적용되는 연구윤리만 문제가 되는 것이 아니다. 공부하는 학생에게 적용되는 학습윤리도 상황은 좋지 않다. 각종 분석에 따르면, 우리나라 외국이나 시험, 리포트, 출석에 나타난 학습부정행위는 심각하다. 1980년대 이후 우리나라 미국 학생들이 시험부정행위를 한 적이 있다고 응답한 비율은 대략 80% 정도로 보고되고 있다.[3]

연구윤리가 중요한 이유, 그리고 연구부정행위를 해서는 안 되는 이유는 다음과 같다. 첫째, 연구부정행위는 학문의 목적에 정반대된다.

---

[3] 자세한 내용은 이 책 7장을 참고할 것(오영희, 1996:152, 심우엽, 2000:88).

우리가 학문하는 목적은 바로 진리를 추구하는 데 있다. 그런데 진리를 추구한다고 하면서 진실한 방법을 사용하지 않는다면 이는 진리탐구라는 학문의 목적에 어긋난다.

둘째, 연구부정행위는 연구자 개인에게도 좋지 않다. 부정행위를 통해 손쉽게 좋은 결과를 얻는다면 누구도 노력하지 않을 것이고, 이것은 그 사람의 지적 성장에 좋지 않은 결과를 초래할 것이다. 그리고 자신이 원하는 목적을 달성하기 위해 연구부정행위를 하는 것은 그 사람의 인격과 도덕성에도 심각한 흠집을 낳을 것이다

셋째, 연구부정행위가 일반화될 경우 학문의 발전은 불가능할 것이다. 노력한 만큼 대가가 지불되지 않은 사회, 그리고 노력한 것 이상으로 대가가 지불되는 사회에서 땀 흘려 노력하려는 사람은 적을 것이다. 학문의 발전은 연구자들의 부단한 노력을 요구하는데, 그런 사회에서 학문의 발전을 기대하기는 어렵다.

넷째, 연구부정행위는 사회 전체에 바람직하지 않은 결과를 낳을 것이다. 만일 적절하지 않은 방법으로 연구성과를 인정받는다면 그것은 그 자체로 정의롭지 못한 일이고, 사회전반에 좋지 않은 풍조를 야기할 것이다.

연구윤리는 윤리학의 중요한 테마이다. 연구윤리에서 가장 기본이 되는 것은 '연구진실성(research integrity)'이다. 여기서 말하는 인테그러티(integrity)는 라틴어 integrita에서 나온 말로, 온전함(wholeness) 혹은 완전함(completeness)을 의미한다. 인테그러티를 인간의 행위에 적용해 보면, 올바른 도덕원리를 온전하게 혹은 완전하게 소유한 사람을 나타내는데, 이는 특히 진실과 관련하여 타락되지 않는 덕성의 상태와 일을 공정하게 처리하는 품성, 올바름, 정직함, 성실함이 되는 성질 혹은

그러한 상태를 말한다. 이 말을 연구에 적용한 연구진실성은 결국 연구자들에게 요청되는 높은 도덕적 기준을 소유하고 이를 확고하게 잘 지키는 성질이라고 말할 수 있다. 이런 점에서 연구진실성은 지적인 정직성과 개인적인 책임감을 말하며, 이것은 바로 도덕적 인격(moral eduction)을 구성하는 중요한 요소라고 할 수 있다.[4]

이런 점에서 연구윤리는 윤리학이 오랫동안 추구해 온 바람직한 인격과 밀접한 관련이 있다. 실제로 유학에서 바람직한 인간상으로 설정한 군자와 성인은 자신의 이익을 탐하여 바르지 않은 길을 마다않는 소인배와 대립되는 개념이다. 연구성과가 가져올 자신의 이익이나 지위를 탐하여 자신의 도리와 명분을 훼손하는 것을 유학에서는 항상 경계해 왔다. 우리 인간에게는 자기의 목표를 위해 최선을 다해 노력하고, 겸손한 마음으로 그 결과를 기다리는 진인사대천명(盡人事待天命)의 자세가 필요한 것이다.

연구윤리를 정착시키기 위해서는 기본적으로 제도적, 법적 접근이 요구된다. 그래서 탈법적인 연구부정행위에 대한 경각심을 높이고, 이를 위반할 경우 가혹한 처벌을 받을 수 있다는 인식을 갖게 해야 한다. 연구부정행위를 범한 사람들이 승승장구 성공하는 것을 막아야 한다. 이것은 그 자체로도 정의롭지 못한 일이지만, 그런 현실에 절망한 많은 사람들이 자신도 이를 모방하려는 것을 막아야 하기 때문이다. 이를 위해서는 연구부정행위에 강력하게 대처할 필요가 있다. 동시에 연구부정행위를 막기 위한 정교한 장치도 필요하다. 점차 교묘하게 행해

---

[4] 이인재(2010:274-275). 그리고 연구진실성에서 요구되는 구체적인 것들로는 Committee on Assessing Integrity in Research Environments(2002:2장)를 참고할 것.

지는 연구부정 행위를 사전에 방지하고, 막을 수 있도록 학술지의 동료심사제도(peer review)를 더욱 강화해야 할 것이다.

하지만 동시에 필요한 것은 연구윤리를 지키는 사회전반의 문화이다. 연구윤리 교육을 통해 사회전반에 걸쳐 연구윤리를 준수하려는 문화를 만들어야 한다. 실제로 우리 사회에는 "법대로 살면 손해 본다"는 식의 탈법의식이 강력하게 자리 잡고 있는 현실을 부인해서는 안 된다. 위반의 규범이 일상화된 현실에서 여론몰이식 재판, 일벌백계식 처방은 곤란하다. 사회문화에 대한 자체 반성이 없는 상태에서의 엄한 처벌은 자기가 잘못해서 처벌받는 것이 아니라 재수가 없어서 처벌받는다는 인식을 주고, 동시에 자기가 잘못한 것만큼만 처벌해야 한다는 '공정한 처벌적 정의관'에도 위배되기 때문이다.[5]

동시에 연구윤리의 제도화 과정과 공론화 과정이 필요하다. 연구윤리의 사회문화적 함의에 대한 이해가 선행되지 않은 채, 사후적으로 징계하는 수준의 대증요법으로는 한계가 있기 때문이다. 또 연구윤리는 전공분야와 문화권에 따라 다른 학계의 관행에 의존한다. 따라서 연구윤리교육은 정해진 것을 일방통행 식으로 암기하는 접근이 아니라 국제 학계에서 요구하면서 동시에 한국사회에 적절한 것들을 함께 찾아가는 방식의 토론식의 접근이 되어야 한다. 이런 점에서 한국사회에서 바람직한 연구윤리는 어떤 것인지에 대한 사회적 공론화 작업이 요구된다. 그리고 학문 분야마다 특수성이 있다는 점에서 그것은 원리적이고 획일적인 접근이 아니라 개별 사례적 접근이 필요하다.

---

5 이런 점에서 사회적 합의를 통해 학문공동체에서 준수되어야 할 이상으로서의 연구윤리와 현실 세계에서 유통되는 실제관행 간의 괴리를 좁혀주는 '적정 윤리 규칙'을 정립하자는 주장도 있다 (김문조·김종길, 2010:5-6, 37).

반면 우리나라에서 연구윤리에 대한 연구와 교육은 미비한 실정이다. 연구윤리에 대한 관심은 황우석 사태 이후에 발생한 것이어서 아직 이 분야에 대한 학계의 연구가 축적된 것이 미흡하다. 과학연구윤리 분야는 그나마 상대적으로 나은 편이지만, 글쓰기 윤리나 연구윤리 교육 분야에 대한 체계적인 저작은 없는 것으로 보인다. 또한 연구윤리와 관련된 교과목은 찾아볼 수 없다. 대학에서 연구윤리를 부분적으로나마 다룬 교과목으로는 의료윤리, 공학윤리, 사회윤리 정도라고 생각된다. 1980년대 후반부터 개설되기 시작해 현재는 거의 대부분의 의과대학에서 필수과목이 된 의료윤리 강좌나, 서울대 등 몇몇 대학에서 인기 교양과목인 생명윤리 강좌에서 연구윤리가 다루어지긴 하지만 대부분 동물실험과 인체 대상실험과 관련된 것들로 한정되어 있다. 2000년대에 들어와 몇몇 대학(한양대, 영남대, 부산대) 등에서 공학윤리나 과학기술사회학 등의 과목이 개설되어 연구윤리의 문제를 다루기 시작했으나, 여기서도 '과학자의 사회적 책임' 정도의 주제만이 다루어지는 것을 보인다. 이러한 상황은 거의 모든 대학에 개설되어 있는 사회윤리 강좌도 마찬가지라고 짐작된다.

   연구윤리에 대한 연구와 교육은 부족한 상태에서 우리나라는 세계적 수준의 연구의 성과만을 강조한 셈이다. 학문 선진국에 진입하고 있는 우리나라 학계의 위상과 역량만큼이나 연구윤리에 대한 연구와 교육이 필요하다 하겠다.

3. 연구부정행위의 발생 배경

연구부정행위는 황우석 사태에서 보이듯 생명과학 분야에서 자주 발생한다. 생명과학 분야에서 과학부정행위가 빈번하게 일어나는 이유는 세포배양처럼 동일한 실험재료를 쓰지 않고서는 실험을 재현하기가 쉽지 않기 때문에 상대적으로 학술지에서 행하는 동료심사(peer review)가 그 기능을 제대로 발휘하지 못하기 때문이다.

하지만 연구부정행위는 비단 생명과학 분야에서만 일어나는 것도 아니고, 우리나라에서만 일어나는 것도 아니다. 그것은 1980년대 연구환경의 변화와 관련이 깊다는 분석이 있다. 과학을 사회학적 관점에서 연구하는 과학사회학자들(김명진, 김종길, 김환석, 오철우, 홍성욱)이 공통적으로 지적하는 것은 다음과 같다.

첫째, 지나친 연구실적 경쟁 때문이다. "출판하라 그렇지 않으면 죽을 것이다(publish or perish)"라는 말에서 드러나듯, 구직, 승진을 위해 학자들은 논문을 내야 하는 압력에 시달리는데, 이것이 연구부정행위를 저지를 환경을 제공한다. 현재 우리나라도 '선택과 집중'이라는 명분 아래 특정 분야와 연구실적이 좋은 연구자들을 집중적으로 지원하면서 연구자들이 연구실적, 특히 양적인 연구실적을 확보하려는 데 관심이 많다. BK21 같은 국가지원사업은 우수한 몇몇 대학만을 집중적으로 지원하는데, 이때 중요한 기준은 연구자들의 연구실적이며, 자신의 대학과 실험실이 살아남기 위해서라도 연구자들은 연구업적을 많이 확보해야 한다.

둘째, 연구의 상업화 때문이다. "특허를 내고 돈을 벌어라(patent and profit)"는 말에서 보이듯이 이제 연구는 연구 그 자체를 위한 것이 아니라 상업적 목적과 결부된다. 대학 또한 대학 간의 경쟁이 치열해지면서 산학협력을 강조하고 소속 교수들로 하여금 특허권을 확보하도록 독려하며 이를 인사고과에 반영하고 있다. 연구의 상업화는 학자들에게 외적 보상을 강화함으로써 연구부정행위의 가능성을 높이고 있다. 과거 연구자들이 주로 급료 형태로 보상을 얻었다면, 지금은 특허권, 주식, 스톡옵션 등의 형태의 보상을 받고 있다. 이런 과정에서 학자들은 학문적 만족 같은 내적 보상보다는 돈과 같은 외적 보상에 더 관심을 가질 가능성이 높다. 물질문화가 지배적인 자본주의 사회에서 연구자들 또한 물질로부터 자유로울 수는 없다.

셋째, 연구의 분업화 때문이다. 현대과학에서 공동연구의 형태를 띠고 있지만, 연구의 분업이 극단적으로 진행되어서 같은 연구팀에 속한 연구자들 사이에도 서로가 무엇을 하는지도 잘 모르는 연구의 쪽방화(compartmentalization)가 진행되고 있다. 그러다보니 자신의 데이터를 조작할 수 있는 여지가 발생한다. 가령 2005년 미국 일간지 『워싱턴 포스트』는 황우석 교수 실험실을 평가하면서 고도로 칸막이화된 공장 조립 라인을 닮았다고 보도했다. 정보교환, 소통이 없는 실험실은 부정과 갈등의 씨앗이 자라는 배경이 되는 셈이다(오철우, 2011:64).

넷째, 실험실의 비민주화 때문이다. 실험실의 인간관계가 위계적일 경우, 하층 연구 인력에게 업무 부담과 노동 강도가 과도하게 강요하게 될 가능성이 높다. 의사결정은 연구책임자나 상위의 소수 연구자들에 의해 독점되고, 심할 경우 하층 연구 인력이 기여한 성과에 대해 인정이나 보상 없이 상층 연구 인력이 전유하는 착취현상도 발생할 수 있다. 실제로 우리나라에서 젊은 연구자들이 연구부정행위 중 위조는 17.2%, 변조는 27.4%, 표절은 28.5%가 심각한 반면, 부당한 저자표시는 52.8%로 가장 심각하다고 지적한 바 있다. 이는 과학자사회의 위계 구조에서 연령과 직급이 낮은 하층과학자들이 지적 착취를 당하고 있으며, 이에 분개하고 있다는 증거가 된다(김환석, 2007:16).

그렇다면, 연구부정행위가 다른 나라보다 특히 우리나라에서 심각하게 발생하는 이유는 어떻게 설명해야 할까? 그것은 한국사회의 구조적 문제와 연관되지 않을 수 없다.

첫째, 압축성장과 관련된다. 압축성장에 익숙해져 과정보다는 결과, 노력보다는 성과를 강조하는 분위기가 우리 사회에 존재한다는 사실을 부정할 수 없을 것이다. 박정희시대 이래 우리나라는 전 세계가 부러워하는 눈부신 경제성장을 해왔다. 하지만 그 이면에는 정경유착, 부동산 투기 등 우리 사회의 어두운 것들이 존재하고, 여기에서 학계도 자유로울 수는 없다. 결과를 내야 한다는 목소리에 정당성에 대한 고민이나 문제 제기는 사치로 간주되었던 것이다.

둘째, 선택과 집중에서 강조되는 일등주의와 관련된다. 우리 사회에서는 언제부터인지 오로지 금메달만 스포트라이트를 받고, 은메달은 무시되어 왔다. 그래서인지 은메달을 딴 선수가 기쁨이 아닌 회한의 눈물을 흘리는 기이한 모습을 종종 목격한다. 또 어느 회사는 "역사는 오로지 1등만을 기억한다."고 공공연하게 광고까지 했다. 그러다보니 광범위하게 연구 인력들을 육성시키려는 노력보다는 손쉽게 소수의 과학자에 의존하려는 사회현상이 만연되었고, 이들에게 집중적인 지원이 이루어졌다. 과거 황우석 사태에서 우리는 이것의 전형을 발견한 바 있다.

셋째, 우리나라 학계에 잔존한 봉건주의 유산이다. 의사결정이 소수의 상층부에 의해 독점되는 것은 정부나 기업뿐만 아니라 학계에도 일반적인 현상이다. 가장 자유로워야 할 대학과 연구기관에 도제식 사제관계가 지배적이어서 민주적인 소통은 부재했다. 그러다보니 서로 견제하고 감시하고 때로는 내부고발하는 것이 거의 불가능했다. 그리고 우리 사회에 만연한 학연, 지연 문화에서 학계도 예외일 수 없었다. 연고를 가진 사람들끼리 뭉치고, 서로 봐주는 탓에 연구선정, 연구관리 및 연구평가 과정에서 부조리가 발생하곤 했다. 이런 점에서 연구부정행위의 발생은 우리나라 사회구조와 무관하지 않은 것이다.

4. 연구윤리의 주제들

4.1 연구진실성과 연구부정행위

연구윤리에서 가장 기본적으로 다루는 주제는 연구진실성이다. 연구진실성에서 진실성은 두 가지 연관된 의미를 담고 있다. 첫째 그것은 정직성(honesty)을 의미하며, 이는 윤리적 행위와 연관된다. 둘째 충실성은 완전함(whole) 또는 온전함(intact)을 의미하는데, 이는 연구수행 과정에서 세심함과 정확성이 필요함을 말해 준다(Friedman, 2001:252). 연구진실성은 이런 점에서 인격과 관련된 윤리적 측면과 세심함 및 정확성과 관련된 기술적 측면을 동시에 담고 있다.

연구진실성(research integrity)이 연구윤리에서 높은 기준을 유지하는 데 초점을 맞춘 용어라면, 연구부정행위(research misconduct)는 연구에서 바람직하지 못한 행위를 지칭하는 말이다. 미국연방정부에 따르면, 연구부정행위의 정의는 "연구를 제안하고 수행하고 보고하는 과정에서 과학자 사회 내에서 통상적으로 받아들여지는 것으로부터 심각하게 빗나가는 여타의 실행들"이다. 그리고 여기에는 고의성이 없는 실수는 포함되지 않는다(Friedman, 2001:273-278).

연구부정행위는 연구자가 해서는 안 되는 최소한의 요구사항인 반면, 연구진실성은 연구자가 추구해야 할 목표라고 할 수 있다. 또 우리는 '통상적으로'라는 구절에서 연구부정행위의 범위가 확연하게 그어지지 않는다는 점을 알 수 있다. 그것은 필요에 의해 규정과 지침으로 설명하고 교육할 수는 있겠지만, 기본적으로 학문공동체에서 행해지는 관행들에 의해 정해진다. 그리고 관행들은 학문공동체에서 무형의 형태로 존재하며, 주로 멘터의 멘티에 대한 전승을 통해 내려온다고 말할 수 있겠다. 그리고 관행들은 전공에 따라 문화에 따라 다른 형태로 존재할 수 있을 것이다.

4.2 이해갈등

최근 연구윤리분야에서 가장 활발하게 논쟁이 되는 부분이 이해갈등(COI: conflict of interest)이다. 금전적 이해가 과학연구에 미치는 영향은 점점 커지고 있다. 제2차 세계대전 이후로 R&D에 대한 정부의 대규모 투자가 시작되었고, 이후 제약, 생명공학, 생의학, 컴퓨터 및 정보시스템과 같이 R&D를 강조하는 산업분야에서 대규모의 기업자금이 유입되었다. 미국의 경우, 전체 연구자금의 60% 이상을 민간 기업이 지원하고 있다(Resnik, 김명진 역, 2005:33).

그러다보니 산학협동이 강조되고 있는데, 산학협동의 계약서 중에는 연구비를 지원한 기업이 연구결과물을 최종 승인하거나 결과물의 출판을 선별적으로 허용할 수 있는 권한을 갖는다는 조항을 포함하는 경우도 있다. 이 경우 연구비 지원기관은 당연히 자신의 이해관계에 어긋나는 연구결과의 출판을 저지하려고 한다. 실제로 미국 담배회사는 자신이 지원한 수많은 연구결과물에 대해 출판을 거부했다. 출판이 거부된 결과의 대부분은 연구비를 댄 담배회사의 기대와는 달리 담배가 건강에 악영향을 미친다는 결론을 담고 있다. 이때 담배회사는 자신의 이해를 추구할 권리가 있다. 왜냐하면 기업은 이윤을 추구하는 집단이기 때문이다. 반면 과학자 집단은 객관적인 과학지식을 얻으려고 노력한다. 여기서 필연적으로 이해충돌이 존재한다. 이 문제를 어떻게 할 것인가?(이상욱, 2011:145-147).

또 과학적 지식의 공유주의와 공개주의도 도전받고 있다. 연구자들은 논문을 학술지에 내거나, 특허출원을 하기 전에는 아이디어나 데이터, 실험결과를 공유하기를 꺼린다. 또 기업자금을 지원받고 있는 연구자가 데이터나 연구결과를 공개할 수 있는 권리를 제한하는 계약서에 서명한 경우라면, 그는 결과를 논문으로 내기 전에 정보를 공유하지 않아야 할 법적 의무를 지게 된다. 이것은 과학의 전통적인 덕목이었던 공유주의 및 공개주의와 충돌하는 것이다.

4.3 멘토링과 협력

자연과학에서 연구는 대부분 공동연구 형태로 이루어진다. 실험실에서 연구책임자나 지도교수(mentor)와 연구원 또는 학생(mentee)의 협력관계가 필요한 것이다. 미국의 국립과학아카데미는 멘토를 "다른 사람이 성공적인 전문가로 발전할 수 있도록 돕는 데 특별한 관심을 갖는 사람"으로 정의한다. 좋은 멘토는 상대방이 교육적 경험을 최대로 활용할 수 있도록 지도하고, 해당 조직의 문화에 잘 적응할 수 있도록 지원하며, 적합한 일자리를 찾을 수 있도록 도와주는 사람이다.

그러나 연구책임자와 연구원의 실제관계는 상당히 복잡하여 때때로 갈등이 생기기도 한다. 연구책임자와 연구원의 관계는 평등하지 않다. 연구책임자는 연구원보다 지식과 경험도 많고, 지위와 권력에서도 차이가 있다 보니 때로는 연구책임자가 연구원을 착취할 수 있다. 가령 연구책임자는 연구원에게 적절한 평가나 보상을 하지 않거나, 심지어는 연구책임자가 연구원의 아이디어를 도용하여 자신의 연구 과제로 추진하는 경우도 있다. 그리고 정반대로 멘티가 멘토에 적절한 존중을 하지 않거나, 자신에게 주어진 일은 하지 않고, 일방적으로 멘토를 이용하거나 요구만 하는 경우도 있을 수 있다.

멘토에게는 어떤 자세가 요구되는가? 그리고 멘티에게 요구되는 것은 무엇인가? 만일 멘토와 멘티 간에 갈등이 발생할 경우, 멘티는 어떻게 그 문제를 해결해야 하는가? 멘토와 멘티 간의 바람직한 의사소통과 협력의 방법은 무엇인가?

4.4 인체 대상 및 동물 대상 실험

인류는 오랫동안 인체와 동물을 대상으로 연구를 진행해 왔다. 인간을 대상으로 한 임상실험이나 동물을 대상으로 한 동물실험은 새로운 의약품, 시술법을 시험할 때 요긴하게 쓰였다. 최근에는 인간유전체, 유전자치료, 배아줄기세포 연구를 통해 더욱 확대되는 모습을 보인다.

하지만 인간은 과연 실험대상이 될 수 있는가 하는 물음은 인체 대상 실험의 역사만큼 오래된 것이다. 특히 근대 이후 인간의 존엄성에 대한 존중이 기본 전제가 되면서 이러한 물음은 더욱 제기된다. 이런 점에서 만일 인간에 대한 실험이 허용된다면, 그에 맞는 합당한 절차는 무엇이고, 허용 범위는 어디까지인가 하는 물음에 직면한다. 그리고 그것에 대한 윤리적 정당화는 어떤 방식으로 행해져야 하는가?

1970년대 이후 동물보호운동이 본격화되면서 동물실험도 비판의 대상이 되기 시작한다. 생각만큼 동물실험이 효과가 없으며, 또 이를 대체할 수 있는 방법도 있다는 주장도 제기되었다. 이런 관점에서 동물실험은 허용될 수 있는가 허용된다면 그 범위는 무엇이고, 이때 주의할 점은 무엇인가 하는 문제가 부각된다.

4.5 연구자의 사회적 책임

과학의 발달에 따라 우리 사회에서 과학이 미치는 영향력이 확대되고 있다. 과학은 우리에게 많은 혜택을 주고 있지만 때로는 예상하지 못한 거대한 피해를 주고 있다. 1945년 원자탄 투하는 인류에게 과학의 위험성을 알려주는 중요한 계기가 되었다. 이후 환경과학, 유전공학, 그리고 최근 나노과학에 이르기까지 과학의 위험성이 제기되면서 관련 과학자들의 책임이 강조되는 추세이다.

이와 관련해 많이 인용되는 것이 아티야(Michael Atiyah)의 주장이다. 1997년 슈뢰딩어 강연에서 그는 부모가 자신들이 만든 아이에 대해서 도덕적 책임을 지듯이, 과학자들도 자신들이 만들어낸 과학적 발견에 대해서 도덕적 책임이 있다고 역설하였다. 그에 따르면, 첫째, 과학자들은 평균적인 정치가나 시민보다 기술적 문제들을 잘 알고 있으며, 지식은 그에 따른 책임을 수반한다. 둘째, 과학자들은 나중에 출현할지 모르는 파생적 문제들을 해결하는 데 있어서 기술적 자문 및 지원을 제공해 줄 수 있다. 셋째, 과학자들은 현재의 발견으로부터 발생할지 모르는 미래의 위험들에 대해 경고를 할 수 있다. 넷째, 과학자들은 국가의 경계를 넘어서는 국제적 우애관계를 형성하며, 따라서 인류 전체의 이익을 위한 전 지구적 관점을 취하기에 좋은 위치에 있다(김환석, 2001:14 재인용).

우리나라에서도 과학기술과 관련된 사회적 논쟁이 있다. 핵발전소 및 핵폐기물처리장 건설 논쟁, 유전자조작식품의 유해성 논쟁, 생명복제논쟁, 4대강 논쟁, 나노공학의 안전성 논쟁이 그것이다. 그리고 그 분야의 전문지식을 보유한 과학자가 전문가로서 증언을 해야 할 때도 있다. 이런 공론장에서 과학자들은 어떤 방식으로 설명할 것이고, 정책결정에서 어떤 역할을 수행해야 하는가?

과학자 중에는 세계평화와 전쟁방지를 위해 노력한 사람들도 많고, 그 중에는 노벨평화상을 수상한 사람도 있다. 라이너스 폴링(Linus C. Pauling)은 1962년에, 안드레이 사하로프(Andrey D. Sakharov)는 1975년에, 조지프 로트블랫(Joseph Rotblat)은 1995년에 노벨평화상을 받았다. 폴링은 핵무기 중단을 촉구하기 위해 전 세계 과학자들이 서명한 청원서를 국제연합에 제출했고, 사하로프는 스탈린 독재체제를 비판했으며, 로트블랫은 핵무기를 비롯한 군비 축소의 문제를 해결하는 데 이바지했다(송성수, 2011:139-141).

5. 연구윤리와 연구윤리 교육

바람직한 연구를 한다는 것은 단순히 연구부정행위를 저지르지 않는 것을 넘어, 좋은 연구(good research)를 수행하는 것이다. 이와 관련해 우리는 다음과 같이 연구활동의 스펙트럼을 구분할 수 있다.

① 좋은 연구수행(Good Research Practice: GRP): 연구자가 지켜야 할 핵심 가치들, 즉 정직성(정직한 정보전달과 연구자 윤리강령의 성실 이행), 정확성(연구결과의 정확한 보고와 데이터의 최소오차), 효율성(현명하고 낭비 없는 자원 이용), 객관성(명확한 설명과 부당한 편견의 기피) 등을 잘 준수하는 것.
② 연구부정행위: 날조, 변조, 표절, 자기기만과 속임수
③ 의심스런 연구수행(Questionable Research Practice: QRP): 연구부적절 행위로 연구부정행위까지는 아니지만 결코 바람직하거나 좋은 연구수행도 아닌 것(이인재, 2010:272).

우리는 날조나 표절 같은 연구부정행위를 하지 않은 것을 넘어서, 좋은 연구수행을 지향해야 하며, 의심스런 연구수행도 하지 않도록 노력해야 한다. 그리고 우리의 연구윤리교육도 이 점을 강조할 필요가 있다. 위조, 변조, 표절 같은 연구부정행위에 집중하는 대신, 판단이 어려운 실수 또는 부주의에 의한 사례에 관심을 집중해야 한다. 실수 또는 부주의에 의한 연구행위도 비난받아야 하며, 그렇게 교육해야 하는 것이다.[6]
연구부정행위와 의심스런 연구수행을 구분하는 기준은 크게 두 가지이다. 첫째 연구윤리에서 벗어난 정도가 매우 심각하다는 점, 둘째

---

[6] 연구윤리에서 이런 입장을 강조하는 글로는 최훈&신중섭(2007:103-126)을 참고하라.

그것이 의도적이라는 점이다. 여기서 특히 강조되는 것은 의도성이다. 즉 의도적으로 시행되었거나(intentionally), 알면서 고의적으로 행하였거나(knowingly), 부정행위여부에 개의치 않고(recklessly) 이루어졌을 때를 말한다

'의심스런 연구수행'은 일종의 회색지대(grey areas)로 대략 다음과 같은 것들이 속할 것이다. 편견에 기초한 연구, 빈약한 연구설계, 연구데이터의 부적절한 기록, 연구데이터의 부적절한 보존, 연구 자료에 대한 합당한 공개 및 공유에 대한 거절, 연구 심사나 리뷰를 할 수 있을 만큼 충분한 데이터를 갖지 않은 상태에서 연구결과를 공개하는 경우, 부적절한 연구 감독 또는 멘토링, 연구결과의 중요성을 강조하기 위한 부적절한 데이터의 통계처리 등이 여기에 속한다. 그런데 2005년 저명한 과학저널 『네이처』가 미국 NIH로부터 연구비를 지원받은 연구자 3,274명을 설문조사한 결과를 보면, 연구부정행위는 1% 이하인 데 비해 의심스런 연구수행은 적게는 10%에서 많게는 50%까지 발생하는 것으로 파악된다(이인재, 2010:273).

'의심스런 연구수행'을 피하고 '좋은 연구'를 지향하려면 우리에게는 연구윤리에 적절한 태도와 행동 이외에 좋은 연구를 수행하는 데 필요한 지식과 기술이 요구된다. 좋은 연구를 위해서는 지식(knowledge), 기술(skill), 태도(attitude), 행동(behaviour) 모두가 필요한 것이다.

6. 나가는 말 : 황우석 사태

2005년은 한국 과학계에 있어 희비가 극단적으로 교차한 해였다. 서

울대 황우석 교수 연구팀이 2005년 5월 『사이언스』에 발표한 맞춤형 인간배아복제 줄기세포에 관한 연구 논문은 유례없는 국민적인 열광과 지지를 이끌어내었지만, MBC PD수첩 취재진과 생물학연구정보센터(브릭)의 과학자들이 제기한 논문의 조작 가능성은 국내외에 큰 충격을 안겨주었다.

  수많은 논란 끝에 행해진 서울대와 국가생명윤리위원회의 조사결과는 최초 185개의 난자로부터 11개의 환자 맞춤형 줄기세포가 추출되었다는 황우석의 발표가 거짓된 것임을 확연히 보여 주었다. 조사결과에 따르면, 연구에 사용된 난자 수는 185개가 아니라 2,221개이며, 줄기세포주로 존재한 것은 11개가 아니라 단지 1개이며, 이것도 처녀생식세포일 가능성이 높은 것으로 판명되었다. 이 과정에서 제출된 면역염색 사진, DNA 지문 분석 데이터, 테라토마 분석이 모두 조작 내지 허위로 밝혀졌다.

  그리고 난자 취득과정에서의 대가 기증 및 연구원 기증으로 인해 연구의 윤리성 문제에도 심각한 결함이 있는 것으로 판명되었다. 그 외에 연구에 참여하지 않았지만 박기영 청와대 과학비서관을 『사이언스』 논문의 공동저자로 등재한 것, 그리고 일부 연구비의 부적절한 관리도 문제로 지적되었다.

  그렇다면 왜 국민들은 그토록 황우석에 열광했는가? 황우석 현상에 대해서는 다양한 분석이 있다. 윤리학자 홍석영은 황우석이 파토스적 설득에 능했다는 점에 주목한다. 파토스는 화려한 수사로 청중의 감성에 호소하는 전략이다. 실제로 황우석은 "눈물 없이 볼 수 없었던 어느 척수 환자를 기억한다.", "줄기세포 연구는 세계적으로 80만 명에 달하는 척수 신경증 환자들의 희망이 될 수 있을 것" 등에서 보이듯이 인간이 갖고 있는 환자들에 대한 동정심을 적절히 자극한다. 물론 줄기세포를 통한 치료가능성에 대한 그의 주장은 매우 과장된 것임에 분명하다(홍석영, 2009:246-248).

특히 황우석은 애국주의 또는 민족주의 파토스를 잘 활용했다. 가령 "미국의 심장부에서 생명공학의 고지 위에 태극기를 꽂고 왔다.", "외국으로부터의 거액의 스카우트 제의를 물리치고 한국을 위해 연구한다.", "과학에는 국경이 없지만 과학자에게는 조국이 있다." 등은 듣기만 해도 가슴 찡한 것들이었다.

언론보도를 통해 황우석은 보기 드문 헌신적인 과학자로 그려졌다. "직장을 얻게 되면 우선 아파트 평수부터 늘릴 궁리부터 하는 세상에 35평형 아파트에 전세를 사는 서울대 교수", "30대 회사 과장만 돼도 비즈니스 석을 타려고 여객기에서 이코노미석만 고집하고, 미국 주최측이 특급호텔을 예약해줘도 연구원들과 함께 있기 위해 50달러 미만의 허름한 모텔에 묵은 50대의 세계적 과학자."

그의 모습이 실제로 그런지는 알 수 없다. 분명한 것은 논문을 조작했고, 연구원의 난자 채취 과정에 대해 거짓 증언을 하였고, 연구비의 일부를 부당하게 집행했으며, 연구 논문에 공저자 표기를 부당하게 했다는 것이다. 그리고 연구비 수주와 관련해 정치권력과 적절히 밀착해 "현직 대통령뿐만 아니라 차기 대권주자까지도 능숙하게 관리했다."는 지적마저 있다.

우리는 여기서 왜 대중은 황우석에 환호했는가를 물어보아야 하다. 홍석영은 황우석이 사용한 현란한 수사법에 대중이 현혹된 면도 있겠지만, 다른 한편으로 대중의 요구에 그가 응답한 면도 있다고 지적한다. 대중은 지식인들에게 근면, 겸손, 국가에 대한 사랑 등을 요구했고, 황우석은 그런 대중의 요구에 적절히 응답했다는 것이다.

한편 사회학자 이영희는 황우석 현상을 한국인 특유의 '한(恨)'의 정서와 결부시켜 설명한다. 그에 따르면, 한국 사회에는 한의 정서가 뿌리 깊게 박혀 있다. 한의 정서는 억울함이나 피해의식이라고 할 수 있는데, 이것은 지배계급이나 외세에 대해 억압받았던 일반대중들이 오랫동안 느꼈던 감정이다. 그런데 대중들은 의대가 아니라 수의대 소속이자 국내박사 출신이고 비경기고 출신이었던 황우석에 대해 같은 비주류로서의 동질감을 가졌고, 황우석의 몰락 또한 그의 잘못 때문이 아니라 주류세력에 의한 부당한 탄압 때문이라고 느꼈다는 것이다. 이런 배경에서 주류세력이 부당하게 황우석을 탄압하고 있다는 음모론이 인터넷에서 횡행했다고 본다(이영희, 2007:40-44).

생각해 볼 문제

1. 황우석 교수팀이 행한 연구윤리 부정행위에는 어떤 것들이 있는가?
2. 황우석 교수팀은 줄기세포는 아니지만 원천기술을 확보했기 때문에 국익을 위해 이를 덮어두자는 주장이 일각에서 제기되었다. 이런 주장은 정당화될 수 있는가?
3. 황우석 교수에 대한 대중의 열광적 지지는 어떻게 설명할 수 있겠는가? 과연 황우석에 대한 대중들의 기대는 잘못된 것인가?
4. 제2의 황우석 사태를 막기 위해서 요구되는 것은 무엇인가? 엄격한 동료심사제도 이외에 어떤 것들이 있을까?

더 읽거나 가볼 만한 곳

1. 연구윤리센터 홈페이지 자료실, http://www.cre.or.kr/
원래는 '좋은 연구'라는 이름으로 조선대 조은희 교수의 좋은연구센터에서 운영하다가, 지금은 연구윤리정보센터(CRE)에서 운영하고 있다. 자료실에는 연구윤리에 대한 각종 정보들이 체계적으로 잘 정리되어 있다.
2. 유네스코한국위원회 편(2001), 『과학연구윤리』, 당대.
우리나라에서 연구윤리를 본격적으로 다룬 최초의 저작이다. 연구윤리의 주요 쟁점들을 일목요연하게 정리하고 있다.
3. 한재각·김병수·강양구(2006), 『침묵과 열광-황우석 사태 7년의 기록』, 후마니타스.
황우석 건에 대해 지속적으로 문제를 제기한 시민과학센터의 한재각, 김병수와 프레시안의 강양구가 황우석 사태를 비판적으로 바라본 책이다.

참고자료

김명진(2002), 「한국의 과학윤리 현황과 앞으로의 과제」, 『과학사상』, 43호.
김문조·김종길(2010), 「과학선진국 연구윤리 가이드라인과 한국사회에의 시사점: 미국 영국 독일 덴마크 사례를 중심으로」, 『담론』, 13권 2호.
김환석(2007), 「과학부정행위의 구조적 원인」, 『과학기술학연구』, 7권 2호, 한국과학기술학회.
송성수(2011), 「과학자 사회: 연구실 안과 밖의 과학자」, 이상욱·조은희 편, 『과학윤리특강』, 사이언스북스.
심우엽(2000), 「학업부정행위의 실태 및 원인 분석과 대처방안」, 『초등교육연구』, 14권 1호.
오영희(1996), 「대학생들의 학업부정행위에 대한 연구」, 덕성여대 『사회과학연구』, 4권.

오철우(2011), 「황우석 사건을 다시 돌아보며」, 『공학교육』, 18권 5호, 한국공학교육학회.

이상욱(2011), 「이해충돌과 과학연구윤리」, 『과학철학』, 14집 1호.

이영희(2007), 「황우석 사태는 얼마나 한국적인가?: 황우석 사태의 보편성과 특수성 읽기」, 『과학기술학연구』, 7권 2호, 한국과학기술학회.

이인재(2010), 「연구진실성과 연구윤리」, 『윤리교육연구』, 21.

조은희(2011), 「과학연구윤리지침만들기」, 『공학교육』, 18권 5호.

최훈·신중섭(2007), 「연구부정행위와 연구규범」, 『과학철학』, 10집.

홍석영(2009), 「지식인 개념으로 본 연구윤리-황우석 사태를 중심으로」, 『윤리교육연구』, 20집, 한국윤리교육학회.

홍성욱(2011), 「연구윤리의 사회적 맥락」, 『공학교육』, 18권 5호.

Committee on Assessing Integrity in Research Environments(ed)(2002), *Integrity in Scientific Research*, The National Academies Press.

Friedman, Paul, 김명진 역(2001), 「연구윤리 서설」, 유네스코한국위원회 편, 『과학연구윤리』, 당대.

Jim, Giles(2007), "Breeding Cheat", *Nature* 445(18 January, 2007), 242-243.

Resnik, David B(2000), "Financial Interests and Research Bias", *Perspectives on Science* 8: 3(2000) 255-285, 김명진 역(2004), 『시민과학』, 51호, 32-53.

Shampoo, Adil E. & Resnik, David B(2009), *Responsible Conduct of Research*, Oxford University Press.

제2장

연구윤리의 이념과 실제

김명식

1. 연구윤리의 이념

일반적으로 연구윤리의 이념과 관련해 논의의 시발점이 되는 것은 머튼(Robert Merton)의 주장이다. 머튼은 과학 공동체에는 고유한 에토스(ethos)가 있다고 보고, 이를 하나하나 분석한다. 그에 따르면, 그것은 과학자들이 갖고 있는 감정, 가치, 규범들의 복합체로 과학자들의 내면세계를 지배한다. 과학의 에토스들은 명문화되지도 체계화되지도 않았으나, 과학 공동체 내에서 훈계와 모범의 형태로 전승되고 과학자들에 의해 내면화되어 일종의 초자아를 형성한다. 머튼이 제시한 규범은 과학자들을 겨냥한 것이지만, 비단 과학자들뿐만 아니라 학문 연구자 일반에 적용될 수 있다. 머튼이 제시한 과학 공동체의 규범은 다음 네 가지이다(Merton, 서현호 외 역, 1998:505-521).

첫째, 공유주의(communism)이다. 머튼에 따르면, 과학의 발견들은 과학자 개인이 아니라, 과학자 공동체의 집단적 노력의 산물이다. 따라서 누군가가 그것을 최초로 발견했다고 해서, 그 사람 혹은 후손들이 그것을 소유하려고 하는 것은 잘못이다. 지적 소유에 대한 과학자들의 권리 주장은 자신이 발견한 것에 상응하는 '인정과 존경'으로 한정되어야 한다. 그리고 과학자들은 데이터와 연구결과를 공개하고 공유해야 한다. 모든 과학연구는 개방적으로 수행되어야 하며, 그 결과로 나온 지식은 과학자사회의 공유물이 되어야 한다.

둘째, 보편주의(universalism)이다. 과학자들은 지식의 타당성을 평가할 때 보편적이고 객관적인 기준에 의해서만 평가해야 한다. 과학적 지식의 타당성은 우리의 관찰과 일치하는가, 기존의 확증된 지식들과 부합하는가 그 여부에 기초해서 판단되어야 한다. 그것들은 일종의 '비인격적 기준'들로, 그것을 주장하거나 평가하는 과학자의 인격적인 것과는 별개의 것이다. 즉 과학자의 인종, 성, 국적, 소속기관의 명성과 무관하게 평가되어야 하는 것이다. 이런 점에서 일체의 특수주의(particularism)는 배격된다. 자민족중심주의, 국가주의는 거부되어야 하며, 진리를 추구하는 과학자에게 조국은 없는 것이다.

셋째, 탈이해관계(disinterestedness)이다. 머튼에 따르면, 과학자들은 오직 진리추구에만 관심을 두며 개인적 이해관계를 추구해서는 안 된다. 과학자들은 지식에 대한 열정, 호기심, 이타주의적 관심 등을 갖고 연구를 진행해야 한다. 과학자의 연구활동은 과학자 개인의 인기나 신념, 경제적 이해관계 등과 상관없이 오로지 진리추구라는 과학 본연의 관심에만 인도되어야 하며, 과학자는 개인의 이익을 추구하기 위한 수단으로 자신의 연구를 이용해서는 안 된다.

넷째, 조직화된 회의주의(organized skepticism)이다. 과학자들은 높은 표준의 엄밀성을 추구하며, 충분한 증거 없이 어떤 믿음을 받아들여서는 안 된다. 즉 과학자들은 경험적이고 논리적인 기준에 근거해서 내용을 검토해야 하며, 기존의 전통 및 관습, 의례에 의존해서는 안 된다. 과학자들은 오로지 과학적 증거에 입각하여 확실한 지식에 도달할 때까지 모든 주장에 대해 비판적이고 회의적인 태도를 견지해야 한다.

머튼의 네 가지 규범은 영문 첫 글자들을 따서 이른바 CUDOs라고 불리면서, 실제로 미국의 많은 학회에서 윤리강령을 제정하는 데 참고가 되었다고 한다(김환석, 2001:25). 하지만 머튼의 규범은 오늘날 심각한 반론에 직면하고 있는데, 이것들을 하나하나 살펴보자.

첫째, 머튼의 규범은 과학의 객관주의 또는 보편주의를 전제로 한다. 과학의 객관주의는 철학에서는 논리실증주의, 사회학에서는 구조기능주의에서 오랫동안 지배적인 전통으로 영향력을 행사해 왔는데, 오늘날 그 위상이 흔들리고 있는 것으로 보인다. 과학의 객관주의는 관찰의 객관성, 즉 관찰 결과는 누가 보더라도 동일하다는 가정에 의존한다. 그런데 핸슨(N. R. Hanson)이 제시한 이른바 '관찰의 이론 의존성(theory-laden observation)' 테제는 관찰의 객관성을 그 기초부터 무너뜨리고 있다. 실제로 X선을 보았을 때 일반인들의 눈에 그것은 단지 검은색과 흰색으로 보이지만, 전문가의 눈에는 병의 징후를 알리는 의미체계로 보이기 때문이다. 즉 우리의 관찰도 우리가 갖고 있는 선이해나 이론으로부터 자유로울 수가 없다. 또한 쿤은 『과학혁명의 구조』에서 과학사에 대한 분석을 통해 과학자들의 관찰이 과학자들이 갖고 있는 패러다임에 의해 영향 받고 있음을 설득력 있게 보였다.

둘째, 머튼의 규범은 과학자사회의 실제 규범구조와 일치하지 않는다는 것이다. 즉 머튼의 규범구조는 실제로 존재하는 과학자사회를 기술한 것이 아니라, 이상적인 과학자사회를 그리고 있을 뿐이라는 주장이다. 이는 사기나 증거조작 등과 같은 과학자들의 일탈행위가 매우 만연하고 있다는 사실에서 잘 드러난다. 특히 과학의 보편주의는 단지 과학자들이 외부에 자신들의 행동을 설명할 때 사용되는 이데올로기적 주장에 불과하다고 비판된다. 과학은 사회로부터 각종 지원을 받으면서도, 연구 활동에 대해 무한에 가까운 자율성을 주장해 왔는데, 머튼의 보편주의 주장은 과학의 독립성을 방어하기 위한 좋은 도구일 뿐이라는 것이다. 요약하면, 과학의 보편주의는 과학의 자율성을 방어하기 위해 과학자들이 사용하는 정당화의 이데올로기일 뿐이라는 것이다(박희제, 2006:24).

반면 머튼을 방어하는 사람들은 과학 사기나 표절 같은 일탈행동에 대한 과학자들의 분노를 보면 도덕적 규범의 존재를 인정하지 않을 수 없다고 반박한다. 만일 과학자들이 최소한 자신의 이념적 지향점으로 그러한 연구윤리의식을 갖고 있지 않다면, 과학자들은 표절 같은 행위에 대해 그런 분노를 느끼지 않았을 것이기 때문이다. 실제로 우리는 황우석 사태가 터졌을 때, 브릭의 젊은 과학자들이 이에 분노하고 사실을 규명하려고 헌신적으로 노력한 것을 목격한 바 있다. 만일 과학자사회에 고유한 도덕적 규범이 없었다면, 그런 헌신적인 노력은 불가능했을 것이다. 만일 연구부정행위가 과학자사회에서 심각한 비난과 처벌을 받는다면, 그것은 과학자 사회에 이에 상응하는 도덕규범이 실재한다는 것을 입증한다고 볼 수 있는 것이다(김명심·김환석, 2009:5).

2. 연구윤리와 과학의 상업성

2.1 과학의 객관성과 이해관계

머튼의 보편주의 규범도 비판받지만, 공유주의 규범과 탈이해관계 규범도 오늘날 과학의 상업화 경향으로 심각하게 도전받고 있다. 또한 이론물리학 같은 순수과학 분야에서는 모르지만, 오늘날 강조되고 있는 응용과학에서 공유주의와 이해관계의 초월이 과연 가능한가와 관련해 회의가 드는 것도 사실이다.

실제로 산학협동의 계약서 중에는 연구비를 지원한 기업이 연구결과물을 최종 승인하거나 결과물의 출판을 선별적으로 허용할 수 있는 권한을 갖는 조항을 포함하는 경우가 있다. 이 경우 연구비 지원기관은 자신의 이해관계에 어긋나는 연구결과의 출판을 저지하려고 하고, 실제로 미국의 담배회사는 자신이 지원한 수많은 연구결과물에 대해 출판을 거부했다. 이 연구결과들은 담배회사의 기대와는 달리 담배가 건강에 악영향을 미친다는 결론을 담고 있었기 때문이다. 어떻게 보면 담배회사는 자신의 이해를 추구할 권리가 있다. 왜냐하면 기업은 이윤을 추구하는 집단이기 때문이다. 기업들에 있어서 연구의 객관성은 그 자체 목적이 아니라 하나의 수단일 뿐이다. 그래서 연구의 객관성은 기업의 목표인 이윤추구에 도움이 되면 유용한 것이겠지만 그렇지 않을 경우 제한된 의미만을 갖게 될 것이다. 반면 과학자 집단은 객관적인 과학지식을 얻으려고 노력한다. 여기서 필연적으로 이해충돌이 존재한다.

더 심각한 것은 기업의 연구비 지원이 연구결과의 출판뿐만 아니라 연구 그 자체에 영향을 미친다는 점이다. 물론 기업이 연구를 지원했다고 해서, 그것이 자동적으로 연구의 객관성을 무효화하는 것은 아니다. 하지만 많은 관찰들은 연구비를 지원받았을 경우 대부분 연구비 지원기관에게 유리한 연구결과가 나온다는 사실을 보여 준다. 가령 새로운 치료약의 제조회사가 연구에 돈을 대는 경우 대부분 그 치료약에 유리한 결과가 나온다. 어느 조사에 따르면, 새로운 항암제를 개발한 회사가 그것에 관한 연구를 지원할 경우 이 중 5%만이 불리한 결론에 도달하는 반면, 동일한 항암제에 관해 다른 조직이 지원할 연구에서는 38%가 불리한 결론을 내놓았다고 보고했다(Resnik, 김명진 역, 2004:42).

연구자들의 입장도 이해관계로부터 완전히 자유롭다고 말하기는 어렵다. 과거에도 앙투안 라부아지에는 화학연구에서 돈을 벌었고, 제임스 와트는 증기기관 설계로부터 이익을 보았으며, 마이클 패러데이는 전자기 현상에 관한 연구로, 토머스 에디슨은 그의 발명품들로부터 이익을 얻었다. 포드, 웨스팅하우스, 듀폰, IBM, 제너럴 일렉트릭, 마이크로소프트 등과 민간회사들은 R&D로부터 엄청난 수익을 얻었다. 특히 최근 많은 연구자들은 봉급 이외에 보수를 주식 형태로 받는 경우도 있다. 최근 오늘날의 연구자들은 신약에 관한 특허 하나만 얻어도 당장 억만 장자가 될 수 있다.

이런 점을 고려할 때 연구에서 금전적 편향을 완전히 제거하려는 시도는 비현실적이라는 지적이 가능하다. 그래서 연구자들이 이익추구를 무조건 비판할 수 없다는 시각도 있다. 가령 과학철학자 이상욱은 연구자들이 자신의 금전적 이익이나 사회적 권위를 추구하는 것을 비난해서는 안 된다고 본다. 적절한 수준의 금전적, 비금전적인 이해관심이 실제로 과학연구를 촉진시키는 데 기여해 온 점도 무시할 수 없으며, 따라서 중요한 것은 어떤 경우가 과도한 이익추구인지, 그래서 바람직하지 않은 결과를 낳는지 인식하는 것이라고 주장한다.

이런 문제의식에서 이상욱은 이해충돌 상황에서 나름의 표준적 절차를 제안한다. 이는 만일 자신의 연구에 자기의 이해관계가 개입될 경우 이를 사전에 미리 밝히고, 가능하면 이들 이해충돌을 조정하려고 노력하며, 이해충돌의 정도가 개인의 양심에 따른 조정에 맡겨 두기에는 너무 크거나 중대한 경우에는 아예 문제가 되는 사회적 행위를 금지하거나 논의 과정에서 당사자를 배제하는 방법 등이다. 이를 "밝히고, 조정하고, 배제하는" 원칙이라고 부를 수 있다(이상욱, 2011:139-141).

반면 연구윤리학자 레스닉은 상황을 더 심각하게 바라본다. 그는 이해관계가 과학의 목표인 객관성을 침해한다는 점에 주목한다. 그에 따르면 '객관적인 것(objective)'과 '편향되지 않은 것(unbiased)'은 다른 것이다. 토마스 쿤의 지적대로 과학의 객관성은 도달 불가능한 목표일 수도 있지만, 편향의 감소는 도달 가능한 목표이기 때문이다. 그리고 이해관계가 연구의 신뢰가능성에 상당한 영향을 미치는 것은 분명하다. 설사 훌륭한 동기를 가진 과학자라 하더라도 많은 돈이 걸려 있는 경우에는 자기기만이나 여타의 미묘한 편향에 빠져들 수 있다고 보는 것이다.

레스닉은 이상욱보다 좀 더 많은 것을 요구한다. 먼저 그는 이상욱과 마찬가지로 연구과정에서 이해관계가 개입될 경우 그것을 공개하고, 이를 감안해 동료연구자들이 논문을 평가해야 하며, 중대한 이해관계가 있을 경우는 아예 리뷰 논문을 못 쓰게 해야 한다고 주장한다. 여기까지는 이상욱과 입장이 같다. 그런데 그는 여기서 더 나아간다. 그는 가급적 기업의 연구자금보다는 정부의 자금을 이용할 것을 권한다. 그리고 정부의 자금지원 결정과정에 과학계와 대중의 의견을 적절히 반영해야 한다고 주장한다. 그리고 데이터를 감시하고, 데이터와 연구결과에 대한 접근가능성을 증대시킴으로써 이해관계에 기초한 편향을 제어해야 한다고 본다(Resnik, 김명진 역, 2004:34, 48-51).

이상욱의 제안과 레스닉의 제안 중 과연 어떤 것이 더 설득력이 있을까? 분명한 것은 연구비 지원은 연구과정에도 지대한 영향을 미친다는 것이고, 그렇지만 현대과학은 연구비 지원 없이는 수행할 수 없다는 점이다.

2.2 과학의 공유주의와 지적소유권

오늘날 과학의 상업화, 그리고 그에 따르는 지적소유권과 특허권의 문제는 과학의 연구규범 중 하나인 공유주의에 심각한 도전이 되고 있다.

지적재산권은 "지적 재산을 일정기간 동안 배타적으로 사용, 수익, 처분할 수 있는 권리"이고, 특허권은 "특허를 받은 발명을 독점적으로 이용할 수 있는 권리"이다, 과학자들은 연구결과를 가지고 때로는 특허를 얻어 엄청난 부를 쌓기도 했다. 그리고 이러한 유인이 있었기에 과학의 발전은 가능했을지도 모른다. 하지만 이것은 머튼이 앞서 제기했던 공유주의와 충돌한다. 다음 사례를 살펴보자.[1]

1980년대 중반부터 시작된 인간유전체 계획은 유전체 염기 서열을 모두 밝혀내려는 초대형 프로젝트였다. 30억 달러 이상의 거대한 자금을 쏟아 부어 미국, 중국, 독일, 프랑스, 영국, 일본 등 여섯 나라의 연

---

[1] 다음 왓슨의 사례와 지적소유권에 대해서는 대부분 김재영(2011:88, 115)을 참고.

합으로 출간한 인간유전체 계획은 전 세계의 주목을 끄는 대단한 연구 프로젝트였다. 그런데 1992년 4월 미국 국립보건원 산하의 국립인간유전체 연구소 소장이던 제임스 왓슨(James D. Watson)은 갑자기 소장직을 사임했다. DNA의 이중 나선구조를 밝힌 공로로 노벨생리의학상을 받은 왓슨에게 인간유전체 계획은 매우 의미 있는 일이었고, 왓슨이 인간유전체연구소 소장을 맡게 된 것은 자연스러웠다. 도대체 무엇 때문에 왓슨은 이 프로젝트에서 손을 떼게 되었을까? 그 이면에는 특허권의 문제가 도사리고 있었다.

당시 보건원 원장이었던 버나딘 힐리(Bernardine Healy)는 350개의 DNA에 대해 특허를 출원했다. 왓슨은 특허출원에 맹공격을 퍼부었다. 불완전한 정보에 대해 특허를 출원하는 것은 대단히 어리석은 일이며, 제대로 알지도 못하는 핵산의 염기 배열이 특허로 묶여 버린다면 더 이상의 연구가 진행되기 힘들다는 것이 왓슨의 생각이었다.

반면 힐리는 미국 공공기관이 인간 유전체에 대한 특허를 차지하지 못한다면 인간 유전체 계획에 참여하고 있던 다른 나라(특히 일본)가 먼저 특허를 신청할 것이라고 주장한다. 미국 국립보건원이 점잖게 원칙을 지키면서 재빨리 대응하지 못하고 있다가 다른 나라가 특허를 신청해서 승인을 받게 되면 이후의 연구들이 모두 이 특허에 대한 비용을 고스란히 짊어지게 되리라는 것이다. 실제로 비슷한 시기에 영국의 분자생물학자 시드니 브레너는 유전자 절편에 특허를 신청하기도 했다.

왓슨의 입장은 머튼이 제기한 과학의 공유주의와 맥을 같이 하는데, 토머스 제퍼슨의 다음 글은 매우 감동적으로 과학의 공유주의를 옹호한다.

자연이 만든 것 가운데 배타적 재산권과 가장 가깝지 않은 것이 바로 아이디어라고 불리는 사고력의 작용이다. 개인이 혼자 간직하는 한 그것은 그의 배타적 소유이지만, 밖으로 내뱉는 순간 모든 사람의 소유가 되고 누구도 거기에서 벗어날 수 없다. 아이디어의 또 다른 특징은 모두가 전부를 가지고 있기에 아무도 남들보다 적게 가질 수 없다는 점이다. 누가 나의 아이디어를 전달받았다고 해서 내 것이 줄어들지 않는다. 누가 내 등잔의 심지에서 불을 붙여 갔다고 하더라도 내 등잔불은 여전히 빛나고 있는 것이다. 도덕적으로 서로를 교육하며 사람들의 형편을 개선할 수 있도록 아이디어가 자유롭게 확산되어야 한다는 것, 이는 자연이 준 특유하며 자비로운 선물이다. 구석구석을 비추며 사방으로 뻗어 나가는 빛처럼, 그리고 우리가 그 속에서 숨 쉬고 움직이는 공기처럼 자연은 아이디어에 배타적 소유나 제한을 두지 않았다. 본질적으로 발명은 재산권의 대상이 될 수 없다(김재영 2011:109에서 재인용).

제퍼슨의 후예들은 오늘날에도 활발하게 활동하는데 그 예가 '오픈 액세스(open access)' 운동이다. 오픈 액세스는 연구를 통해 얻은 결과를 인터넷을 통해 누구나 읽을 수 있도록 하는 것이다. 실제 우리는 과학연구 논문을 보는데 많은 돈을 지불해야 하기 때문에, 돈이 없거나 대학 또는 연구기관에 적을 두지 않는 사람은 이 논문들을 이용하는 데 어려움이 따른다. 오픈 액세스 운동은 과학연구의 결과인 학술지 자체를 온라인화 하여, 누구에게나 접근가능하게 한다. 이것은 '자유 소프트웨어 운동'의 영향을 많이 받았다. 그것은 이용 복제 배포가 자유로운 소프트웨어를 개발하고 보급하는 것을 말하는데, 현재 컴퓨터 운영 시스템으로 지배적인 지위를 누리고 있는 마이크로소프트사의 윈도우에 대항하여 많은 사람들이 리눅스(Linux)에 관심을 갖고 있는 것도 이런 자유 소프트웨어 운동에 기초한 것이라고 할 수 있다.

오픈 액세스 운동과 자유 소프트웨어 운동은 세계인권선언에 의해 정당화된다. 세계인권선언 제27조 1항에 따르면, "모든 사람은 공동체의 문화생활에 자유롭게 참여하고, 예술을 감상하며, 과학의 진보와 그 혜택을 향유할 권리를 가진다."고 함으로써 공유주의를 지지한다. 그런데 바로 그 다음의 제2항은 정반대의 내용을 담고 있다. 제2항에서는 "모든 사람은 자신이 창조한 모든 과학적, 문학적, 예술적 창작물에서 생기는 정신적, 물질적 이익을 보호받을 권리를 가진다."고 함으로써 지적재산권을 지지한다. 이 규정들, 즉 공유주의 규정과 지적재산권 규정 중 과연 어느 것이 우선되어야 할까?

3. 연구부정행위

미국 과학기술정책국에 따르면 연구부정행위(research misconduct)는 첫째, '통용되는 관행과 매우 다른' 행위이면서 둘째, '고의적으로 알고 있으면서 혹은 무모하게' 행해지는 부정행위이면서 셋째, '아주 많은 증거를 통해 입증된' 행동이다. 연구부정행위에 대한 미국정부의 이러한 정의는 그야말로 심각하면서 증거가 충분한 부정행위만을 연구부정행위로 한정하고 있음을 알 수 있다. 이것은 미국 연방정부의 입장에서는 어쩌면 억울할 수도 있는 개인을 최대한 보호하는 동시에 발생할지도 모를 법적 논란을 피하려는 의도가 있지 않나 짐작된다.

미국 과학기술정책국은 연구부정행위를 연구의 계획, 수행, 혹은 심사 또는 결과보고에 있어서 발생하는 위조(fabrication), 변조

(falsification), 표절(plagiarism)로 정의하고 있다.

첫째, 위조는 존재하지 않는 데이터 또는 연구결과를 허위로 만들어내는 행위를 말한다.

둘째, 변조는 연구재료 장비 과정 등을 인위적으로 조작하거나 데이터를 임의로 변형 삭제함으로써 연구 내용 또는 결과를 왜곡하는 행위를 말한다.

셋째, 표절은 타인의 아이디어, 연구내용 결과 등을 정당한 승인 없이 또는 인용 없이 도용하는 행위를 말한다.

우리나라 교육부와 서울대학교 연구윤리 규정에서는 이 세 가지 이외에 연구부정행위로 '부당한 논문저자표시'를 포함시킨다. 그것은 연구에 공헌을 한 사람에게 논문 저자 자격을 부여하지 않거나, 공헌하지 않는 사람에게 논문저자 자격을 부여하는 행위를 말한다.

3.1 표절

표절(plagiarism)은 무엇인가 남의 것을 몰래 훔치는 것으로 다른 사람의 아이디어나 글을 훔치고 그 훔친 것을 자신의 것이라고 주장한다는 의미를 내포하고 있다. 훔치는 대상이 물질이 아닌 다른 사람의 생각이나 글과 같은 정신적 산물이라는 점에서 표절은 지적인 절도로 규정된다(이인재, 2010a:147). 표절이 잘못된 것은 물론 저작권법에도 위배되지만, 무엇보다 지적인 사기로 자기 자신과 독자 전체를 기만하는 행위이기 때문이다. 그것은 정직하지 못한 행위로 자신이 노력하지 않으면서 명예와 결과를 쟁취하려는 일종의 무임승차 행위이다. 표절이 사회전반에 만연할 경우 창작의 의욕을 감소시킴으로써 학문의 발전에 장애가 된다는 점에서 심각하게 고려할 필요가 있다.

표절의 형태는 다양하다. 연구윤리규정 중 비교적 상세히 만들어진 고려대학교 연구윤리규정은 표절을 몇 가지 형태로 나누어 정의하고 있다. 그것은 아이디어 표절, 텍스트 표절, 모자이크 표절이다. 먼저 '아이디어 표절'은 창시자의 공적을 인정하지 않고 전체나 일부분을 그대로 또는 피상적으로 수정해서 그의 아이디어(설명, 이론, 결론, 가설, 은유 등)를 도용하는 행위를 말한다. '텍스트 표절'은 저자를 밝히지 않고 타인 저술의 텍스트 일부를 복사하는 행위를 말한다. '모자이크 표절'은 타인 저술의 텍스트 일부를 조합하거나, 단어를 추가 또는 삽입하거나, 단어를 동의어로 대체하여 사용하면서 원저자와 출처를 밝히지 않는 행위를 말한다.

그 외에 중복게재를 자기표절이라고 하여 넓은 의미의 표절에 포함시키는 경우도 있다. 중복게재가 문제가 되는 것은 자신이 쓴 것이라도 일단 학술지에 발표되었으면 공적 영역에 속하는 것이므로, 더 이상 자신의 것이 아니며 인용을 할 때는 적절하게 출처표시를 해야 한다는 것이다(이인재, 2010b:283).

일반적으로 '여섯 단어' 이상의 연쇄 표현이 그대로 반복되었을 경우 표절로 본다. 하지만 일부 학문 선진국에서는 '다섯 단어'로 보기도 하고, '여덟 단어'라는 주장도 있다. 여기서 우리는 표절의 범위가 명확하지 않다는 점을 짐작할 수 있다. 또 표절의 기준으로 단순히 겹치는 글자 수로 드는 것은 문제가 있다. 가령 광고물의 경우가 그 예이다. 가령 "여성의 피부는 권력이다", "침대는 과학이다"라는 광고문은 서너 단어에 불과하지만 강한 메시지를 전하는 광고문이어서 남의 것을 옮겨다 광고에 쓴다면 곧바로 표절이 될 것이다. 즉 옮겨다 쓴 부분의 양도 중요하지만, 내용과 질에 있어서 원 저작물의 주요 핵심인지가 양에 못지않게 중요한 기준이 된다(이정민, 2007:32-33).

최근 수년 동안 우리나라에서 표절은 심각한 사회적 문제가 되어 왔다. 제자의 작품을 자신의 시집에 임의로 삽입한 마광수 교수 사건부터, 김병준 교육부총리, 최근 스포츠스타 출신 문대성 국회의원에 이르기까지 수많은 사회 지도층 등이 연루되었다. 한편 예술분야에서는 인기가수 이효리의 신곡이 표절사태로 철회되는 소동이 있었다. 외국에서도 러시아의 지도자 푸틴이나 저명한 인권운동가 마틴 루서 킹의 학위논문도 표절 논란을 거쳤다.

그런데 표절은 많은 논란을 야기하고 있다. 표절에 대한 기준과 정의가 명확하지 않기 때문이다. 특히 과거 예술에서의 표절이 그렇다. 가령 마네의 대표작〈풀밭 위의 점심식사〉는 이전 시대의 화가 라파엘로, 티티안, 쿠르베의 그림을 베끼고 있지만 표절로 간주되지는 않았다. 전문가들은 이것을 일종의 인용으로 인식한 것이다. 또 드보르작, 바르토크, 코플런드 같은 고전음악가들도 민요의 멜로디를 '표절'하고 이전의 고전음악을 인용했다고 한다.[2]

더 재미있는 것은 셰익스피어이다. 그가 『안토니우스와 클레오파트라』에서 바지선에 올라 탄 클레오파트라를 묘사하는 부분은 플루타르크의 『영웅전』의 안토니우스의 부분을 무운시의 형식으로 그대로 패러프레이즈한 것이다. 그런데 셰익스피어는 그런 사실을 감추려고 애쓰

---

[2] 마네와 셰익스피어와 관련된 이하의 표절 논란에 대해서는 Posner, 정해룡 역(2009:71-89) 참고.

지 않았다. 플루타르크를 읽은 사람이라면 그 부분이 플루타르크의 안토니우스와 클레오파트라의 바지선 장면이라는 것을 알 수 있었을 것이기 때문이다.

이 당시는 창의성을 독창성(originality)이 아니라 개량(improvement)으로 이해했기 때문에, 셰익스피어나 마네의 모방을 표절이 아니라 창조적 모방으로 본 것이다. 셰익스피어나 마네처럼 모방하고 베끼는 사람이 원작보다 더 나은 것을 생산하는 경우(셰익스피어의 바지선 장면)나 원작과 현저히 다른 경우(티티안에 대한 마네의 재창조 등)는 모방이 새로운 가치를 만들어내는 경우로 보아 나쁘게 평가하지 않은 것이다. 그래서 밀턴은 다른 작가로부터의 '차용'은 오직 "차용인을 통해 개선되지 못하는 경우에만, 훌륭한 작가들 사이에서, 표절로 간주된다."고 했다. 또 "모방의 대상을 신중하게 고르고 그것을 자기 식으로 재해석하고 나아가 그것을 뛰어넘어 훌륭하게 되고자 노력하는 것을 통해 진정한 독창성이 획득된다."는 지적도 있다.

실제로 고전은 새로운 매체를 통해 끊임없이 재창조된다. 소설 『엠마』는 영화 〈클루리스〉, 연극 〈피그말리온〉은 뮤지컬 〈마이 페어 레이디〉로, 볼테르의 『캉디드』는 레너드 번스타인의 뮤지컬 〈캔디드〉로, 셰익스피어의 『로미오와 줄리엣』은 〈웨스트사이드 스토리〉로 재창조되었다. 이 작품을 본 대부분의 사람들은 이것들이 표절되었다고 보지는 않는다.

3.2 문헌인용과 표절

표절은 곤란하지만 글을 쓰는 과정에서 다른 사람의 생각이나 저작

〈토론 자료〉 인용과 표절 사이

논문표절 사건으로 교육부총리가 낙마했다. 이 사건은 일단락되었지만 논문표절에 관련된 논란은 앞으로도 계속될 것이다. 논문표절 문제가 수면 위로 떠오른 것은 한국학계의 투명성(透明性)을 높인다는 측면에서 바람직하지만 표절의 정의를 너무 확대 해석하면 교수들의 연구활동을 위축시킬 것이다.

이번 사건에서는 비난하는 측과 해명하는 측 모두에게 논문표절의 한계에 대해서 명확한 인식이 없었다. 논문표절의 영어단어인 plagiarism은 원래 납치자(拉致者) 또는 해적(海賊)을 의미하며 말 그대로 다른 사람의 글을 훔쳐오는 것을 일컫는다.

그러나 해적과는 달리 남의 글을 가져 오되 원전을 밝히기만 하면 문제가 없다. 여기서 남의 글이란 다른 사람뿐 아니라 자기가 쓴 다른 글도 포함된다. 따라서 자신의 논문이라 하더라도 거의 같은 논문을 원전을 밝히지 않고 서로 다른 학술지에 발표하는 것은 해적행위로서 불법이다.

그렇다면 확실히 원전을 밝히면서 남의 글만 잘 모아 놓은 논문은 어떻게 되는가? 이러한 논문은 불법은 아니지만 논문으로서 가치가 없다. 학술적 논문이란 기존의 학문적 프런티어를 발전시키는 것이다. 따라서 우선 기존의 프런티어를 잘 설명하면서 문제점을 찾아야 하는데, 이때 다른 글들을 많이 인용하게 된다.

어떤 사람들은 논문에는 모두 자기 아이디어만 담아야 한다고 주장하고 있으나 매우 잘못된 생각이다. 이러한 글은 수필은 될 수 있어도 학문적 연구논문은 아니다. 논문이란 새로운 아이디어만을 제시하는 것이 아니라 이미 알려진 지식과 논문에서 주장하는 새로운 지식의 차이점이 의미 있음을 보여 주는 것이다. 다시 말해서 논문이란 '기존지식+알파'라고 표현할 수 있으며 이 알파가 논문의 공헌도이다.

(중략)

우리가 과거 선진국에 많이 뒤쳐져 있었을 때는 빨리빨리 지식을 전파하는 것이 우선이었기에 표절시비가 별로 없었다. 이제 선진국의 문턱에 들어선 우리는 '학문적 알파'의 의미를 정확히 알고 이를 발전시키는 학문적 풍토를 마련해야 한다. 이번 교육부총리 사건이 논문의 가치 및 표절의 한계를 제대로 짚어보는 학문발전의 기회가 되어야 한다.

〈출전: 문휘창(서울대 국제대학원 교수), 『한국경제신문』, 2006. 8. 17)

생각해 볼 문제

1. 인용과 표절은 어떤 차이가 있는가?
2. 인용이 없고, 오로지 저자 자신의 생각으로 채워져 있는 글은 좋은 글인가?
3. 인용하는 부분이 전체 글에서 어느 정도 분량이 될 때 적절한 인용이라고 할 수는가?

물의 도움을 안 받을 수도 없다. 자기 글의 모든 부분을 자기만의 생각대로 채운다는 것은 위험하고 독선적인 태도이다. 이런 점에서 문헌 인용은 매우 중요한 학문적 행위이다. 독서를 통해 다른 사람의 생각이나 정보를 참고하는 것은 학문을 하기 위해 반드시 필요한 절차이다. 다른 사람에게서 도움을 받았다면 이에 대한 적절한 인용 표시를 통해 이러한 사실을 밝히면 된다. 우리가 인용을 하는 이유는 원저자 혹은 이전 연구자의 지적권리를 인정하고 감사하는 뜻을 표하기 위해서이다. 이전 연구 업적에 고마움을 표현하는 과정에서 그 분야의 역사를 재인식할 수 있다. 이전의 어떤 연구들이 행해졌는가를 기술함으로써 앞으로의 방향을 제시하고 새로운 연구의 장을 준비한다.

적절한 인용은 학문의 발전과 소통에서 중요한 역할을 한다. 앞의 토론 자료를 보고 인용과 표절의 차이에 대해서 음미해 보자.

3.3 저자공헌도 표시

현대과학의 특징 중의 하나는 거대과학이고, 또 연구를 위해서는 풍부한 재원뿐만 아니라 많은 인력이 요구된다는 점이다. 공동연구는 자연과학이나 공학에서 많이 이루어지지만 다른 분야에서도 적지 않게 이루어진다. 가령 교육학에서는 아무래도 이론이 강한 대학교수와 현장에서 직접 실무를 담당하고 있는 현직교사의 공동연구가 필요할 때가 있다.

그런데 2006년 중앙일보와 하이브레인 넷(www.hibrain.net)의 조사결과에 따르면, 논문부정행위를 경험한 적이 있느냐에 대해 91.5%가 경험한 적이 있으며, 가장 심각한 것으로는 공저자 끼워넣기를 손꼽았다. 경험한 적이 있다고 응답한 279명 중 무려 267명이 응답한 것에서 이것의 심각성을 알 수 있다(김형순, 2011:237).

저자 공헌도와 관련된 문제를 방지하기 위해서는 공동연구를 진행하기 전에 연구자들이 모여 역할과 상호관계를 분명히 하고 그에 따른 책임의 소재를 정할 필요가 있다. 그리고 저자의 기여도를 표시할 때 중요한 기준은 연구결과에 대한 학술적·기술적 기여도이다. 학술적·기술적 기여도의 예로는 다음과 같이 있을 것이다. 연구의 착상 및 설계는 누가 했는가? 데이터 수집 및 해석은 누가 했는가? 그 다음 실제 초고를 작성한 사람은 누구인가? 최종 원고의 승인은 어떠한 과정을 거쳤는가 등이 고려되어야 할 것이다. 그리고 만일 실제 연구과정에서 원래 예정되었던 역할과 공로가 변화되었을 경우, 연구자들은 저자순위를 다시 조정해야 할 것이다.

논문저자 순서에 대해 합의된 원칙은 없다. 그러나 일반적으로 연구의 대부분을 수행한 제1저자는 제일 처음으로, 연구책임자는 제일 뒤로 한다. 그리고 연구책임자는 교신저자로 데이터의 정확성을 책임지며, 저자로 기록될 자격이 있는 사람들을 빠뜨림 없이 기록하며, 모든 저자들의 최종 초안을 승인하고, 교신과 질문에 대한 응답을 할 책임이 있다(김형순, 2011:251).

한편 논문저자 자격이 없는 사람을 저자로 올리는 소위 '명예'저자

관행은 시급히 개선되어야 한다. 가령 연구가 시행된 부서나 프로그램의 주임교수라든가, 연구지원금을 제공했다든가, 그 분야의 선도적 연구자이든가, 시약을 제공했다든가, 주요 저자의 멘토라고 해서 이름이 올라가서는 안 된다. 감사의 글에서 이들의 이름을 언급할 수는 있지만, 저자로 기재해서는 안 된다(교육부, 2007:153).

가장 중요한 것은 이 모든 과정이 저자들 간의 협의에 따라 이루어져야 한다는 것이다. 협의에 따라 연구 기여도를 반영하여 공정하게 결정하여야 한다. 그리고 협의는 민주적으로 진행되어야 한다.

3.4 중복게재

중복게재(redundant publication)도 우리나라 학계에서 문제가 되고 있다. 중복게재는 자기표절로 표현되기도 한다. 일단 자신의 저작물이 일단 학술지에 발표되었으면 공적 영역에 속하는 것이므로, 더 이상 자신의 것이 아니며 인용을 할 때는 적절하게 출처표시를 해야 한다. 중복게재가 문제가 되는 것은 다음과 같은 이유에서이다(이인재, 2010b:317).

첫째, 자원을 낭비하는 결과를 낳는다. 하나의 논문이면 족할 내용을 여러 논문으로 만들면 학술지에서 차지하는 공간이 늘어나고 결국 이에 소요되는 여러 가지 자원을 낭비하게 된다.

둘째, 학술지를 출판하기 위해서는 편집자, 동료심사자가 필요 없는 노력을 다시 기울여야 한다. 그리고 논문 출판 이후에는 색인자가 다시 논문을 색인하여야 하며 검색자는 같은 논문을 두 번 검토해야 하는 등 불필요한 에너지와 시간이 들기 때문이다.

셋째, 새로운 저작물을 출판하면서 그것이 과거에 출판되었다는 것을 밝히지 않는 것은 독자와 출판사로 하여금 이 저작물이 마치 처음 출판된 것처럼 속이는 것에 해당한다.
　넷째, 연구자는 자신의 연구업적을 쉽게 늘리고, 사람들은 그의 연구업적을 과대평가하게 된다.
　하지만 중복게재를 자기표절로 보는 것은 문제가 있다. 즉 자기표절이라는 용어는 자기가 자기의 것을 훔쳤다는 것으로, 그 자체 논리적 모순이기 때문이다. 이 때문에 차라리 재활용사기(recycling fraud), 텍스트 재활용으로 표현하는 것이 더 맞는 것 같다. 또한 적절한 형식을 갖추지 않은 중복게재가 문제가 되는 것은 사실이지만, 그렇다고 해서 위조, 변조, 표절 등과 같이 동급의 '연구부정행위'로 보는 것은 무리가 있어 보인다. 이런 점에서 서울대 연구윤리지침에서는 이것을 연구부정행위가 아니라 '연구부적절행위'라고 정의하고 있다.
　중복게재가 필요한 경우도 있다. 가령 전문학술지에 실린 것을 신문, 주간지, 월간지 등 비학술단체의 발간물에 쉽게 풀어쓴 경우다. 이는 학계에서의 연구결과를 일반 대중에게 알리고, 이를 공유하는 것이 학계와 사회 전체에 바람직하기 때문이다. 또한 전공분야에 따라 국내 논문을 해외 영문 학술지에 번역하거나 또는 핵심 내용을 싣는 경우도 유사한 측면이 있다. 우리나라 논문을 외국에 알리는 것은 학문 국제화 경쟁에서 오히려 바람직하다는 지적도 가능하기 때문이다(이정민, 2007:35). 물론 어떤 경우에나 그러한 사실을 사전에 밝혀야 할 것이다.
　또 나라마다 관행도 다르다는 점도 주목해야 한다. 미국의 경우 학위논문은 일반 학술지에 발표하는 것이 관례인 반면, 독일의 경우 박사학위논문은 하나의 출판물로 취급되기 때문에 금지되어 있다. 미국은 워낙 지역이 넓고 학위자가 많아 박사학위 논문은 넓게 공유되기 어려운 반면, 독일은 국가박사제도가 정착되어 논문을 반드시 책으로 출간해야 하는 관행이 있기 때문이다. 이런 점들을 두루 고려하여 허용 가능한 중복게재의 기준과 범위를 정할 필요가 있다.

생각해 볼 문제

1. 과학의 성과물은 연구자 개인의 것인가, 아니면 공동의 것인가? 특허권을 인정해야 하는가? 인정한다면 어느 정도까지 인정해야 하는가?
2. 과학연구에서 이해관계로 인한 편향은 불가피한 것인가? 이해관계로 인한 편향을 막기 위해서 요구되는 것은 무엇인가?
3. 어느 정도를 베꼈을 때 표절이라고 판단할 수 있는가? 과연 표절의 범위를 어디까지 볼 것인가?
4. 중복게재도 허용될 수 있는가? 만일 허용가능하다면 그 이유는 무엇이고, 그 범위는 어디까지인가?

더 읽거나 가볼 만한 곳

1. 윌리엄 브로드 & 니콜라스 웨이드, 김동광 역(2007), 『진실을 배반한 과학자들』, 미래인.
과학부정행위의 사례를 파헤친 이 분야의 고전으로 1980년대 중반 미국에서 연구윤리에 대한 관심을 환기시켰다. 특히 갈릴레오, 뉴턴, 멘델 등 대가들의 과학부정행위에 대한 분석이 흥미롭다.

2. 김명진의 STS홈페이지: http://walker71.com.ne.kr/index.html#classes
연구윤리에 대한 선도적 연구를 한 과학사회학자 김명진의 홈페이지. 연구윤리 및 과학사회학에 관한 그의 글과 중요 외국논문에 대한 훌륭한 한국어 번역물을 읽을 수 있다.
3. UC 샌디에이고 윤리학센터 홈페이지: http://ethics.ucsd.edu/center.html
연구윤리의 주요 주제에 대해 쉽게 설명했다. 연구부정행위가 발생했을 때 대학에서 처리하는 절차와 연구윤리 교육에 대한 다양한 자료를 접할 수 있다.

참고자료

교육부(2007), 『연구윤리소개』, 교육인적자원부.
김명진(2006), 「연구윤리의 쟁점과 법적·제도적 현황」, http://walker71.com.ne.kr/long_e.htm.
김재영(2011), 「지적재산권과 연구결과의 공유」, 이상욱·조은희 편, 『과학윤리특강』, 사이언스북스.
김형순(2011), 「논문작성 및 논문출판의 윤리」, 이상욱·조은희 편, 『과학윤리특강』, 사이언스북스.
김환석(2001), 「과학기술시대의 연구」, 유네스코한국위원회 편, 『과학연구윤리』, 당대.
김환석(2007), 「과학부정행위의 구조적 원인」, 『과학기술학연구』, 7권 2호, 한국과학기술학회.
김환석·김명심(2009), 「한국과학자사회에서의 규범과 연구부정행위의 관계:Merton-Zuckerman 명제의 검토」, 『사회과학연구』, 22집 1호.
박희제(2006), 「과학의 상업화와 과학자사회 규범구조의 변화」, 『한국사회학』, 40집 4호, 19-47.
박희제(2007), 「한국 과학자들의 과학자 사회 규범에 대한 인식과 평가: 물리학, 화학, 생물학을 중심으로」, 『과학기술학연구』, 7권 2호, 한국과학기술학회.

이상욱(2011), 「이해충돌과 과학연구윤리」, 『과학철학』, 14집 1호.
이인재(2010a), 「연구진실성과 연구윤리」, 『윤리교육연구』, 21.
이인재(2010b), 「중복게재의 문제점과 연구윤리의 정립 방안」, 『한국철학』, 26집.
이정민(2007), 「인문사회분야의 표절 판정 기준 모색」, 『인문사회분야 표절 가이드 라인 제정을 위한 기초연구 공청회』.
Merton, Robert, 석현호 외 역(1998), 『과학사회학』, 민음사.
Posner, Richard A. 정해룡(2009), 『표절의 문화와 글쓰기의 윤리』, 산지니.
Resnik, David B(2000), "Financial Interests and Research Bias", *Perspectives on Science* 8: 3(2000) 255-285, 김명진 역(2005), 『시민과학』, 51호, 32-53.

제3장

지식재산권과 저작권

최문성

1. 지식재산권의 중요성

농경사회 상업사회에서 발명에 대한 가치는 높게 인식되지 않았지만 산업사회가 되자 발명이 자본과 결합하여 대량생산시대가 왔고 자본가들은 막대한 부를 축적했다. 유럽 각국은 독립적으로 특허제도를 시행하고 있었지만 발명가가 다른 여러 나라에서 자신의 발명을 동시에 보호받기에는 시간과 거리의 제약이 컸고, 인쇄기술과 통신운송 기술의 발달로 기술 유출 속도도 빨라지게 되었다. 이에 1883년 특허 디자인 및 상표에 관한 파리협약과 1896년 저작권에 관한 베른협약이 탄생했다. 파리협약은 한 나라의 특허를 포함한 지식재산은 다른 나라에서도 보호받을 수 있다는 내용을 규정하고 저작권을 제외한 특허, 실용신안, 디자인, 상표, 서비스마크, 원산지표시, 부정경쟁 방지, 발명자 등을 대상으로 다루었다. 베른협약은 문학 예술적 저작물의 권리

보호를 다루었는데 내국인 대우원칙, 최소한의 보호, 무방식주의, 소급보호 등을 기본원칙으로 하고 서적, 소책자, 강의, 연극, 무용, 영화 등 문학 및 예술적 저작물을 다루고 있다.

지식산업사회에서는 브랜드 가치 고객관리, 상품 유통서비스 등 자산 기업문화 재무구조 등 인프라 자산과 인간중심자산 그리고 지식재산 등이 주요한 자산으로 등장하였다. 2005년 미국 뉴욕증권거래소에 상장된 5,000대 기업의 자산구조를 보면 79.3%가 지식재산이고 동산 부동산 등 유체재산은 20.7%이다. 애플의 경우는 90%가 지식재산이다. 세계무역기구에서 가장 중요한 협정이 바로 무역관련지식재산협정(TRIPs)이고 국제연합 산하 세계지식재산기구(WIPO)가 1974년 결성 현재 184개국이 회원이다.

삼성전자의 2009년 휴대전화 판매를 통한 순익은 2조 8천억 원인데, 한국이 외국에 지식을 빌리는 명목으로 지급해야 하는 돈은 8조 원 정도이다. 휴대전화에 1,700여 건의 특허를 가지고 있는 퀄컴은 10년간 우리나라 휴대전화 기업으로부터 약 5조 원의 로열티를 받아가고 월트디즈니 회사는 미키마우스 하나만으로 1996년에 로열티로만 187억 달러를 벌었다. 결론적으로 지식재산은 가장 중요한 자산이면서 국제경쟁력의 원천이다(김명신, 2012:42-48).

지식재산은 크게 산업재산과 저작권, 식물품종보호권, 기타 신지식재산 등으로 나눌 수 있다. 산업재산권에는 특허권, 실용신안권, 산업디자인권 및 상표권이 있다. 인간의 눈에 보이지 않는 정신적 창작물이 지식재산이라고 한다면 사실은 존재하나 아직은 명명하지 못한 수많은 창작물도 지식재산이고, 그것들을 하나의 권리로 받아들여야 하고 지식재산의 가치는 무한한 것이다(김명신, 2012:53-56).

자본주의경제체제에서는 사유재산을 인정하고 지식재산법을 통해 자본을 집중시키고 영리를 추구할 수 있도록 배려하는 한편, 그 권리가 부당하게 행사되어 독점권이 남용되지 않도록 공정거래법을 두어 균형을 잡아 준다(김명신, 2012:294). 지적재산권은 '기술의 독점'을 허락하는 것이고 공정거래법은 '시장에서의 독점'을 규제하는 것이다. 이 둘은 서로 대립하는 것이라기보다는 산업경제발전과 기술혁신을 위하여 서로 끌어 주고 도와야 할 형제와 같은 법이다(정재승 외, 2012:80).

2. 지적재산권의 개념과 보호체계

2.1. 개념

지적소유권(intellectual property)은 인간의 지적 창작물에 관한 권리와 표지에 관한 권리를 총칭하는 말이다. 세계지적소유권가구(WIPO) 설립조약 제2조 제8항은 "지적소유권이라 함은 문학·예술 및 과학적 저작물, 실연자의 실연, 음반 및 방송, 인간 노력에 의한 모든 분야에서의 발명, 과학적 발견, 디자인, 상표, 서비스표, 상호 및 기타의 명칭, 부정경쟁으로부터의 보호 등과 관련된 권리와 그것으로부터 산업, 과학, 문학 또는 예술 분야의 지적 활동에서 발생하는 모든 권리를 포함한다."고 규정한다. 즉 저작권 저작인접권, 특허권, 과학적 소유권, 디자인권, 상표권, 상호권이나 서비스표권, 부정경쟁방지법에 의하여 보호되는 원산지 표시나 영업비밀 등 일체의 것, 소위 종래 산업재산권과 저작권이 모두 지적소유권에 포함된다(송영식·이상정, 2012:3-

4). 지적소유권은 지적재산권, 지적소유권이라고도 한다. 지적소유권에 관한 문제를 담당하는 국제연합의 전문기구인 세계지적재산권기구(WIPO)는 이를 구체적으로 "문학·예술 및 과학 작품, 연출, 예술가의 공연·음반 및 방송, 발명, 과학적 발견, 공업의장·등록상표·상호 등에 대한 보호권리와 공업·과학·문학 또는 예술분야의 지적 활동에서 발생하는 기타 모든 권리를 포함한다."고 정의하고 있다.

우리나라는 지식재산기본법을 통해 다음과 같이 지식재산에 대해 정의를 내리고 있다.

'지식재산'이란 인간의 창조적 활동 또는 경험 등에 의하여 창출되거나 발견된 지식·정보·기술, 사상이나 감정의 표현, 영업이나 물건의 표시, 생물의 품종이나 유전자원(遺傳資源), 그 밖에 무형적인 것으로서 재산적 가치가 실현될 수 있는 것을 말한다(지식재산기본법 제3조 1호). '신지식재산'이란 경제·사회 또는 문화의 변화나 과학기술의 발전에 따라 새로운 분야에서 출현하는 지식재산을 말한다(지식재산기본법 제3조 2호). '지식재산권'이란 법령 또는 조약 등에 따라 인정되거나 보호되는 지식재산에 관한 권리를 말한다(지식재산기본법 제3조 3항).[1]

2.2 지식재산권의 보호체계

이것은 인간의 지적 창작물을 보호하는 무체(無體)의 재산권으로서 산업재산권과 저작권으로 크게 분류된다. 산업재산권은 특허청의 심사를 거쳐 등록을 하여야만 보호되고, 저작권은 출판과 동시에 보호되

---

[1] https://www.cre.or.kr/contents/thesis-intellectual-property-about/

며, 그 보호기간은 산업재산권이 10~20년 정도이고, 저작권은 저작자의 사후 30~50년까지이다.

지적소유권의 문제는 특히 국가와 국가 간에 그 보호 장치가 되어 있느냐의 여부와 국가 간의 제도상의 차이 때문에 분쟁의 대상이 되고 있다. 오늘날과 같이 정보의 유통이 급속하게 이루어지고 있는 시대에는 어떤 국가가 상당한 시간과 인력 및 비용을 투입하여 얻은 각종 정보와 기술문화가 쉽게 타국으로 흘러들어가게 마련이어서 선진국들은 이를 보호하기 위한 조치를 강화하고 있다. 최근에는 새로운 기술의 산물인 컴퓨터 소프트웨어와 유전공학 기술 등의 보호방법과 보호범위가 지적소유권 보호제도의 한 과제가 되고 있는데, 컴퓨터 소프트웨어는 대부분의 선진국들이 저작권으로 보호하는 추세에 있어서 한국도 1986년 12월 '컴퓨터프로그램보호법'을 제정하여 1987년 7월부터 시행하여 오다 2009년에 저작권법에 편입하여 함께 보호하고 있으며, 유전공학 기술은 그 제조방법을 한국 등 대다수의 국가가 특허로 인정하고 있다.

1973년 이래 세계지적재산권기구에 정회원이 아닌 옵서버 자격으로 참여하여 온 한국은 1979년 이 기구에 정식으로 가입하여 정회원국이 되었고, 물질특허권(공업소유권)제도도 도입하여 운영하고 있다. 또 국제저작권조약에는 법규해석에 있어, 비교적 융통성이 많고 소급효과를 인정하지 않는 국제저작권협약(UCC)에 1987년 10월 정식으로 가입하였다. 지식재산권과 관련된 한국의 법률로는 특허법·저작권법·실용신안법·디자인법·상표법·발명보호법 등이 있으며, 이들에 관한 권리를 보호하기 위하여 국제적으로 협약한 조약으로는 '공업소유권의 보호를 위한 파리협약', '한·일 상표권 상호보호에 관한 협정' 등이 있다.

최근에는 첨단기술과 문화의 발달로 지식재산권도 점차 다양해져서 영업비밀보호권이나 반도체칩배치설계보호권과 같은 새로운 지식재산권이 늘어날 전망이다. 현재 한국에서는 산업재산권은 특허청에서, 저작권은 문화체육관광부에서 관장하고 있다.[2] 지적재산의 중요성이 강조되면 될수록 이에 대한 도용도 증가한다. 말하자면 지적재산권의 침해이다. 따라서 이를 보호하는 법이 탄생하고, 또 그 중요성의 증가와 더불어 이에 대한 법률적인 보호도 강화되어 간다. 또 새로운 지적재산의 증가와 더불어 이를 보호하는 법 역시 계속 증가하여 갈 것이다(송영식·이상정, 2012:6-7).

　현행법에서 지적재산법의 보호체계는 다음과 같다.

1) 산업재산권
- 특허/ 신용신안/ 의장/ 상표
- 특허- 자연법칙을 이용한 기술적 사상의 창작으로서 고도한 것(대발명).
- 실용신안- 자연법칙을 이용한 기술적 사상의 창작(소발명).
- 의장- 물품의 형상, 모양, 색채 또는 이들을 결합한 것으로서 시각을 통하여 미감을 일으키게 하는 것.
- 상표- 타인의 상품과 식별되도록 하기 위하여 사용하는 기호, 문자, 도형, 입체적 형상, 또는 이들을 결합한 것 및 이들에 색채를

---

[2] 두산백과 doopedia 「지식재산권」 항목 참고(http://www.doopedia.co.kr/doopedia/master/master.do?_method=view&MAS_IDX=101013000860107).

결합한 것.

2) 저작권

저작권(copyright)이란 소설이나 시, 음악, 미술 등 법이 보호대상으로 정하고 있는 저작물을 창작한 사람이 그 창작물을 다른 사람이 복제, 공연, 전시, 방송 또는 전송하는 등 법이 정하고 있는 일정한 방식으로 이용하는 것을 허락하거나 금지할 수 있는 권리를 말한다.

3) 신지식재산권

신지식재산권이란 과학기술의 급속한 발전과 사회여건의 변화에 따라 종래의 지식재산법규의 보호범주에 포함되지 않으나 경제적 가치를 지닌 지적창작물을 의미한다.[3]

3. 저작권

디지털시대가 발달할수록 그 중요성과 함께 문제점도 커지는 주제가 바로 '저작권'이다. 해리포터를 창조한 작가는 단숨에 영국 최고의 거부 자리에 올랐는가 하면, 소프트웨어의 황제는 잠깐 밀려났던 세계 최고 갑부 자리를 탈환했다. 저작권법 제1조를 보면 "이 법은 저작자의 권리와 이에 인접하는 권리를 보호하고 저작물의 공정한 이용을 도모함으로써 문화 및 관련 산업의 향상 발전에 이바지함을 목적으로

---

[3] https://www.cre.or.kr/contents/thesis-intellectual-property-about/

한다."고 적시하고 있다. 그런데 이러한 권리는 상대적이어서 행사주체뿐만 아니라 그 대상이 있어야만 성립된다. 저작권의 대상은 당연히 저작물 이용자이며 '공정한 이용을 도모'하기 위해서도 일방적인 저작권 행사가 아닌 정당한 절차에 의한 이용자와의 협의 내지 합의가 반드시 필요하다(김기태, 2010:9-10). 저작권 보호제도가 창작의 활성제로 기능할 것인지, 아니면 문화산업의 걸림돌로 작용할 것인지의 여부는 진정한 저작물의 중요성을 체감하는 사람들이 얼마나 많으냐에 따라 달라질 문제이다. 저작권의 합리적인 규율을 위해 노력하는 사람이 많아질수록 인류는 풍요로운 정보화시대로서의 21세기를 누릴 수 있을 것이기 때문이다(김기태, 2010:298-300).

3.1 의의와 목적

사람은 자신의 사상이나 감정을 표현한 것을 저작물이라고 하며, 이러한 사상이나 감정을 외부에 표현한 자를 저작자라고 한다. 이러한 저작자를 보호하는 법이 저작권법이며, 저작권법에 의해 저작자에게 주어지는 권리가 저작권이다. 저작권(copyright)이란 소설이나 시, 음악, 미술 등 법이 보호대상으로 정하고 있는 저작물을 창작한 사람이 그 창작물을 다른 사람이 복제, 공연, 전시, 방송 또는 전송하는 등 법이 정하고 있는 일정한 방식으로 이용하는 것을 허락하거나 금지할 수 있는 권리를 말한다. 저작권에는 자기가 창작한 저작물을 이용하여 경제적 이득을 얻을 수 있는 권리와 저작인격권 두 가지가 있다.

저작권은 저작자가 가지는 저작인격권과 저작재산권으로 구성되며, 어떠한 절차나 형식의 이행도 요하지 않고 저작물을 창작할 때에 발생하는 것으로 규정되어 있는 것이다. 저작인격권에는 다시 공표권, 성명표시권, 동일성 유지권의 세 가지 권리가 포함되고, 저작재산권에는 복제권, 공연권, 공증송신권, 전시권, 배포권, 대여권, 2차저작물작성권 등의 권리가 포함된다. 저작권은 배타적 지배권성, 공공성, 유한성 및 기본성이라는 일반적 성격을 지니고 있다(이해완, 2012:258-383). 이러한 저작권에는 일정한 제한이 있다. 왜냐하면 저작권제도란 일반적으로 저작자를 보호하는 제도이지만 저작권제도의 궁극적인 목적이 문화발전에 있는 이상 저작자의 이익을 침해하지 않는 범위 내에서 일반인도 특정인의 저작물에 자유롭게 접근 할 수 있어야 하기 때문이다. 따라서 법은 일정한 경우에 자유사용이나 강제 허락을 규정하며 일정한 기간이 지나면 저작권이 소멸된다고 규정한다. 이렇게 저작권이 제한되는 경우가 아님에도 저작권자의 허락이 없이 저작물을 이용하면 저작권자의 침해로 된다. 저작권이 침해되면 저작권자는 침해자에게 침해의 금지나 손해배상을 청구할 수 있고 침해자를 형사고소 할 수도 있다(송영식·이상정, 2012:1-2). 결국 저작권법의 목적은 저작권 및 저작인접권의 보호, 저작물의 공정한 이용도모, 문화 및 관련 산업의 향상발전에 이바지 하는 것으로 요약할 수 있다(이해완, 2012:3-6).

한편 공동저작자의 개념은 보다 엄격하게 규정하고 있다. 저작권법 제2조 제2호는 "저작자는 저작물을 창작한 자를 말한다."고 규정되어 있다. 공동저작자의 요건은 개별적 이용이 불가능할 것, 2인 이상이 공동으로 창작에 관여하고 창작에 있어 '공동관계'가 있어야 한다. 업무상 저작물의 저작자는 법인 단체 그 밖의 사용자가 저작물의 작성에 관하여 기획하고, 법인 등의 업무에 종사하는 자에 의하여 작성되고, 업무상 작성하는 저작물이 법인 등의 명의로 공표되고, 계약 또는 근무규칙 등에 다른 정함이 없어야 한다(이해완, 2012:222-257).

3.2 연혁

저작권법의 이해를 돕기 위해서는 저작권제도의 탄생 변형 발전의 연혁을 알 필요가 있다. 지적소유권제도는 당초 특허제도, 상표제도, 저작권제도가 3갈래로 상이한 역사적 발전과정을 거쳐 오늘에 이르렀다. 그 중 특허와 상표는 산업재산권법으로 통합되어 저작권법과 함께 지적소유권법 체계를 이루게 되었다(송영식·이상정, 2012:9). 인쇄술 발명이전에는 기존의 재산법에 의해 지적 창작물이 간접적으로 보호되었다. 그러나 인쇄술의 발전으로 복제가 성행하자 영국의 출판, 인쇄 특권자들이 서적에 관한 무단복제를 규제하여 줄 것을 앤 여왕에게 요구하여 1709년 만들어진 Queen Ann's Law가 세계 최초의 저작권법이라고 볼 수 있다. 18세기 후반 개인주의 사상의 출현과 보급으로 인하여 점차적으로 문학적 소유권 개념이 기존의 특권제도를 대신하게 되었고, 1777년 루이 16세는 저작자가 자신의 저작물을 발행하여 판매할 수 있는 권리를 인정하는 인쇄와 출판에 관한 법령을 공포하였다. 미국의 경우, 1789년 매사추세츠 주법은 정신적인 노동에 의해서 생산된 재산보다 더 인간에게 특별한 재산은 없다고 규정하고 있으며, 1790년 최초의 연방저작권법이 제정되었다. 독일은 1871년 제국 저작권법이 제정되었고, 1901년 이를 기초로 문학적 및 음악적 저작물의 저작권에 관한 법률과 출판권법이 제정되고, 1907년 조형미술 및 사진저작물의 저작권에 관한 법률이 제정되었다.[4]

이처럼 서구에서는 비보호시대, 특허시대, 입법시대를 거쳤고, 한국은 저작권법 제정이전의 시기와 1957년 저작권법 제정 공포 이후의 시기로 나눌 수 있고, 현재 한미 FTA 체결 이후 2011년 12월 2일 개정법으로 시행하고 있다(이해완, 2012:6-20).

보다 구체적으로 살펴보자. 우리나라에 저작권법이 처음 도입된 것은 1908년 8월 16일 칙령 제200호로 공포된 대한제국 저작권령이다. 1910년부터는 일본저작권법이 36년간 시행되었고, 해방 후 1957년 일본 저작권법을 모델로 하여 1월 28일 법률 제432호로 저작권법을 제정 시행하여 왔다. 1986년 7월 21일 성립한 한미통상협정에 의해 같은 해 12월 31일 법률 제3916호로 전면 개정된 저작권법은 전9장과 111개조로 구성되었다. 이후 WTO/TRIPs가 타결되어 이를 수용하기 위하여 1993년 12월, 1994년 1월 및 3월에 일부 개정하였고, WTO가 공식으로 출범함에 따라 회원국으로서 의무이행을 위하여 일부 개정하다가 지난 2000년 1월 12일 법률 제6134호로 개정하여 시행하고 있다. 지적재산권 현행법에는 부정경쟁방지법, 특허법, 실용신안법, 의장법, 상표법, 저작권법, 종자산업법, 컴퓨터프로그램보호법, 반도체집적회로의 배치설계에 관한 법이 있다(정순재, 지적재산권법 블로그 참고).

그리고 저작권법에 따라 분쟁을 조정할 목적으로 1987년 7월 저작권심의조정위원회가 설치되었고, 2009년 6월 저작권위원회로 명칭이 변경되었으며, 2009년 7월 컴퓨터프로그램 보호위원회와 통합하여 한국저작권위원회가 되었고, 주요 업무는 분쟁조정, 성능평가, 법정허락, SW관리체계컨설팅, 저작권 등록, OSS라이선스 검사, 기증, 상담, 감정, 저작권교육, SW임치 등이 있다.

---

4 정순재,「지적재산권법 블로그」참고(http://blog.naver.com/zxcvnm13k/10004992528)

3.3 저작물의 성립요건과 범위

저작권제도의 존재 이유는 자연적 정의의 원칙, 경제적 이유, 문화적 이유, 사회적 이유로 설명하는데 독일이나 프랑스 같은 대륙법 계통은 자연적 정의의 원칙에 터 잡아 저작권은 저작자의 권리이며, 재산적 성질뿐 아니라 인격적 성질도 저작권에 포함시킨다. 그러나 영미법계는 기본적으로 경제적 이유에 터 잡아 저작권제도의 존재 이유를 설명한다(송영식·이상정, 2012:32-33).

저작물은 "인간의 사상 또는 감정을 표현한 창작물"을 말하고 어문, 음악 연극 미술 건축 사진 영상 도형 컴퓨터프로그램 저작물과 편집저작물 등 2차 저작물이 있다. 저작물의 성립요건과 범위는 창작성과 인간의 사상 또는 감정의 표현인데 저작권법에 의하여 보호받는 것은 두 요건을 충족하는 '교집합'의 영역에 한한다. 즉 창작성 있는 표현의 부분만 보호받는 것이다(이해완, 2012:22-47). 저작물로서 요건을 충족시키고 있어도 사회공공이익이라는 견지에서 국민에게 널리 알려야 할 성질을 갖는 국가 기관 등의 공문서 등 저작물과 시사보도는 보호받지 못하는 저작물이다(송영식·이상정, 2012:60-139).

저작물은 원래 널리 많은 사람들에 의하여 이용됨으로써 그 존재 가치가 드러나는 것이고 어떤 저작물도 선인의 문화유산을 토대로 하지 않고 완전히 무에서 유를 창조한 것은 없다는 점에서 공공성과 사회성을 가진다는 것을 간과해서는 안 된다. 따라서 저작자에게 저작물에 대한 배타적 권리로서 저작권을 부여하되 일정한 예외적인 경우에는 저작물의 공공성과 사회성을 감안하여 이용자들의 자유이용을 보장하는 규정을 두고 있다. 저작재산권의 제한 규정을 구체적으로 보면 재판절차 등에서의 복제, 정치적 연설 등의 이용, 학교교육 목적 등에의 이용, 시사보도를 위한 이용, 시사적인 기사 및 논설의 복제 등, 공표된 저작물의 인용, 영리를 목적으로 하지 않는 공연 방송, 사적 이용을 위한 복제, 도서관 등에서의 복제, 시험문제로서의 복제, 시각 장애인 등을 위한 복제, 방송사업자의 일시적인 녹음 녹화, 미술저작물 등의 전시 또는 복제 등이 있다(이해완, 2012:384-661).

3.4 저작권 침해와 구제

저작권자의 허락 없이 무단으로 저작물을 이용하는 것은 저작재산권 침해가 된다. 또한 저작물의 저작자에게는 저작재산권과 별도로 저작인권자로서 공표권, 성명표시권, 동일성 유지권 등이 인정되므로 미공표의 저작물을 저작자의 허락 없이 공표하거나 저작자의 허락 없이 저작자의 성명표시를 변경 삭제하는 것, 또는 저작물의 내용이나 제호에 함부로 변경을 가하는 것은 저작인격권 침해가 된다. 또한 저작권자로부터 저작물 이용의 허락을 받은 자라 하더라도 그 허락된 이용방법 및 조건의 범위에서만 그 저작물을 이용하여야 하고 그 범위를 넘는 이용을 하면 저작권의 침해가 된다. 저작권법상의 용어는 아니지만 저작권의 침해와 관련하여 도작(盜作), 표절(剽切)이라는 말이 사용되고 있으므로 그 개념을 살펴본다. 도작이나 표절은 타인의 저작물을 무단히 이용한다는 점에서 앞에서 본 무단이용의 한 유형이지만 일반적인 무단이용과 구별되는 특징으로서 "타인의 저작물을 마치 자신의 저작물인 양 발표한다."는 요소가 첨가되어 있어 윤리적 비난 가능성이 더욱 높은 경우이고, 이 경우에는 저작재산권의 침해임과 동시에 저작인격권 중 성명 표시권을 침해하는 것이 된다(이해완, 2012:778-779).

저작권법은 "저작권 그 밖에 이 법에 따라 보호되는 권리를 가진 자는 그 권리를 침해하는 자에 대하여 침해의 정지를 청구할 수 있으며, 그 권리를 침해할 우려가 있는 자에 대하여 침해의 예방 또는 손해배상의 담보를 청구할 수 있다."고 규정하여 저작권자에게 침해정지청구권과 침해예방청구권을 인정하고 있다. 저작권 침해의 구제는 손해배상청구권, 부당이익반환청구권 등 민사상의 구제와 형사상의 제재가 있고, 행정적 구제와 기술적 보호조치의 보호 등이 있다(이해완, 2012:860-943).

3.5 저작권의 국제적 보호

지적재산은 무체물로서 그 사용에 대한 장소적 제한이 없으며 또한 전파성이 강하다. 따라서 유체재산이 갖는 국제적 유통의 곤란함이 없는 무체재산은 그 진정한 소유권자를 보호할 필요가 국제적으로도 강하게 나타나는 것이다. 일반적인 보호법칙은 지적재산권의 대상이 국제적인 보호를 필요로 한다고 하더라도 그 보호는 각국의 주권에 속하는 사항으로서 각 국가별로 보호를 받아야 하는 것이 현실이다(정순재, 지적재산권법 블로그 참고).

한국에서의 외국인의 저작권보호는 저작권법 제3조에서 규정하고 있는데 제3조 제1항은 "외국인의 저작물은 대한민국이 가입 또는 체결한 조약에 따라 보호된다."고 규정한다. 외국인의 저작물의 보호요건은 우리나라에서의 침해행위에 대하여 보호가 요구되고, 보호받는 저작물이면서 연결점을 가져야 하고, 그 보호 내용은 내국민 대우의 원칙에 따라 우리나라에서 우리 국민에게 부여되는 보호의 내용과 같다(이해완, 2012:992-998). 저작권의 국제적 보호의 방법에는 크게 보아 국내 입법에 의거한 외국 저작물의 일방적 보호, 양자 간 조약에 의한 보호, 다자간 협약에 의한 보호 등 세 가지 유형이 있다. 국제협약은 베른협약, 세계저작권협약, 로마협약, 음반협약, TRIPs의 저작권조항, 세계지적재산권기구(WIPO) 저작권조약 및 실연 음반 조약이 있다(이해완, 2012:844-992). 1886년 성립된 문학적 예술적 저작물의 보호에 관한 베른조약은 독, 불 중심의 저작자권리체계와 영국 중심의 저작권체계의 결합으로서 내국민우대와 동맹국민 우대원칙, 무방식주의, 법정지법원칙, 소급효의 원칙 등의 특징을 갖는다. 베른조약이 보호하는 10대 권리는 인격권, 복제권, 번역권, 낭독권, 번안권, 영화권, 방송권, 녹음권, 추구권 등이다. 세계저작권조약(Universal Copyright Convention: UCC, 1952)은 일반적으로 베른조약보다 보호의 정도가 낮다. 따라서 본 조약 체약국 중에서 베른조약 동맹국 상호간에는 베른조약이 우선 적용되도록 규정하고 있다. 로마조약(1961)은 저작인접권 보호에 관한 조약으로서 실연가, 레코드 제작자 및 방송사업자를 보호하기 위한 것으로서 인접권의 보호기간은 최저 20년이다. 레코드조약(1971)은 음반의 무단복제에 관한 음반 제작자의 보호에 관한 조약으로 1971년 10월 제네바에서 유네스코와 WIPO가 공동주최한 국제회의에서 채택한 조약이다. 브뤼셀 위성조약 (1974)은 통신위성에 의하여 송신되는 프로그램을 내포한 신호의 도용을 방지하고 무단배포를 방지하기 위한 조약이다. 그리고 '저작권사용료의 이중과세방지를 위한 다국간조약'(1979)이 있다. 우리나라는 WIPO 설립조약(1979), 파리조약(1980), 특허협력조약(1984), 세계저작권조약(1987), 음반보호조약(1987), 부다페스트조약(1987), 베른조약(1996), 니스협정(1999), 스트라스부르협정(1999) 등의 국제조약에 가입하고 있다(정순재, 지적재산권법 블로그 참고).

이상의 논의를 요약하면 다음과 같다.

- 법의 목적: 저작자의 권리, 인접권 보호와 저작물의 공정한 이용을 통하여 문화발전에 기여하는 것을 목적으로 한다.
- 보호대상: 인접권, 출판권, 컴퓨터프로그램, 데이터베이스 등을 포함하여, 문학, 학술 또는 예술의 범위에 속하는 창작물이다.
- 보호요건: 창작성이 있어야 한다.
- 권리내용: 재산권으로서 복제, 공연 등을 할 수 있는 배타적 권리이며, 인격권규정은 별도로 존재한다.
- 보호기간: 저작자 생존중과 사후 50년이며, 인접권은 실연, 방송, 고정된 때로부터 50년, 컴퓨터프로그램은 공표된 때로부터 50년이다.
- 권리의 발생요건: 창작하여야 한다.
- 권리침해에 대한 보호: 친고죄로서 금지청구, 손해배상, 부당이득 반환청구, 형사처벌이 가능하다.

4. 특허 전쟁과 일상생활

4.1 글로벌 기업의 특허 전쟁

 글로벌 특허전쟁은 단순한 소송전이 아니다. 그것은 이 시대의 변화를 표상하며 산업의 미래를 상징한다. 특허가 산업과 비즈니스에 불확실성을 초래하기는 하지만 역설적이게도 글로벌 기업들은 특허를 이용해서 그 불확실성을 해소하기도 한다. 삼성전자는 시대의 변화에 신속하게 대응하는 것이 제조사의 미덕임을 입증했고, 애플과 구글은 창의성과 상상력이야말로 혁신의 동인임을 증명했다. 창의적인 개인과 중소기업의 발전, 소프트웨어 중심의 IT산업, 제조사에서 소비자 중심의 사회, 이종 영역간의 통섭과 융합, 기술과 예술을 통합하기 위한 노력 이것이 시대의 변화를 시사하는 열쇳말이다.[5]

 애플과 삼성전자의 특허전쟁은 애플이 개전했지만 삼성전자가 확전했다. 이 특허 전쟁은 기술특허뿐만 아니라 디자인특허 침해와 상표권 침해도 함께 결부되기 때문이다(정우성·윤락근, 2012:23-44). 이 소송전이 지금과 같은 글로벌 규모로 커진 이유는 삼성전자의 의도였다. 애플은 '일대다(HTC, 모토롤라, 삼성전자)'의 소송이라서 소송을 잘 통제하는 것이 중요했기에 2011년 4월 미국의 법원에만 소송을 개시했고, 반면에 삼성전자는 애플을 상대로 '일대일'의 소송을 하는 것이고 보유

---

5 정우성, 『세상을 뒤흔든 특허전쟁 승자는 누구인가?』(에이콘, 2012), pp. 11-12. 한국의 특허사용 적자는 1990년 13억 달러에서 2009년 39억 달러로 3배 증가했다. 특허 사용료 지출은 2006년 46억 1천만 달러에서 2009년 70억 5천만 달러로 증가하는 등 지식재산권 분쟁이 증가함에 따라 특허 사용료 적자가 확대되는 피해가 발생하고 있다. 이상주,『대한민국에 특허괴물 몰려온다』(나남, 2010), p. 19.

특허도 애플보다 강력하고 많기 때문에 소송을 여러 나라로 확전함으로써 애플을 궁지에 몰려고 하였다. 이 소송은 전략과 자존심의 싸움, 삼성전자의 반격과 좌절, 미국과 유럽에서의 방어, 출구의 모색이라는 네 개의 국면을 거쳐 최종 승자를 기다리고 있다(정우성, 2012:101-152). 한국이 특허 분쟁 해결의 모델이 되기 위해서는 정치의 투명성 확보, 사전 분쟁해결 절차 도입, 기술에 대한 전문지식의 보완과 재판의 전문성 확보가 이루어져야 하고, 이럴 때에만 지재권이 제대로 보호되어 지식이 경제성장의 추진력이 되는 대한민국을 만들 수 있을 것이다(정재승 외, 2012:90-93).

4.2 일상생활과 저작권

1) 글꼴은 저작권에 해당될까

글꼴(Typeface)의 보호에 대하여 저작권법에는 명문규정이 없다. 또 컴퓨터프로그램보호법에도 글꼴이 보호대상이라는 문구는 없다. 그러나 법원의 판례는 글꼴이 저작권의 보호대상이 될 수 있다는 사례가 있고, 또 디자인 보호법에 따라서 보호받을 수 있으니 글꼴을 무단 도용해서는 안 된다(김명신, 2012:19-21).

2) 입체상표, 동작상표, 소리상표

한국은 1997년에 입체상표제도를 2007년에 색채상표, 홀로그램 및 동작상표제도를 도입했고 소리상표와 냄새상표는 한미자유무역협정에서 보호한다. 색채상표의 예로는 쉘(Shell)석유회사의 도형상표, 코카콜라의 상표 및 애플의 상표가 있고, 동작상표의 대표적인 예는 미국

MGM을 들 수 있다. 사자의 울음소리를 내면서 움직이는 이 상표는 동작상표이자 소리상표로 등록되었다. 소리상표로는 미국 NBC의 3회음 차임벨이 서비스표로 등록되었다(김명신, 2012:49-52).

3) 출판물의 제호

저작권법에서는 서적의 제호는 그저 저작물의 내용을 수록하는 표지에 불과하다고 본다. 단순히 저작물의 내용이 수록된 제호만으로 사용되는 표장은 특별한 사정이 없는 한 누구나 자유롭게 사용할 수 있다. 또한 표지나 제목은 독창적인 사상과 감정의 표현이라고 보기 어렵기 때문에 저작물로서의 요건을 충족시키지 못한다. 따라서 제호의 저작자는 자기 저작물의 제호가 변경되는 것을 방지할 수 있을 뿐 다른 사람이 자신의 저작물에 붙인 제호를 그대로 사용하거나 유사하게 바꿔 사용하는 것을 막지 못한다. 그러나 제호가 서적의 출처를 표시하는 출판사명을 상표로 등록한 경우와 정기간행물의 제호를 상표로 등록한 경우에는 상표권을 주장할 수 있다. 결론적으로 책의 제호에 관한 것은 신문, 잡지, 만화, 단행본, 영화 등의 제호나 제목을 상표로 등록해 법적 분쟁에 대비하는 것이 유리하다(김명신, 2012:58-61).

4) 월북작가의 저작권

저자가 월북한 뒤 북한에서 사망한 경우 그의 저작물에 관한 저작권 상속은 북한의 법률에 따라야 하며 대한민국에 있는 가족들은 아무런 권리가 없다고 주장하지만, 대한민국 정부의 통치권이 북한에 미치지 못한다 하더라도 월북작가의 저작권에 대해서는 우리나라 저작권법의 적용을 받는다. 헌법 제3조에 "대한민국의 영토는 한반도와 그 부속도

서로 한다."고 명시되어 있기 때문이다(김명신, 2012:40-41).

5) 고추장, 된장이 일본기술?

고추장, 된장 제조과정에서 가장 중요한 공정은 누룩을 발효하는 과정이다. 그런 이유로 고추장, 된장은 대량생산되지 못했다. 대량으로 담그면 균일한 맛과 유통기간 내내 그 맛을 보장할 수 없었기 때문이다. 그래서 고추장, 된장 특유의 맛을 살리되 발효 속도는 늦추는 아스퍼질러스 오리제(Aspergillus Oryzae)라는 방법이 개발되었다. 문제는 이 기술특허는 일본 회사가 가지고 있어 한국 업체들은 고추장 된장을 제조하면서 막대한 로열티를 일본에 지불하고 있다는 것이다. 일본은 전 세계적으로 유명한 발효식품에 관련된 미생물 분야의 특허를 모두 확보하였고, 한국은 2009년 통계로 미생물 수입에만 약 1억 6,900만 달러를 지급하였다(김명신, 2012:76-77).

6) 대한민국 화폐 5만 원권

2009년 6월 23일 발행된 5만 원권 지폐, 앞면은 신사임당의 초상, 〈묵포도도〉와 보물 제 595호인 〈초충도수병〉으로, 뒷면은 조선중기 화가 어몽룡의 〈월매도〉와 이정의 〈풍족도〉로 이루어져 있으며, 위조방지를 위한 보안요소가 22개 있다. 22개의 보안요소를 이루는 특허는 핵심 보안요소인 홀로그램, 나노기술 모션 등 5천여 건의 특허 복합체로 이루어져 있고, 상당한 액수를 로열티로 지급한다(고정식, 2011:167-192).

4.3 온라인 동영상강의

디지털 환경과 IT 기술을 활용한 고등 교육의 혁신과 오랫동안 상아탑을 지켜온 전통 교수 사회 간의 갈등이 커지고 있다. 세계 최대 '온라인 대중공개수업(MOOC·Massive Open Online Course)' 업체인 코세라(Coursera)는 "미국 내 10개 주립대학 시스템이 온라인 강의 프로그램에 참여한다."고 밝혔다고 AP가 보도했다. 코세라는 미국의 온라인 공개강좌 사이트다. 인터넷에 접속하기만 하면 스탠퍼드와 프린스턴 등 33개국 70여 개 대학교수들의 정규 강의 동영상을 무료로 볼 수 있다. 돈 있는 학생들의 전유물로 여겨지던 대학교육을 뒤흔들 혁신으로 받아들여진다. 누구든지 등록만 하면 무료로 양질의 강의를 들을 수 있기 때문이다. 일부 교수들의 반발에도 불구하고 온라인 강의를 거부하는 것은 "맹수가 다가오면 머리만 모래 속에 파묻는다는 타조처럼 급변하는 현실에서 도피하는 행위"라고 평가했다(『조선일보』, 2013. 7. 1).

그러면 온라인 동영상 강의를 둘러싼 저작권 문제를 살펴보자. 자기 저작물을 가지고 자기가 직접 강의하는 형식으로 강의를 만든다면 큰 문제는 없을 것인데 남의 저작물을 바탕으로 하는 경우, 그리고 남의 저작물을 무단 인용하는 경우, 내가 강의하는 모습을 다른 사람이 동영상으로 제작하는 경우 등에 저작권 침해 문제가 발생한다. 동영상 온라인 강의에는 복제권을 비롯한 공중수신권, 그리고 2차적 저작작성권이 미치게 된다. 여기서 복제란 "인쇄·사진촬영·복사·녹음·녹화 그 밖의 방법에 의하여 유형물에 고정하거나 유형물로 다시 제작하는 것"을, 공중수신이란, "저작물, 실연·음반·방송 또는 데이터베이스를 공중이 수신하거나 접근하게 할 목적으로 무선 또는 유선통신의 방법에 의하여 송신하거나 이용에 제공하는 것"을 그리고 2차적 저작물이란 "원저작물을 번역·편곡·변형·각색·영상제작 그 밖의 방법으로 작성한 창작물"을 가리키는 개념이다. 따라서 저작재산권자의 이용 허락 없이 특정 저작물을 활용해서 동영상 강의를 진행하는 것은 저작권 중 매우 비중이 큰 재산권 침해를 자초하는 결과가 된다. 나아가 저작인격권 침해의 문제로 저작물의 저작자를 밝혀야 하고 임의로 저작물의 내용을 변형시켜 동일성 유지권을 침해해서는 안 된다. 따라서 온라인 동영상 강좌를 적법하게 운영하려면 교재에 담긴 저작재산권과 출판권, 강의를 담당한 실연자의 각종 권리, 그리고 영상제작자의 권리 등이 조화를 이룰 수 있도록 법적 검토를 거쳐야 할 것이다(김기태, 2010:221-227).

4.4 저작물의 제호(題號)에 관한 사례

저작권자의 입장에서 보면 저작물의 제목을 일컫는 말로서의 제호는 저작물의 내용을 집약하여 짧은 문구로 표현한 것이므로 이를 무단으로 변경한다면 저작권자에게는 사실상의 인격적 침해가 될 수 있다. 나아가 주제와는 상관없이 저작물의 상업적 이용만을 위하여 제호를 무단으로 바꾸게 될 경우에는 더욱 심각한 문제가 아닐 수 없다. 그런데 원래 제호 자체는 저작권법에서 보호하는 저작물이 아니므로 저작물을 작성하는 사람이 다른 저작자의 제호를 무단으로 사용하더라도 저작권 침해가 성립되지 않는다. 즉, 저작권을 보호하는 궁극적인 목적은 문화의 발전인데 만약에 모든 제호를 저작물로 인정할 경우에는 엄청난 혼란이 일어나고, 문화의 향상과 발전보다는 일부에 의한 독점 때문에 폐해가 생길 수 있기 때문이다(김기태, 2010:233-236).

구체적인 판례를 살펴보자. A(원고)는 무용극의 창작 안무가로서, "행복은 성적순이 아니잖아요"라는 제명의 무용극을 창작, 무대에 올려 널리 알려지게 되었다. 이에 영화 제작자인 B(피고)는 A의 승낙을 받아 위 무용극과 같은 제명의 영화를 제작하여 흥행에 성공하게 되었고, 이후 B는 C로 하여금 자신이 제작한 영화의 시나리오를 바탕으로 같은 제명의 소설을 집필하게 한 다음 이를 책으로 간행함으로써 좋은 반응을 얻어 대량의 판매 부수를 기록하게 되었다. 한편 이러한 B의 행위에 대해 A는 위 영화 및 소설에 원저작자로서의 자기 성명을 표시하지 않음으로써 자신의 저작인격권이 침해되었다고 주장하면서 이에 대한 위자료의 지급과 함께 사과광고와 게재, 그리고 손해배상을 청구하는 소송을 제기하기에 이르렀다. 이에 대해 재판부는 A원고의 청구를 기각하는 판결을 내렸다. 위의 사례에서 쟁점이 되는 것은 저작물의 제호가 과연 저작권법상의 보호를 받을 수 있느냐의 여부였으며, 이에 대해 재판부에서는 저작물의 제호(제목)는 저작권법상의 보호되는 저작물이 아니라고 판단하고 있다.[6]

4.5 최근 저작권 쟁점 사례들

유명 커피전문점이 음반을 매장 배경음악으로 재생하는 행위, 즉 "스타벅스 매장에서 틀어지는 CD는 형태를 불문하고 한국음악저작권

---

[6] 서울민사지방법원 제11부 1889. 9. 20 선고 89가합62247 판결. 김기태, 위의 책, pp. 234-235에서 재인용.

협회의 공연권을 침해할 우려"가 있으므로 저작권침해로서 "침해의 형태를 특정하지 않고 금지를 명한다."는 고등법원 판결이 있다.[7]

그리고 토익에 응시해 문제와 제시문을 외우거나 인터넷에 떠도는 문제 정보를 짜깁기하는 방식으로 '토익 기출 문제의 재구성'이라는 제목의 수험서를 출간하는 등 유출한 시험지 내용을 그대로 싣거나 단어나 표현 일부를 바꿔 게재하여 수익을 노려 책을 출판하는 것은 저자와 출판사 모두 저작권을 침해한 것이다.[8]

개인이 트위터나 페이스북 등 소셜네트워크서비스(SNS)에 올린 사진을 언론사가 보도하는 것이 저작권 침해의 '뜨거운 감자'로 떠올랐다. 미국 법원은 소셜네트워크 저작권 침해 소송에서 트위터에 올린 아이티 지진 참사 현장 사진을 AFP가 무단으로 사용해 저작권을 침해받았다는 프리랜스 사진작가 다니엘 모렐의 주장을 받아들였다. 재판부가 트위터 이용약관에서 재사용을 허락한 것은 트위터와 그 제휴 서비스에 한정된 것이지 언론과 같은 제3 매체의 재사용까지 허락한 것은 아니라는 판단을 내렸기 때문이다.

논쟁이 종결된 것은 아니지만 이번 판결은 미국뿐 아니라 소셜네트워크 이용자가 급증하고 있는 국내에도 적지 않은 영향을 미칠 것으로 전망된다. 저작권법 전문가들은 동일사건으로 국내에서 재판이 벌어졌다고 해도 '저작권 침해' 판결이 나왔을 것이라고 입을 모았다. 김기태 교수(세명대 미디어창작학과)는 "트위터의 약관은 어디까지나 운영자

---

[7] http://news.naver.com/main/read.nhn?mode=LSD&mid=sec&sid1=102&oid=003&aid=0003428043. 뉴시스 사회 2010. 09. 09(목) 오후 12:43
[8] http://news.cnbnews.com/category/read.html?bcode=125654 씨앤비뉴스 경제 2010. 09. 09(목) 오후 5:35

와 이용자 사이에 적용되는 것일 뿐 제3자에게 미치는 것이 아니므로 창작자의 동의 없이 사진을 사용했다면 미 법원의 판시대로 저작권 침해에 해당한다."고 밝혔다. AFP가 사진을 보도하면서 저작자에게 연락을 취하려 한 점은 인정되지만 사진에 출처와 저작자를 명기하지 않은 점, 이를 유료로 판매한 점 등은 각각 '저작인격권'과 '복제권 및 공중송신권과 배포권' 등을 침해한 것이라는 해석도 덧붙였다. 김기중 변호사(법무법인 동서파트너스)도 "공표된 저작물이라고 하더라도 정당한 범위 내에서 사용해야 한다는 것이 저작권법의 원칙"이라며 "특히 원저작자가 판매 등 상업적 의도를 갖고 있었다면 보도 목적이라고 해도 저작권 침해를 피하기 어렵다."고 설명했다.[9]

5. 나가는 말

초등학생부터 대학교수까지 표절을 대수롭지 않게 여기는 '표절한국'의 풍토에 대한 자성이 일고 있는데, 이 같은 현상은 초등학생은 물론 직장인까지 가시적인 성과위주의 풍토에서 표절관련 교육을 제대로 받지 못한 당연한 결과일지도 모른다. 대학가에서도 과제물을 몇백 원에서 몇 천 원대에 사고파는 사이트가 성행하고, 인터넷 정보를 짜깁기한 보고서가 넘쳐나고 있다. 이러한 저작권 침해에 무감각한 교육 현장의 문제점을 개선하려면 저작권보호의 중요성을 일깨우고 저

---

[9] http://mediatoday.co.kr/news/articleView.html?idxno=93229 미디어오늘 사회 2011. 01. 13(목) 오전 8:57

작권 보호의식이 싹트도록 가르쳐야 한다. 우리 교육당국이나 학교마다 표절에 대한 자세한 규정을 만들고 표절 예방교육을 강화해야 한다. 특히 초중등 교육을 담당하는 사범대와 교육대에 표절관련 강의를 도입해 학생들에게 표절은 범죄라는 인식을 심어 주어야 할 것이다. 대학에서도 글쓰기 관련 교양과목이나 전공 필수과정에서 저작권 교육이 반드시 포함되도록 조치해야 할 것이다(김기태, 2010:35-37).

생각해 볼 문제

1. 모 여성 연예인이 표절을 인정하고 학위를 반납한다는 기사를 본 네티즌들의 반응은 "내공이 빛났다", "쿨하고 멋졌다" 등 긍정적이었다. 그 이유는 표절을 당당히 인정했기 때문이라고 하는데, 이는 대한민국 사회의 표절불감증을 여실히 드러내는 사례라 할 수 있다. 이러한 사회적 풍토를 개선하기 위한 방안을 말해 보자.
2. 과거에 나는 표절이나 저작권 침해를 한 적이 있는지 생각해 보고, 왜 그런 일을 했는지, 앞으로는 어떻게 할 것인지를 토의해 보자.
3. 내가 쓴 글이나, 내가 만든 작품이 무단으로 도용되고 있다면, 어떤 느낌이 들 것인지 말해 보고, 저작권 침해를 당했을 때 어떻게 할 것인지 말해 보자.
4. 어릴 때부터 저작권이 중요하다는 것을 깨우쳐 주기 위한 효과적인 교육 방안에는 무엇이 있을지 생각해 보고, 예비교사로서 나의 학생들에게 어떠한 교육을 할 것인지 토의해 보자.

더 읽거나 가볼 만한 곳

1. 박경신(2009), 『사진으로 보는 저작권, 초상권, 상표권, 기타 등등』, 고려대학교출판부.
딱딱하고 어렵게 저작권에 대해 접근하는 것이 아니라, 다양한 사례들을 사진을 통해 한 눈에 보여 준다. 영화 〈배트맨 포에버〉에서 고층빌딩 앞의 조형물을 배경으로 배트맨이 등장하여 발생한 조각가와 영화제작자 사이의 저작권 소송, 영화 〈하얀방〉에서 실존 병원과 같은 이름의 병원이 등장하여 발생한 병원과 영화제작자 사이의 명예훼손 소송, 힙합그룹 '2LiveCrew'가 인권운동가 Rosa Parks의 이름으로 노래를 지어 부르면서 발생한 퍼블리시티권 소송 등등 풍부한 사례들이 소개된다.

2. 류종현(2013), 『방송과 저작권』, 커뮤니케이션북스.
뉴스 기사의 저작권은 누구에게 있는가? 영화 장면이 자료로 담긴 프로그램을 방송사 홈페이지에서 유료로 팔 때 문제가 되는가? 외주 제작 프로그램의 저작권은 어디에 귀속되는가? 스포츠 중계 화면에도 저작권이 있는가? 종합 저작물인 방송 콘텐츠의 저작권은 복잡하다. 뉴스, 영화, 드라마, 생방송, 광고 등 방송 콘텐츠의 복잡한 저작권을 일목요연하게 정리한 책이다.

3. 로렌스 레식, 이주명 역(2005), 『자유문화-인터넷 시대의 창작과 저작권 문제』, 필맥.
저자는 저작권에 대한 과도한 보호가 저작권 제도 본래의 취지에 역행하여 창작활동을 질식시키고 있다고 주장하고 있다. 이 책은 자유로운 문화를 회복하기 위한 저작권 제도의 개선방안을 제시한다. 현재의 저작권법은 문화의 공유를 상업성 여부와 상관없이 무차별적으로 해적행위로 낙인찍고, 저작권 보호기간을 지나치게 길게 보장해 줌으로써 자유문화를 저해하고 있으므로, 저작권 관련 제도에 대한 근본적인 재검토가 필요하다고 저자는 주장한다.

4. 오익재(2008), 『당신은 지금 저작권 침해중』, 성안당.
일반인들이 저작권의 개념에 알기 쉽게 접근하도록 이야기로 쉽게 풀어쓴 책이다. 일상생활 속에서 본인도 모르게 저작권을 침해하거나 당하는 우리에게 경고의 메시지를 보내고 있다. 또한, 음반, 영화, 드라마, 캐릭터 등 다양한 콘텐츠 산업에서 실무자들에게 꼭 필요한 저작권의 피해 사례와 문제들을 에피소드 형식으로 재미있게 소개한다.

5. 윤종수, 유형석 외 저(2012), 『친절한 저작권법C』, 북스페이스.

저작권의 개념과 그 범위, 저작권자의 개념에 대해 자세히 설명하고 있을 뿐 아니라, 커피 전문점에서 들려주는 음악에도 저작권이 있는지, 책 대여점은 저작권을 침해하고 있는 것인지, 대필 작가에게도 저작권이 존재하는 것인지 등 일상생활에서 저작권이 적용되는 범위에 대한 궁금증을 해소시켜 주는 책이다.

참고자료

고정식(2011), 『지식재산 경영의 미래』, 한국경제신문.

권영준(2007), 『저작권 침해 판단론』, 박영사.

권형둔(2007), 「UCC의 저작권 침해와 헌법상 언론의 자유의 보장」, 『공법연구』, 36권 1호.

김기태(2010), 『저작권 쟁점사례연구』, 이채.

김명신(2012), 『이제는 지식재산이다』, 매일경제신문사.

김병일(2010), 「인터넷과 SNS에서의 저작권 관련 문제연구」, 『언론과 법』, 9권 2호.

김재춘(2004), 『저작권침해에 따른 손해배상제도의 실효성 확보방안』, 연세대 석사학위논문.

로렌스 레식, 이주명 역(2005), 『자유문화 – 인터넷 시대의 창작과 저작권 문제』, 필맥.

류종현(2013), 『방송과 저작권』, 커뮤니케이션북스.

리처드 앨런 포스너, 정해룡 역(2009), 『표절의 문화와 글쓰기의 윤리』, 산지니.

박경신(2009), 『사진으로 보는 저작권, 초상권, 상표권, 기타 등등』, 고려대학교출판부.

박주연(2013), 「인터넷 저작권 침해 보호에 관한 연구: 저작권 침해에 대한 처벌 및 윤리의식을 중심으로」, 『디지털 정책연구』, 11권 1호, 한국디지털정책학회.

송영식·이상정(2012), 『제8판 저작권법 개설』, 세창출판사.

오익재(2008), 『당신은 지금 저작권 침해중』, 성안당.

윤종수·유형석 외(2012), 『친절한 저작권법C』, 북스페이스.

이보나·김광용(2009), 「저작권 홍보가 저작권 보호 의도에 미치는 영향에 관한 연구」, 한국IT서비스학회 학술대회 논문집.

이일호·김기홍, 「역사적 관점에서 본 표절과 저작권」, 『법학연구』, 19권 1호, 연세대 법과대 법학연구소.

이해완(2012), 『제2판 저작권법』, 박영사.

정우성·윤락근(2012), 『특허전쟁』, 에이콘.

정우성(2012), 『세상을 뒤흔든 특허전쟁 승자는 누구인가?』, 에이콘.

정재승 외(2012), 『미래를 생각한다』, 비즈니스맵.

홍상현(2008), 「저작권침해와 표절의 구별」, 『법학연구』, 11권 2호, 인하대학교.

Charles Lipson, 이정아·김형주 역(2008), 『정직한 글쓰기: 표절을 예방하는 인용법 길잡이』, 멘토르출판사.

제4장
과학연구윤리

공영태

1. 과학윤리 문제의 대두 배경과 출처

연구윤리 문제는 비단 사회적으로 저명한 연예인과 정치인뿐만 아니라 가장 객관적이고 합리성을 추구한다는 과학계에서도 발생하고 있다. 그래서 가끔 데이터의 조작 등과 같은 기본적인 연구진실성을 위반한 사건이 보도되면서 과학계의 권위가 추락하는 현상이 일어나기도 한다.

과학의 윤리적 문제는 대부분 과학적 사실과 가치가 상호 충돌하는 과정에서 드러난다. 즉 현대의 과학은 진공상태의 과학의 범주에 머무르지 않고 사회 속에서 일어나기 때문에 과학-기술-사회(Science-Technology-Society: STS)의 관계에서 그 발생 원인을 찾아야 한다.

윤리적 문제가 발생하는 상황적 배경은 편의상 다음과 같이 분류할 수 있을 것 같다. 첫 번째는 과학자가 사회인으로서 역할을 수행할 때 생기는 과학윤리 문제, 두 번째는 과학자가 과학적 연구를 수행할 때 생기는 과학윤리 문제, 세 번째는 과학자가 과학적 연구를 발표할 때 생기는 과학윤리 문제이다(조희형, 2008:27-31).

첫 번째, 과학자가 사회인으로서 역할을 수행할 때 과학윤리 문제가 발생할 수 있는데, 그 예가 이른바 '기후 스캔들'이다. 2009년 7일 AP 및 AFP통신 등 주요 언론들은 '정부간 기후변화위원회(IPCC)'의 연구결과보고서가 기후변화의 심각성을 강조하려는 의도로 데이터를 조작했다는 의혹을 제기하였다. 이 사건은 영국의 유명한 기후변화연구소인 이스트앵글리아대학교 기후연구센터의 서버 해킹에서 발단이 되었다. 학자들이 주고받은 이메일이 해킹이 되었는데, 이 이메일들을 보면 이들 학자들이 지구 온난화에 대한 대응이 급박하다는 점을 강조하기 위해 각종 연구 과정에서 데이터를 조작했을 가능성이 제기될 정도로 심각한 내용을 담고 있었다. 그래서 이들은 기후변화 연구들 중에서 특정 사실과 특정 논리만을 증폭시켜 실제 사실을 호도했다는 비판을 받았다. 그리고 이들은 반대 입장에서 선 학자들, 즉 지구 온난화가 시급한 과제가 아니라는 학자(지구온난화 회의론자라 불림)들의 논문이 주요 학술지에 실리지 못하도록 분위기를 조성한 흔적마저 보였다. 이들은 지구온도 상승이 인간의 잘못된 행동에 따른 것이 아니라 '지구온난화는 주기적으로 발생하는 자연 현상이다.'라는 반대진영의 논리를 봉쇄했는데, 이들은 이런 논리가 확산될 경우 온실가스 감축을 위한 각국 정부의 노력이 의미를 잃게 된다고 보았기 때문이다. 그 후 IPCC의 적극적인 해명으로 더 이상 문제는 확대되지 않았지만, 각국의 연구자와 과학자들의 공동참여체인 IPCC의 위상과 그것에 참여한 과학자들의 사회적 역할에 대한 신뢰성에 많은 상처를 준 것

은 사실이다.[1]

　두 번째, 과학윤리 문제는 주로 과학적 연구 수행 과정에서 발생한다. 현대의 과학연구형태는 개인적 연구로 이루어지기보다는 같은 분야의 전문가들이 함께 하는 공동연구 혹은 타 분야와의 간학문적 공동연구 형태로 이루어지고 있다. 이런 과정에서는 종래의 개인적 연구에 비하여 더욱 과학윤리적인 충돌이 일어날 가능성이 높다.
　물론 가장 문제가 되는 것은 데이터의 조작과 변조, 그리고 위조 같은 연구진실성과 관련된 문제일 것이다. 하지만 과학적 연구와 관련된 윤리적 문제는 이런 연구진실성 문제로 한정되지 않는다. 연구실이나 실험실에서 일어나는 문제는 사제지간의 관계, 정신적 괴롭힘, 내부고발자, 자료의 공유 및 공용, 인간을 대상으로 한 연구, 동물을 대상으로 한 연구 등 다양한 영역에서 비롯한다.
　먼저 사제지간의 관계는 지도교수가 제자의 연구결과를 공동연구자로서의 공을 인정하지 않음으로써 생겨나기도 한다. 특히 이공계열에서는 연구계획, 연구과정, 연구발표 등 대부분의 과정을 지도하는 지도교수의 '갑' 위치에 대하여 대학원생들은 '을'의 위치에 있는 약자로서 자신의 정당한 권리를 보상받지 못할 때가 있다. 그 외에 연구실 내에서의 정신적 괴롭힘도 중요한데, 여기에는 모욕, 언어적 신체적 위협, 만행, 도둑질, 성희롱 등이 포함된다(조희형, 2008:30).

---

[1] 기후 스캔들에 대해서는 다음을 참고: 김명심·박희제(2011: 164), 그리고 연합뉴스, 2009-12-07 기사.
http://news.naver.com/main/hotissue/read.nhn?mid=hot&sid1=104&cid=407623&iid=188823&oid=001&aid=0003012374&ptype=011

최근 들어 대부분의 대학 및 연구소에서 연구비의 중앙관리와 성희롱 방지 교육 등을 실시하여 이러한 문제점을 줄이고자 노력하고 있다. 하지만 의지를 가지고 앞으로 더욱 노력해야 할 부분이라고 생각된다.

 세 번째, 과학자가 과학적 연구를 발표할 때도 과학윤리 문제가 발생한다. 과학자는 조사/실험의 과정과 그 과정에서 수집한 결과를 정직하게 발표해야 한다. 과학자는 얻어진 연구결과를 학회나 논문으로 공표할 때 조사/실험과정을 왜곡시키거나 그 과정에서 얻은 자료와 결과를 날조하거나 조작하지 않고 자료를 수집·기록·분석·해설할 때 오류를 범해서는 안 된다. 이와 같은 정직성의 원리는 실험의 수행자와 논문의 저자뿐만 아니라 보고서와 논문의 심사자에게도 적용된다. 논문과 보고서의 저자 명단에는 실제 연구에 참여한 사람만 포함시켜야 하며, 동시에 주저자와 공동저자의 순서를 합당하게 정해야 한다.[2]

 조사실험에 의존한 과학적 연구의 결과에 관한 보고서나 논문을 발표할 때 생기는 윤리적 문제는 발표하는 보고서나 논문의 내용, 방법, 양과 관련되어 있다. 내용은 원천연구, 반복실험, 논평으로 나뉜다. 원천연구는 기존에 해결되지 않은 문제뿐만 아니라 새로운 문제도 해결하고, 새로운 연구 분야를 열고, 새로운 모형 방법 기술을 개발한 연구

---

2 이공계열 논문에서는 제1 저자, 공동저자, 교신저자로 구분한다. 제1 저자는 일반적으로 연구수행의 책임자 혹은 주된 수행자이다. 일반적으로 실제 실험을 주로 행한 연구자가 제1 저자가 된다. 연구자가 여러 명일 경우, 그 중에서 가장 역할을 많이 한 연구자가 제1 저자로 한다. 교신저자는 논문의 투고에서 평가에 대한 방어 등에 이르기까지 논문에 대한 전반적인 책임을 진다. 일반적으로 지도교수 및 책임연구자가 교신저자가 된다. 그 외 연구에 참여한 연구원들은 공동저자가 된다.

를 말하며, 논평은 특정영역에서 이루어지고 있는 연구의 결과와 동향에 대한 요약을 말한다(조희형, 2008:31).

2. 과학연구윤리의 원칙[3]

과학자들이 연구를 수행하는 과정에서 발생하는 윤리적 문제들에 대하여 가장 일반적인 논의는 로버트 머튼(R. Merton)의 '과학의 규범구조'에서 찾아볼 수 있다. 머튼은 과학자공동체를 지배하는 윤리규범으로 이는 첫째 공유주의, 둘째 보편주의, 셋째 무사무욕, 넷째 조직화된 회의주의를 제기했다.[4]

하지만 머튼의 규범은 현대 과학이 '순수학문으로서의 과학'이기보다는 '산업화된 과학'이라는 현실에 비추어 보았을 때 이들 사이의 괴리를 줄일 수 없다는 비판을 받고 있으며, 과학적 규범의 재정립과 재해석은 아직 진행 중에 있다(김환석, 2001). 이에 레스닉(D. Resnik)은 머튼의 규범을 수정해 보다 구체적이고 현실적인 12개의 윤리원칙을 제시하였는데 다음과 같다.

일반적으로 연구윤리 문제들은 다섯 가지 영역에서 제기된다. 과학연구의 과정, 연구결과의 출판, 실험실 운영, 특정한 대상이나 연구방법을 포함하는 연구, 과학자의 사회적 책임 등이 그것이다. 이중 앞의 세 가지 범위는 과학연구를 수행하는 모든 분야에 해당하는 윤리라고

---

[3] 김성덕(2012), 초등학교 교사를 위한 과학연구윤리 가이드라인 개발, 한국교원대학교 대학원, 석사학위논문.
[4] 이에 대한 보다 구체적인 논의는 이 책의 2장을 참고할 것.

할 수 있으며, 네 번째 범위는 생명체를 대상으로 하는 생물학, 의학, 심리학 등의 특정한 과학연구 분야에 적용되는 윤리이고, 다섯 번째 범위는 전문직업인으로서 과학자가 수행해야 할 사회적 역학의 내용과 책임에 대한 쟁점을 포함한다.

〈표 1〉 Resnik(1998)의 연구윤리원칙(김환석, 2001:27-33)

원칙	내용
정직성(Honesty)	과학자는 조작, 위조, 또는 데이터나 결과에서의 오류를 범하지 말아야 한다. 그리고 연구과정의 모든 측면에서 객관적이고, 비편향적이며, 정직해야 한다.
조심성(Carefulness)	과학자는 연구에서의 오류(특히 결과 발표에 있어서)를 피해야 한다. 과학자는 실험적인, 방법론적인, 인간적인 오류를 최소화하고 자기기만, 편향, 이해충돌을 피해야 한다.
개방성(Openness)	과학자는 데이터, 결과, 방법, 아이디어, 기법, 도구를 공유해야 한다. 과학가자는 다른 과학자들이 자신의 작업을 심사하는 것을 허용하고 비판과 새로운 아이디어에 대해 열려 있어야 한다.
자유(Freedom)	과학자는 어떤 문제나 가설에 대한 연구에서는 자유로워야 한다. 과학자는 새로운 아이디어를 추구하고 오래된 것을 비판할 수 있는 자유가 허락되어야 한다.
명성(Credit)	명성은 마땅히 그것을 받아야 할 사람에 주어져야 하고, 그렇지 않은 사람에게는 주어지면 안 된다.
교육(Education)	과학자는 예비 과학자들을 교육시키고 그들이 좋은 과학을 수행할 방법을 확실히 배우도록 도와야 한다. 과학자는 일반대중들에게 과학에 대하여 교육하고 알려주어야 한다.
사회적 책임 (Social Responsibility)	과학자는 사회에 위해를 야기하는 것을 피하고, 사회적 이익을 창출하도록 노력해야 한다.
합법성(Legality)	연구의 과정에서 과학자는 자신의 연구와 관련되어 있는 법을 준수해야 한다.
기회(Opportunity)	과학자는 과학적 자원을 사용하거나, 과학적 직업에서 승진할 기회를 부당하게 거부되어서는 안 된다.
상호존중 (Mutual Respect)	과학자들은 동료들을 존중해야 한다.
효율성(Efficiency)	과학자들은 자원을 효율적으로 사용해야 한다.
실험대상에 대한 존중	과학자는 인간을 실험 대상으로 할 때 인권이나 존엄성을 침해해서는 안 된다. 과학자는 동물을 실험 대상을 할 때에도 적절한 존중과 조심성을 가져야 한다.

3. 데이터 보존과 하우저 사례[5]

마크 하우저 교수는 하버드대학교 심리학과에 재직했던 심리학자로, 2011년 8월에 하버드대학에서는 3년간의 조사 끝에 하우저 박사에게 8개의 혐의에 대해 연구부정행위 판정을 내렸고, 그 판정과 함께 하우저 박사는 교수직을 사직했다. 이 사건은 연구부정행위에 대한 조사를 담당하는 미국 연방연구진실성위원회(ORI)에서 연구부정행위와 관련해 구체적인 내용은 발표되지 않았으나, 지금까지 이 사건과 관련된 여러 연구자들 간의 의견 불일치는 연구부정행위에 대한 판단이 명확하고 쉽지 않으며 같은 자료에 대해서도 다양한 의견이 있을 수 있음을 보여 준다.

마크 하우저 교수는 사람의 마음을 다른 동물과 구분해 주는 인간 고유의 특질과 도덕성에 대한 진화론적인 접근에 대한 연구와 집필로 매우 유명한 학자이다. 하우저 교수는 도덕성의 진화론적 기초에 대한 유명한 저서인 『도덕적 마음(Moral Mind)』을 발표한 바 있다. 사건은 2007년 하우저 교수가 특정 결론에 도달하도록 압력을 주고 있다고 느낀 학생 중의 하나가, 이를 연구부정행위로 학교에 보고를 한 것에서 시작이 되었고, 그 후 18개월 동안, 하우저 교수 모르게 조사가 진행되었다. 부정행위가 의심된 총 8개 혐의 중, 3개 혐의만이 이미 발표된 연구 논문과 관련 되었고, 이 중 2개 혐의는 '데이터 분실'에 대한 것이었다. 나머지 5개 혐의는 논문 발표 전에 오류가 수정된 경우였다. 총 8개의 혐의 중, 2002년 *Journal of Cognition*에 발표된 1개 논문에 대

---

[5] 정경미(2009), 「하버드대학의 하우저 사례」, 연구윤리정보센터.

한 혐의가 연구윤리를 심각하게 위반한 것으로 보인다고 보고하였다. 하우저 교수는 이 논문에서 특정 자극에 대한 원숭이의 반응을 동영상으로 기록했는데, 실험시 자극을 통제 조건과 번갈아 제시하는 것이 일반적이나, 그 동영상에는 연구논문에서 진행했다고 보고한 통제집단에 대한 자료가 없었다. 하우저 박사는 이에 대해 대안 테스트와 통제 조건에 대해 컴퓨터로 통제하는 프로토콜을 돌린 데서 기인한 오류라고 설명하였다. 그러나 몇몇 연구자들은 이 행위가 데이터 보존 소홀(poor record keeping)이나 데이터에 대한 잘못된 해석이라기보다는 명백한 위조행위로 판단했고, 하버드대학에서는 이를 포함하여 총 8개의 혐의에 대해 모두 연구부정행위 판정을 내렸다.

하우저 박사는 이 연구 분야에서 최고로 간주되던 학자였고, 수많은 논문을 발표해 후속 연구에 영향을 주었기 때문에, 그의 부정행위가 이 분야에 주는 영향은 막대하다. 일부 연구자들은 그의 부정행위가 밝혀진 이상, 그의 연구발표 논문 모두에 대해 의심을 가지고 재조사를 해야 한다고 주장하기도 하지만, 다른 연구자들은 비록 위에서 언급한 1개 논문은 부정행위가 명백하지만, 나머지 7개 혐의에 대해선 반드시 연구부정행위로 볼 수 없다는 의견도 있다. 예를 들어, 데이터 분실에 관련되어서는 연구자 사이에 의견이 분분하다. 하우저 박사의 경우, 자료 수집 시 데이터 분실을 심각하게 고려하지 않고 진행하였는데, ORI의 조사관은 '데이터 분실' 역시 과학적 부정행위라고 규정짓기도 하지만, 다른 연구자의 경우, 원숭이와 같은 유인원 대상의 연구에서 데이터 분실은 흔히 발생하기 과학적 부정행위로 규정지을 수 없다는 의견을 내기도 하였다.

하우저 박사의 사례는 연구자로서 연구과정에서 주의를 기울여야 할 몇 가지 것에 대해 시사점을 제공한다. 어떤 사회적 행위에 대해서는 뚜렷한 기준이 있어야 하고 하지 말아야 할 것이 명백하지만, 과학윤리 행위에서는 흑백이 명백하지 않은 부분이 많다. 이 부분은 연구자를 당황스럽고 혼돈되게 만들기도 하지만, 연구 진행에 있어서 항상 고민하고 의심하고 의문을 던질 필요성에 대해서 생각하게 해준다.

4. 연구노트[6]

4.1 연구노트 현황

연구노트란 연구자가 연구를 수행할 때부터 연구 성과물의 보고 및 발표 또는 지식재산화에 이르기까지의 과정과 결과를 기록한 자료를 말한다.[7] 일반적으로 연구노트는 서면 연구노트를 말하지만 최근에는 전자연구노트가 많이 활용되고 있다.

우리나라는 2008년 1월 과학기술부 훈령 제 255호로 '국가연구개발사업 연구노트 관리지침'을 제정하여 시행하다가 여러 과정을 거쳐 2011년 10월 국가과학기술위원회 훈령 제19호로 '연구노트지침'이 제정된 상태이다.

미국, 일본 등 선진국에서는 특허출원 이전에 원천기술인 연구결과에 대한 중요성 인식의 관리를 강화하고 있다. 미국은 자국 제약산업

---

[6] 연구노트 확산지원본부 http://www.e-note.or.kr/Home.do
[7] 국가연구개발사업 연구노트 관리지침(교육과학기술부 훈령 128호)

을 보호할 목적으로 CFR21 part 11을 강화하였고[8], 일본은 2009년 8월 선사용권 정보 인증을 위해 '공증센터'를 설립하고 전자연구노트와 유사한 지식재산의 보호·관리를 지원하는 파일 시스템인 '크로노서브(ChronoServe)'를 발매하였다.

우리나라는 전자거래기본법을 개정하고 2005년 3월 공인전자문서보관소를 신설하였다. 그리고 국가기록원은 전자기록물 전자서명 장기검증 관리체계를 구축하고 국내 식약청도 국제표준 도입을 위해 미국 CFR21 part 11 규정을 도입하였다. 최근 연구개발에 대한 활용이 증대되면서 논문이나 특허 등의 연구결과뿐만 아니라 그 과정의 기록이 담겨있는 연구노트까지도 주목받고 있다. 연구노트는 기술이전, 연구진실성의 입증, 연구실에서 축적한 독창적 지식의 보관 및 전수, 특허권 등 연구결과에 대한 법률적 권리의 획득에 있어서 중요한 역할을 담당하기 때문에 그 관심은 점차 증가하고 있다. 정부에서도 연구노트의 중요성을 인식하여, '국가연구개발사업 연구노트관리지침'을 제정하여 2008년 1월 1일부터 시행하고 있으며, 다양한 방법으로 연구노트 작성문화를 확산하고 있다.

4.2 연구노트의 유용성

연구진실성에 대한 관심이 고조되면서 정부에서도 다양한 연구윤리 확보수단을 마련하고 있는데 연구노트도 좋은 도구로 인식되고 있다.

---

[8] 'CFR 21 Part 11'에서 CFR은 'Code of Federal Regulation'의 약자로서 미국 연방정부의 법률이라는 의미이다. 그리고 21은 미국 식품의약청(FDA)을 의미한다. 그리고 Part 11은 법률의 번호이다.

학술지에 논문을 게재하거나 연구결과에 대한 발표가 있은 후 연구윤리문제가 제기되는 경우가 많은데, 이는 논문심사과정에서 재현이 불가능하다고 보이거나 위·변조의 가능성을 의심받는 경우다. 이때 연구자에게는 소명의 기회가 주어지는데 문제가 된 실험에 대한 데이터를 제시하거나 재현을 해내는 등의 노력이 필요하게 되고 증거가 조작되지 않았다는 것을 증명해내야 한다.

이때 연구노트가 중요하게 활용되게 되는데 연구노트는 연구내용을 이해할 수 있는 제3자가 재현 가능할 정도로 연구과정을 기록하고 데이터들을 정리해 놓은 증거이므로 실험에 대한 진실성을 확보하게 되고, 또한 직접 재현하지 않더라도 재현가능성을 인정할 수 있게 하는 도구가 된다. 더불어 주기적으로 증인이 연구내용에 대해 확인하게 되므로 실험과정이 조작되지 않았다는 점을 객관적으로 증명하게 된다. 따라서 연구기록을 충실히 기록한 연구노트가 연구자의 진실성을 확보하여 연구결과에 대한 권리를 보호하게 해준다.

연구윤리에서 또 다른 문제로 제기되는 것은 명예저자의 문제인데 연구노트는 연구자가 연구한 부분에 대해서만 기록하고, 또한 증인의 서명을 받고 있기 때문에 연구에 참여하지 않은 관리자 등의 제3자가 연구자로 기재되는 것을 방지하여 연구결과를 온전히 연구자에게 귀속시키는 역할을 한다.

4.3 연구지식의 관리 및 전수

연구노트는 연구실의 독창적 지식을 관리하는 필수적인 도구이다. 연구실은 기본적으로 고유한 연구 분야를 가지고 있고 이를 중심으로 연구를 발전시키거나 새로운 분야를 접목시켜 연구를 다양화하고 있다. 연구실이 소속연구자의 유동성이 있음에도 불구하고 지속적으로 고유의 연구를 지속시킬 수 있는 핵심은 연구실에 축적된 노하우의 효과적 관리와 전수에 있다. 연구실에서 발생한 모든 연구결과를 연구자의 머릿속에만 두지 않고 후발연구자가 볼 수 있도록 문서형태로 기록하고 있는 것이 바로 연구노트이다. 연구노트는 선행연구자가 없더라도 연구기록을 통해 후발연구자가 좀 더 빠르게 연구에 참여할 수 있도록 한다.

일부 기업에서는 연구결과 등의 노하우를 기업의 자산으로 판단하여 연구노트를 제출하지 않으면 퇴직시 제재를 가하는 등의 다양한 방법을 통해 연구결과를 보존하는 데 노력하고 있다.

연구노트는 논문을 집필할 때에도 중요한 소스가 된다. 일반적으로 논문은 실험이 완성된 후 작성하는데 실험에서 오류가 발생했던 부분이나 중요한 실험의 결과 등에 대한 자료를 연구노트를 통해서 얻을 수 있기 때문이다. 실험초기부터 완료시까지의 모든 정보가 집합되어 있기 때문에 논문 집필과 실험의 시간적 괴리를 해소시켜주는 중요한 데이터라 하겠다.

최근 대학에서는 연구노트를 연구지도의 도구로 활용하고 있다. 초기연구자가 실험을 하게 되면 그 내용을 연구노트에 기재하고 이를 교수 등 연구지도자가 점검하면서 오류 부분을 수정하기도 하고, 연구노트를 통해 연구의 진행상황을 파악하기도 한다. 이를 통해 초기연구자가 범하기 쉬운 실수를 발견하고 올바른 연구방법을 지도할 수 있어서 향후로도 많이 활용될 것으로 보인다.

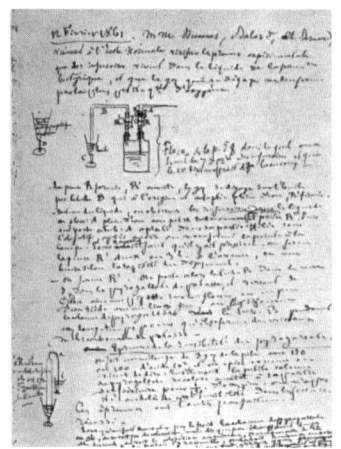

사진 1 파스퇴르의 실제 실험 노트

〈사례〉 파스퇴르의 연구노트

미생물의 발효에 대한 연구로 유명한 프랑스 과학자 파스퇴르가 직접 사용한 연구노트는 현재 파리의 국립 도서관에 기탁되어 공개되고 있다(사진 1 참조). 그가 남긴 연구노트는 100권을 넘는 방대한 분량으로 과히 기록의 보고라고 할 수 있다. 이 연구 노트에는 발효가 미생물의 기능에 의한 것임을 해명하고 인간의 전염병의 원인과 그 예방의 연구를 진행한 사실이 구체적으로 기록되는 등 한 연구자의 오랜 세월 동안의 연구 흔적이 고스란히 담겨져 있다. 이 연구노트는 후발 연구자들이 파스퇴르의 사고법으로 연구과정을 재구성할 수 있는 훌륭한 교육의 기회를 제공하였다.

4.4 연구개발 결과의 법적 보호

연구가 진행되면 그 과정에서 다양한 결과물들이 발생하게 된다. 이러한 결과물들은 논문, 특허, 영업비밀 등으로 각각의 권리를 확보하는데 있어서 연구노트가 중요한 증거로 활용된다. 먼저 특허법적 측면에서 보자면 우리나라는 선출원주의를 채택하고 있으므로 먼저 출원한 발명자가 특허권을 갖는데, 특허법 제103조[9]에 의하면 특허권을 갖지 못한 발명자 등이 통상 실시권을 가질 수 있는 요건을 기재하고 있다.

이때 통상 실시권을 갖고자 하는 자는 특허출원 시에 발명을 하였다는 사실 등을 입증해야 하는데 연구노트는 이 입증자료로 사용되고 있다. 미국 특허법은 먼저 출원한 발명자에게 특허권을 부여하는 우리나라와 달리 최초의 발명자에게 특허권을 부여하는 선발명주의를 채택하고 있다. 선발명주의의 경우 발명일이 언제인가를 판단하는 것이 중요한데, 판례를 통해 이를 판단하는 주요 요소로 착상, 구현, 노력이라는 개념을 형성하여 현재는 미국 특허법 제102조(g)에 언급되어 있다. 발명의 착상 시기나 구현시기 및 정도, 그리고 노력을 지속하였는가 등을 증명할 수 있는 것이 연구노트이다. 연구노트는 아이디어의 착상이나 연구의 진행, 연구의 완료를 지속적으로 기록하고 이러한 내용들이 제3자에 의해 증명되어 있는 문서이기 때문에 좋은 증거로 활용될 수 있다.

5. 과학과 유사과학

현대사회에서는 과학이 과학자만의 전유물이 아니라 '모든 이를 위한 과학(Science for All)'으로 자리매김하고 있다. 이러한 과학을 올바르게 이해하고 받아들이기 위해서는 일반 시민들도 과학에 대해 올바른 이해가 필요하다. 여기서는 과학의 특징을 먼저 소개하고 이를 기준으로 과학과 비과학을 구분하는 방법을 설명한다.

---

9 제103조 (선사용에 의한 통상 실시권) 특허출원시에 그 특허 출원된 발명의 내용을 알지 못하고 그 발명을 하거나 그 발명을 한 자로부터 지득하여 국내에서 그 발명의 실시사업을 하거나 그 사업의 준비를 하고 있는 자는 그 실시 또는 준비를 하고 있는 발명 및 사업의 목적의 범위 안에서 그 특허출원 된 발명에 대한 특허권에 대하여 통상실시권을 가진다.

5.1 과학의 특징

먼저 과학의 정의를 살펴보자. 경험주의자와 실증주의자들은 과학을 '과학자들이 발견할 수 있는 과학지식의 체계'로 정의하였다. 이러한 정의는 고전적으로 과학지식을 강조한 것을 따르고 있는데 현대에 들어서는 독립된 과학지식을 강조하기보다 과학을 하나의 설명체계로 이해하고 있다. 따라서 과학을 '자연현상을 설명하기 위해 구성한 설명체계'로 정의되기도 하였다. 이러한 정의는 탐구활동을 강조한 현대과학철학자들에 의해서는 '탐구활동과 탐구과정을 통해 구성된 설명체계'로 정의되고 있다. 이처럼 과학에는 과학적 지식, 과학적 탐구, 과학적 태도 등의 요소가 필수적이다. 이러한 과학의 구성요소에 대한 이해는 과학의 특징을 이해하는데 도움이 된다.

이러한 과학의 정의에 기초하여 과학이 다른 학문영역과 다른 특성을 살펴보면 다음과 같다.

첫째, 과학은 자연(현상)을 대상으로 한다. 과학의 주요 관심 대상은 자연(인간을 포함)과 여기에서 일어나는 자연 현상을 주로 다룬다. 과학은 이러한 자연현상 무엇인지 기술(description)하고, 왜 일어나는가를 과학적 근거를 가지고 설명(explanation)하고, 이를 통해 이해(understanding)하기도 하고 이해감을 제공하며, 나아가서는 예상(prediction)과 통제(control)를 가능하게 하는데 과학의 목적이 있다.

둘째, 과학은 재현 가능성을 가져야 한다. 물론 과학적 사실은 관찰될 수 있는 경험적 사실에 바탕하고 있다. 따라서 과학에서는 경험적인 사실보다 앞선 어떤 전제도 허용하지 않는다. 그리고 반복실험을 통하여 실험결과의 재현성이 확인되지 않으면 결코 과학적 지식으로 인정받지 못한다.

셋째, 과학적 지식은 절대적 지식이 아니라 가변적이다. 과학 지식은 관찰에서 시작되는데 관찰은 감각기관 의존성, 인지구조 의존성, 이론 의존성을 가지므로 하나의 자연현상에 대해서도 관찰자에 따라 다양한 과학적 지식이 형성될 수 있다. 따라서 현대과학철학에서는 과학지식은 잠정적이며 가변적 특성을 지니고 있다고 본다.

넷째, 과학은 과학 활동을 수행하는 과정에서 과학적 탐구방법을 사용한다. 탐구에는 관찰, 분류, 측정, 예상, 추리, 커뮤니케이션 등과 같은 기초탐구과정과 문제인식, 가설설정, 변인통제, 자료변환, 자료해석, 결론도출, 일반화 등과 같은 통합탐구과정으로 나뉜다. 과학 활동에 적합한 과학적 탐구방법의 사용은 과학의 질적 수준을 높이는데 중요하다.

5.2 과학과 유사과학의 구분

최근 들어 우리 주변에는 과학(science)인 것처럼 보이지만 실은 과학과는 거리가 먼 유사과학(pseudo-science)이 범람하고 있다. 따라서 21세기를 살아가는 시민 소양으로서 과학과 유사과학을 구분할 수 있는 안목을 갖추는 것이 필요하다. 첫째 터무니없는 것(nonsense)에 대한 대중의 기호를 이용해먹는 대중 매체의 무책임, 둘째 사후의 삶과 거짓말 탐지기의 효능과 같은 지지할 수 없는 주장들을 지지하는 미국인들이 갖고 있는 세계관의 불합리성, 셋째 비판적 사고를 학생들에게 가르치는 데 실패한 공공 교육의 무능을 들고 있다.

그는 학생들에게 어떤 주장에 대해 생각할 때 따라야 할 여섯 가지의 간단한 규칙을 제시하고, 이 규칙이 어떻게 적용되는지 보여 준다.

〈표〉 과학적 속성의 여섯 가지 규칙

규칙	구체적 내용
반증가능성 (Falsifiability)	• 어떤 주장이 잘못된 것임을 증명하는 증거가 원리상 제시될 가능성이 있어야만 한다.
논리성 (Logic)	• 어떤 주장의 지지 증거로 제시된 증명은 논리적으로 옳은 것이어야 한다.
포괄성 (Comprehensiveness)	• 어떤 주장을 지지하는 것으로 제시된 증거는 이용가능한 모든 증거를 망라해야 한다.
정직성 (Honesty)	• 어떤 주장을 지지하는 것으로 제시된 증거는 자기기만 없이 평가되어야만 한다.
재현가능성 (Replicability)	• 어떤 주장에 대한 증거가 실험 결과에 근거한 것이거나, 어떤 주장을 지지하는 것으로 제시된 증거가 논리적으로 우연의 일치로 설명될 수 있다면, 그 증거는 후속 실험이나 시행에서 재현될 수 있어야 한다.
충분성 (Sufficiency)	• 어떤 주장을 지지하는 것으로 제시된 증거는 다음과 같은 조건으로, 그 주장의 진실을 확증하는 데 충분해야 한다. 1. 어떤 주장의 입증 책임은 주장자에게 있다. 2. 범상하지 않은 주장은 범상하지 않은 증거를 요구한다. 3. 권위 또는 증언에 근거한 증거는 항상 불충분하다.

그가 말하는 '증거에 의한 추론(evidential reasoning)'의 여섯 가지 규칙은 반증가능성, 논리성, 포괄성, 정직성, 재현가능성, 충분성이다.

6. 과학기술자의 윤리

현대사회에서 과학은 홀로 독립적으로 존재하는 학문 영역이 아니라, 기술 및 공학 분야와 밀접한 연계를 가지고 있으며 이 또한 사회 속에서 상호작용하면서 존재한다고 앞서 언급하였다. 물론 과학과 기술의 연구형태는 같은 맥락에 속하지만, 도달하고자 하는 목적과 연구방법에서는 차이가 있다. 하지만, 여기서는 이러한 차이를 구분하는 것이 목적이 아니라 과학기술을 담당하는 과학기술자가 사회와의 상호작용에서 요구되는 사회적 책임감을 지니며, 과학기술의 이용과 개발이 사회에 긍정적인 효과를 가져다 줄 수 있도록 자신의 연구개발 활동과 과학기술의 이용을 적절하게 관리하는 윤리의식을 함양하는 것이 필요하다는 것을 강조하고자 한다.

6.1 과학과 기술

일반적으로 과학(science)과 기술(technology)을 구분하는 기준은 연구영역이 자연과학 연구에 가까운 영역인지 아니면 응용과학 연구에 가까운 영역인지를 가지고 구분한다. 그래서 우리가 과학이라고 말할 때, 그것은 좁은 의미로 자연과학(natural science) 혹은 기초과학(fundamental science)을 말한다. 이런 학문분야로는 물리학, 화학, 생물학, 지구과학 등이 있으며, 의학 분야와 농학 등도 여기에 포함된다.

앞서 살펴본 바와 같이 과학은 자연에서 일어나는 현상에 대해 가설을 세우고, 가설을 검증하기 위하여 과학적인 탐구방법에 따라 탐구하고, 이를 통하여 얻어진 자료에 기초하여 객관적이고 합리적인 결론을 이끌어내는 것을 중시한다. 따라서 과학을 탐구과정을 통하여 자연에서 일어나는 현상을 설명하는 설명체계(story)라고 현대과학철학에서는 정의하고 있다. 그리고 이런 분야에 관련된 종사자를 '과학자' 혹은 '과학연구자'라고 하는데 좀 더 구체적으로는 "실험 등을 통해 얻은 데이터들을 계통적으로 정리하고, 이론체계의 구축을 추구하는 연구자"라고 정의할 수 있다(Ara, 2010: 4). 과학계의 가장 권위 있는 상인 노벨 과학상(화학, 생리학, 물리학)은 대부분 기초과학연구자에게 수여되고 있다.

한편, 기술(technology)이란 과학과는 달리 일반적으로 응용과학(applied science)을 말하며 진리를 추구하는 기초 학문과 지식을 구체화하고 시스템을 개발하여 응용하는 것을 말한다. 이런 분야에 종사하는 자를 '기술자' 혹은 '기술연구자'라고 하는데, '기술자'는 이론적·실험적 접근을 통해 사전에 설정된 목표 달성을 위한 제품의 설계 혹은 제작을 목표로 하는 연구 개발자를 지칭한다.

하지만 이러한 구분은 현대 사회에 들어 점차 희미해지고 있다. 과학과 기술과 사회가 하나의 연결고리로 기능하는 STS 사회에서 이를 구분하려는 시도는 의미 없어 보인다. 따라서 과학만이 아니라 과학과 기술을 함께 아우르는 표현이 필요하다. 즉, 과학자의 연구윤리가 아니라 과학기술자의 연구윤리로 표기하는 것이 더욱 포괄적이고 적절하다.

6.2 과학기술의 양면성

20세기 이후 과학기술의 발달은 인류에게 풍요와 편리함이라는 혜택을 가져다주었다. 교통수단의 발달, 정보통신의 발달, 에너지기술의 발달은 세계를 하나의 사회로 엮어주었고 인간의 삶의 양식의 변화에 많은 영향을 주었다. 하지만, 이러한 과학기술의 발달 뒤에는 어두운 일면도 적지 않게 남겼다.

화석연료의 무분별한 사용으로 부족한 연료를 대체하기 위하여 개발된 고효율 에너지인 원자력 발전은 개발 초기에는 인류의 신 에너지원으로서 각광을 받고 희망을 안겨주었다. 하지만 냉전시대에 돌입해서는 원자폭탄의 개발로 이어졌고, 결국에는 제2차 세계대전에서 일본의 나가사키와 히로시마에 투하되어 많은 사람의 목숨을 앗아갔다.

또한 절대 안전성을 확신하던 원자력 발전소도 인간의 실수에 의한 체르노빌 원자력발전소 붕괴사고가 발생하여 원자력에 안전에 대한 불안이 높아갔다. 이런 가운데 2011년 발생한 자연재해에 의한 일본의 후쿠시마 원자력발전소의 폭발 사고로 인하여 이제는 불안을 넘어 인류의 재앙을 불러일으키는 위협으로 다가오고 있다. 후쿠시마가 원래의 모습으로 회복되기까지 수십 년의 정화 기간과 수백조 원에 달하는 막대한 경비가 소요된다고 한다.

이처럼 과학기술을 유익하게 이용하면 인류를 행복하게 하는 도구가 될 수 있으나 이를 악용하면 지구를 파괴하고 인류를 멸망의 길로 이끌 수도 있는 양면성을 가지고 있다. 하지만 여기서 중요한 것은 과학기술을 개발과 사용용도는 이를 개발하고 연구하는 연구기술자의 판단과 의지에 크게 좌우된다는 것이다. 따라서 현대사회에서 과학자 및 기술자의 올바른 윤리관 정립이 중요하고 강조되는 것도 여기에 있다.

2013년은 전기 에너지 부족으로 매우 힘든 나날을 보낸 것으로 모든 국민들의 기억에 남을 것이다. 하지만 에너지 부족이 발행한 가장 커다란 원인은 에너지생산 관련 업무에 종사하는 과학기술자들의 도덕성 해이로 인한 문제가 출발점이었다. 비록 몇몇의 관련연구자에 불과하였지만 이들의 연구윤리 부정행위가 결과적으로는 국가적 위기를 가져다주었고 국민 전체에 고통을 안겨줄 수 있다는 것을 몸소 체험한 한 해였다.

6.3 과학기술자의 사회적 책무

앞선 핵무기 개발과 같은 냉전시대의 사회적 상황에서의 과학자의 역할은 쉽게 이해하기도 어렵고 이러한 문제에는 정치적 및 사회적 배경에 대한 이해가 함께 필요하다. 그래서 좀 더 쉬운 지금의 이야기로 돌아가도록 하자.

최근 들어 학교와 기업뿐만 아니라 국가적으로도 연구윤리에 대한 규정이 제정되고 이에 대한 연구윤리 교육이 폭넓게 진행되고 있음에도 불구하고 다양한 연구윤리 문제가 발생하는 원인은 무엇일까?

이는 연구 환경의 변화에서 찾을 수 있다. 최근 들어 과학기술자가 연구하는 내용은 영역별로 분업화, 세분화, 전문화가 이루어지고 이의 발전 속도 또한 대단히 빨라졌다. 또한 연구형태 또한 다양한 분야와의 공동연구가 필수적이며 여기에는 다양한 인간관계의 형성과 이들과의 적절한 커뮤니케이션이 필수적이다. 게다가 연구를 지속하기 위해서는 외부 연구 자금을 지원받아야 하는데 이에 대한 지원이 한정적이고 매년 예산삭감으로 외부 연구 자금을 지원받는 연구자의 비율은 줄어들고 있다. 따라서 같은 업종에 종사하는 과학기술자간의 경쟁이 격화되고 있으며, 이런 경쟁 결과 남들보다 조금이라도 빠르게 결과를 내어야 하는 조급함에 연구 성과 부풀리기와 같은 연구문제를 일으키기도 한다.

또한 경제 불황의 여파로 정규직 일자리가 부족하고 대신하여 비정규직 혹은 기간제 일자리가 증가하였다. 따라서 비정규직 연구자는 단기간에 성과를 내야 한다는 부담감으로 작용하고 있다. 한때 유행하였던 '월, 화, 수, 목, 금, 금, 금'처럼 휴일 없이 쉬지 않고 일하는 것이 당연시 되는 연구 환경에서는 과학기술자들은 때때로 사회적인 책무를 잊어버리게 된다.

6.4 조직에서의 과학기술자의 책무

학교나 공공기관을 비롯하여 기업 등의 조직에서 과학기술자의 윤리성이 더욱 강조되는 이유는 직접 연구개발을 담당하는 과학기술자가 업무에 대하여 가장 사실을 잘 알고 있기 때문이다. 이들에게는 연구 및 기술개발뿐만 아니라 중요한 결정에 있어서 경영자와 관리자가 현명한 판단을 할 수 있도록 올바른 정보를 제공해야 하는 책무도 부과된다(Ara, 2010: 6). 또한 조직에서의 연구개발 활동을 통하여 얻은 직·간접적인 정보를 함부로 누설하거나 이를 개인적으로 용도로 사용하지 못하게 하는 등의 제한도 책임 지워지고 있다. 하지만, 앞선 하우저의 연구부정행위에서 언급하였듯이 조직의 올바른 연구윤리를 정립하기 위해서는 연구윤리에 어긋나는 정보는 적극적이며 신속하게 받아들이는 분위기 형성이 중요하다.

2010년 미국의 챌린저호 우주왕복선 사고결과 보고서에 의하면 챌린저호 폭발사고의 직접적인 원인은 가스누출을 막는 O링 때문이었다고 한다. 발사 당시 평소와 달리 낮은 기온 때문에 O링이 얼어붙어 가스가 누출되고 이것이 폭발로 이어진 것이다. 조사위원회에 따르면 부품 엔지니어 담당자는 발사 12시간 전의 점검에서 챌린저의 연료장치에 사용되는 고무링이 발사장의 추운 날씨 때문에 제 기능을 할 수 없다는 것을 알고, 이를 미국 항공우주국(NASA)에 보고했으나, 소련과의 우주경쟁에서 미국이 우의를 차지하고 싶은 분위기 등 당시의 여러 가지 내부 사정으로 이러한 보고가 묵살되고 발사가 연기되지 않았다는 주장이 제기되었다. 이런 기술적 문제점을 가진 챌린저호는 발사한 지 1분 만에 폭발하여 우주비행사 7명 전원이 사망했다. 챌린저 폭발 후 미국은 2년 8개월간 우주왕복선 비행을 전면 중단 시켰다. 조직에서의 연구윤리의 준수가 얼마나 중요한가를 고귀한 생명의 희생을 통하여 얻게 된 사례이다.

7. 나가는 말

  과학과 기술은 독립적인 톱니바퀴가 아니라 사회테두리 안에서 맞물려 돌아가는 톱니바퀴이다. 이러한 사회에서 현장에서 과학기술을 개발하고 사용하는 과학기술자의 윤리관에 대한 높은 기대가 요구된다. 과학기술자는 연구수행과정 및 성과발표 과정에서 연구윤리를 위반하기 쉬우므로 조심하여야 한다. 만일 연구윤리에 어긋나는 행동을 한다면 이는 과학기술자가 소속한 조직의 규범에서 일탈하는 행위이며, 과학기술자가 속한 사회적 책무를 저버리는 행위이기도 한다.

  과학기술은 원래 문명의 발전을 위하여 개발된 하나의 수단일 뿐이다. 수단적 도구가 유용하게 사용되기만 하면 사회를 풍요롭게 바꾸어 주며, 인류에게 꿈과 희망을 줄 수 있다. 이 모든 것이 현장에서 지휘하는 과학기술자의 손에 달려 있음을 과학기술자들은 유념해야 한다.

생각해 볼 문제

1. 수학을 과학이라고 할 수 있는가? 과학이라고 할 수 없다면, 그 이유는 무엇인가?
2. 점성술을 완전히 비과학이라고 할 수 있는가? 점성술도 과학적인 측면이 있다면, 그것은 왜 그렇다고 생각하는가?
3. 과학과 사회는 어떻게 관련되는가? 구체적인 예를 통해 설명해 보라.
4. 과학자가 일반인들보다 더 사회적인 책임의식을 가져야 한다고 생각하는가? 그렇다면 그 이유는 무엇인가?

더 읽거나 가볼만한 곳

1. 이상욱 조은희 편(2011), 『과학윤리특강』, 사이언스북스.
자연과학 분야에서 제기될 수 있는 다양한 연구윤리의 쟁점을 알기 쉽게 상세히 소개한 책이다.
2. 연구노트 확산지원본부 http://www.e-note.or.kr/Home.do
특허청에서 만든 것으로 연구개발정보를 체계적으로 보호 관리하기 위해 구축한 사이트이다. 연구노트의 지침, 작성 방법을 아는 데 유용하다.
3. 연구윤리 정보센터, 『좋은 연구 좋은 이야기』, 연구윤리정보센터.
2년간 〈좋은 연구〉 사이트 토론 게시판에서 이루어진 질문과 대답, 토론을 모은 것으로 과학연구자들이 궁금한 사항을 잘 정리했다.

참고자료

교육인적자원부·한국학술진흥재단(2006), 『연구윤리소개』, 교육인적자원부.
김명심·박희제(2011), 「기후게이트와 기후과학논쟁」, 『Eco』, 15권 1호.

김성덕(2012), 「초등학교 교사를 위한 과학연구윤리 가이드라인 개발」, 한국교원대학교 대학원, 석사학위논문.

김진원·황은성·서순탁·김용철(2008), 『서울시립대학교 이공계 및 사회과학 대학원 연구윤리강의교재 연구윤리』, 서울시립대학교 산학협력단.

김환석(2001), 「과학기술시대의 연구」, 유네스코한국위원회 편, 『과학연구윤리』, 당대.

조은희·김건주·이상욱·이준호·정인실(2007), 『실험실 생활 길잡이』, 라이프사이언스.

조희형(2008), 『과학윤리교육의 이론과 방법』, 집문당.

황은성(2007), 『생명과학 연구자 연구윤리 교육자료 개발』, 보건복지부.

윌리엄 브로드·니콜라스 웨이드, 김동광 옮김(2007), 『진실을 배반한 과학자들』, 미래 M&B.

Ara Katsutoshi(2010), "Ethics for Engineers and Scientists", *IPEJ Journal*, 22(4).

Lett, James(1990), "A Field Guide to Critical Thinking", *Skeptical Inquirer*, Vol 13 NO 4, Fall.

제5장

인체 및 동물 대상 실험윤리

김명식

1. 들어가는 말

 인류는 오랫동안 인체를 대상으로 연구를 진행해 왔다. 인간을 대상으로 하는 연구를 임상연구(clinical study)라고 한다. 의사들은 인간의 질병을 치료하기 위해서는 인간을 대상으로 한 실험이 불가피하다고 주장하고, 실제로 인체 대상 실험을 수행해 왔다. 예를 들어 기원전 300년경 그리스의 의사들은 이미 죄수와 가난한 사람을 해부하여 신경계를 발견한 바 있다. 또 이집트의 프톨레마이오스 황제가 알렉산드리아의 의사들에게 범죄자를 상대로 생체실험을 허용했다는 기록도 있다.
 실제로 우리는 임상실험을 통해 질병의 원인 규명, 질병 예방을 위한 백신과 기타 다양한 신약의 개발, 새로운 의료기구의 개발 같은 성과를 얻을 수 있다. 최근 이러한 인간 대상 실험은 단순히 치료의 차원을 넘어, 배양세포를 이용한 연구, 배아와 태아의 연구, 인간유전체,

유전자 치료, 집단 유전학적인 연구로 그 범위를 확장하고 있다(양재섭, 2011:271-3).

하지만 인간은 과연 실험대상이 될 수 있는가 하는 물음은 인체 대상 실험의 역사만큼 오래된 것이다. 특히 근대 이후 인간의 존엄성 존중이 기본 전제가 되면서 이러한 물음은 더욱 제기된다. 하지만 그렇다고 해서 인간의 질병 치료와 건강 증진을 포기할 수도 없는 노릇이다. 이런 점에서 만일 인간에 대한 실험이 허용된다면, 그에 맞는 합당한 절차는 무엇이고, 허용 범위는 어디까지인가 하는 물음에 직면한다. 그리고 그것에 대한 윤리적 정당화는 어떤 방식으로 행해져야 하는가?

2. 의료윤리의 배경과 역사

오늘날 인체 대상의 연구윤리가 문제가 된 것은 역사적 경험과 관련된다. 나치 독일의 인체실험으로 인해 뉘른베르크 강령이 나왔고, 미국의 터스키기 매독연구가 폭로되면서 '벨몬트 보고서'가 나오게 된다. 제2차 세계대전 중 나치 독일과 일본 관동군은 유대인이나 포로를 대상으로 인간으로서 해서는 안 되는 인체 실험을 실행했다. 이런 사실이 전후 밝혀지면서 인체 대상의 연구윤리가 확립되는 계기가 된다. 히틀러 정권은 주로 유대인을 대상으로 생체연구를 실시했는데, 구체적인 내용은 이후 뉘른베르크 재판을 통해 상세히 밝혀졌는데 다음과 같다.

- 압력을 조절할 수 있는 방에 실험 대상자를 넣고 저압·저산소 환경을 조성하여 죽을 때까지 변화를 관찰했다.
- 추운 날씨에 맨몸을 노출시켜 얼게 한 다음 회복하는 현상을 관찰하는 냉동시험을 실시했다.
- 모기에 물리게 하거나 말라리아균을 주입한 다음, 퀴닌, 네오살바르산, 피라미돈, 안티피린 등의 약을 투여하여 그 결과를 관찰하였다.
- 인위적으로 상처를 낸 다음 머스타드 가스를 흡입시키거나 액체 상태로 마시게 했다.
- 총상으로 인한 감염과 유사하게 포로들의 다리를 절개하여 이 물질을 넣어 감염을 유도한 다음 설파닐아마이드의 치료효과를 검증했다. 여성 포로의 뼈를 다른 포로에게 이식하는 실험도 행했다.
- 해상 사고시 바닷물을 식수로 사용할 수 있는지 알기 위해 최소한의 식량만 공급하면서 바닷물만을 식수로 공급하여 결과를 관찰했다. 대상자들은 혼수상태가 되기도 하고 발작을 일으키기도 했으며 죽는 경우도 있었다.
- 기타 전염성 황달균을 주입한다든지, 저렴하고 신속한 불임술의 개발, 티푸스, 콜레라 등의 백신 개발을 위한 실험, 값싸고 효율적으로 독살하기 위한 독약 실험, 방화용 폭탄실험 등의 실험을 행했다(양재섭, 2011:282-3).

제2차 세계대전이 끝나고 이런 사실이 폭로되어, 1946년 뉘른베르크에서 전범재판이 열렸다. 여기서 독일군 지휘관 의사, 의료행정가 23명이 기소되어, 7명이 사형, 9명은 무기징역의 판결을 받았다. 1947년 재판부는 최후 판결문에서 "허용가능한 의학실험"이라는 제목을 붙여 인체실험에 대한 10개 항의 기준이 포함된 뉘른베르크 강령을 제시했다. 이 강령은 이후 국제적인 의료윤리의 기준으로 통용되었다. 뉘른베르크 강령은 모두 10개 항으로 이루어졌는데, 중요한 것을 간추리면 다음과 같다.

1항 인체 실험 대상자의 자발적 동의는 절대 필수적이다.

2항 연구는 사회의 선을 위해 다른 방법이나 수단으로는 얻을 수 없는 가치 있는 결과를 낼 만한 것이어야 하며, 무작위로 행해지거나 불필요한 연구여서는 안 된다.

5항 사망이나 장애를 초래할 것이라고 예상할 만한 이유가 있는 실험의 경우에는 의료진 자신도 피험자로 참여하는 경우를 제외하고는 시행되어서는 안 된다.

6항 실험에서 무릅써야 할 위험의 정도가 그 실험으로 해결될 수 있는 문제의 인도주의적 중요성보다 커서는 안 된다.

의료윤리의 역사에서 빼놓을 수 없는 또 하나의 사건은 터스키기 매독연구이다. 미국 연방정부 산하 공중보건국은 1932년에서 1972년까지 40년 동안 앨라배마 주 터스키기(Tuskegee)의 흑인들을 대상으로 매독에 관한 연구를 수행했다. 이 연구는 매독에 감염된 흑인들에 나타난 병의 자연스런 진행 경과를 기록하기 위한 목적으로 계획되었다. 처음 연구를 시작했을 때는 매독 치료법에 대해 알려진 바가 없었다. 매독에 감염된 수백 명의 환자와 건강한 수백 명의 자원자들이 이 연구에 참여하였는데, 피험자인 남성들은 충분한 정보를 제공하는 동의 절차 없이 모집되었다. 연구자들은 또한 의도적으로 일부 절차의 필요성에 대해 그 목적을 숨기기도 했다. 더욱이 1940년대에 페니실린이 효과적이며 안전한 매독 치료법으로 밝혀진 뒤에도 피험자들은 이 항생제를 투여 받지 못했다. 이 연구로 28명이 사망하였고, 100건의 장애, 그리고 19건의 선천성 매독을 초래하였다. 그리고 나중에는 사후 시체부검까지 실시해서 연구의 결과를 최종 확인하는 철저한 절차를 거쳤다. 말하자면 이 연구의 정확한 목적은 매독에 걸린 환자를 치료하지 않고 내버려두면 어떤 과정을 밟아 죽음에 이르는지를 살펴보는 매우 비인도적인 것이었다(CITI, 최병인 역, 2010:18).

터스키기 매독연구는 미국사회에 적지 않은 충격을 주었다. 1932년 이후 무려 40년간이나 세계 제일의 인권국가라고 자부하는 미국에서 일어난 일이기 때문이다. 이것은 1972년 미 공중보건국의 한 직원에 의해 폭로되었고, 이에 대처하기 위해 미국 의회는 1974년에 국가연구법을 통과시키고 그 법에 근거하여 '생명의학 및 행동연구 관련 인간보호를 위한 국가위원회'를 설치했고, 여기서 1979년 벨몬트 보고서(The Belmont Report)가 나온다. 벨몬트 보고서는 인간 대상 실험에 관한 기본적인 원칙을 제시한다.

첫째, 인간존중의 원칙이다. 이 원칙은 두 가지 윤리적 신념으로 구성되는데, "개인은 자율적인 행위자"라는 믿음과 "자율적 능력이 부족한 개인은 보호받아야 한다"는 것이다. 둘째, 실험대상이 되는 사람의 복지와 행복을 지켜 주어야 한다는 원칙이다. 이 원칙 역시 두 부분으로 이루어지는데 하나는 남에게 해를 끼치지 말라는 것이고 다른 하나는 가능한 한 이익을 최대로 하고 손실을 최소화하라는 것이다. 셋째, 정의의 원칙이다. 이는 연구대상 선정의 공정성과 관련된다. 이 원칙은 피험자를 선정하고 실험결과를 이용함에 있어 부당한 차별이 있어서는 안 된다는 점을 강조한다(구영모, 2011:240).

그 외에 헬싱키 선언도 의료윤리의 역사에서 빼놓을 수 없는 중요한 선언이다. 헬싱키 선언은 1964년 핀란드 헬싱키에서 열린 세계의사협회 18차 총회에서 채택되었고, 이후 오늘날까지 여덟 차례에 걸쳐 개정되었다. 이 선언은 의사들이 스스로 마련한 자율적 규정이라는 점에서 의미가 있다. 최신 개정판은 총 35개 항으로 이루어져 있으며, 전문은 세계의사협회 홈페이지(www.wna.net)에서 볼 수 있는데, 그 요점은 다음과 같다(구영모, 2011:230-232).

- 연구 목적의 중요성은 그 위험과 균형을 이루어야 한다.
- 피험자의 이익에 대한 고려가 과학 및 사회의 이익에 우선해야 한다.
- 연구에 따른 위험이 잠재적 이익보다 크다고 판단될 때에는 연구를 중단해야 한다.
- 연구 자체의 목적과 방법, 예견되는 이익과 내재하는 위험성, 그에 따르는 고통 등에 관해 피험자에게 사전에 충분히 알려주어야 한다. 피험자에게 충분한 설명에 근거한 자발적인 동의를 받아야 한다.
- 이때 동의는 당해조사에 참가하지 않는, 독립된 지위에 있는 의료진에게서 받아야 한다.
- 법률상 무능력자(미성년자, 금치산자, 한정 치산자)에 대해서는 국내법에 따라 법적 대리인의 동의를 받아야 한다.

3. 의료윤리의 네 가지 원칙

의료윤리학계는 통상 다음 네 가지 원칙을 기준으로 삼는다. 그것은 각각 자율성 존중의 원칙, 악행금지의 원칙, 선행증진의 원칙, 정의의 원칙이다.[1] 이 원칙들은 앞서의 역사적 경험을 통해 확립된 것들이다. 많은 철학자들과 윤리학자들을 통해 이것들은 정당화되었으며, 오늘날 실험윤리와 의료윤리 분야에서 기본 원칙으로 널리 인정받는다.

첫째 자율성 존중(respect for autonomy)의 원칙이다. 오늘날 자유민주주의 사회에서는 개인의 자율성을 최대한 존중해야 한다는 사회적 합의가 있는데, 이는 칸트와 존 스튜어트 밀 등 다수의 철학자들에 의해 옹호된 이념이다. 칸트에 의하면, 인간이 존엄한 이유는 이성적 존재로 자신의 삶의 방식을 결정하고 실천할 의지의 자유를 갖고 있기 때문이다. 그리고 그런 이성적 능력과 자유의 능력을 갖고 있기에 목적적 존재로 대우 받을 수 있고, 대우 받아야만 한다. 또한 존 스튜어트 밀은 『자유론』에서 인간은 시키는 대로 임무를 수행하는 기계가 아니라 자기가 가고 싶은 방향으로 뻗어나가는 수목과 같은 존재라고 보았다. 그런 인간이기에 자유가 주어질 때에만 그는 활력 있고 행복한 삶을 살 수 있기 때문에, 그가 원하는 바대로 할 자유와 자율의 인정은 반드시 필요한 것이다.[2]

이것은 의료윤리에 그대로 적용된다. 의사는 중요한 시술을 할 때 자신이 전문적 지식을 갖고 있다고 해서 자기 마음대로 결정해서는 안 되고 사전에 환자에게 설명하고 동의를 얻어야 한다. 왜냐하면 당사자는 의사가 아니라 환자 자신이기 때문이다. 인간은 자기 일에 관한한 스스로 결정할 권리가 있는 것이다. 이와 관련해 의사는 환자가 당사자 입장에서 합리적인 결정을 내릴 수 있도록 필요한 관련 정보를 제공해야 한다. 이것은 영어로 'informed consent'인 이 말은 우리말로는

---

[1] 네 가지 원칙을 확립한 의료윤리의 대표적인 저술로는 Beauchamp & Childress(2001), 그리고 네 가지 원칙을 우리말로 쉽게 설명한 책은 김상득 외(1999)를 참고할 것.
[2] 자유와 자율성의 중요성을 옹호하는 대표적인 고전으로는 존 스튜어트 밀, 서병훈 역, 『자유론』, 특히 pp. 112-113을 참고할 것.

'고지된 승낙', '사전동의', '인지동의'로 번역되기도 하나, '충분한 정보에 기초한 동의'가 다소 길기는 하지만 가장 정확한 의미를 담고 있다고 생각된다.

인체 대상의 실험에서도 '충분한 정보에 기초한 동의'는 중요하다. 이것은 두 가지 의미를 담고 있다. 하나는 '자발적 동의'의 개념이다. 인간 피험자를 사용하는 실험에서 피험자는 압박이나 협박, 사기, 강요 또는 외부의 간섭으로부터 자유로운 결정을 해야 한다. 다른 하나는 '충분한 정보'이다. 피험자가 올바른 결정을 내리기 위해서는 그들이 겪어야 할 실험에 대한 지식과 이해가 필요하다. 그들에게 부과될 실험의 목적과 성격, 기간은 물론이고, 어떤 방법으로 실험이 진행될 것인지, 그리고 어떤 증상과 부작용이 예상되는지를 설명해야 한다.

2005년 황우석 사태에서도 이 문제는 불거진다. 먼저 연구원들의 난자 기증이 문제가 된다. 연구원은 연구팀의 한 일원으로 실험과 관련해 유형무형의 압력을 받기 때문에 연구원의 난자 기증은 자발적 동의에 기초한 것이라고 보기 어렵다. 이런 이유에서 통상 연구원들의 난자 기증은 금지되어 있는데, 황우석 팀은 이 지침을 어긴 것이다. 또 많은 여성들이 기증을 했는데 많은 경우 이들에게 난자를 추출할 경우 발생할 수 있는 부작용에 대한 충분한 설명이 없었다는 비판이 있었다. 만일 그랬다면 이것은 '충분한 정보'를 제공해야 한다는 지침을 어긴 것이라고 할 수 있다.

둘째, 악행금지(nonmaleficence)의 원칙이다. 이것은 환자에게 해악을 입히거나 환자의 상태를 악화시키는 데는 의술을 결코 사용하지 않겠다는 히포크라테스 선서에 잘 반영되어 있다. 셋째, 선행(beneficience)의 원칙이다. 그것은 타인의 질병을 치료하고 건강을 증진시켜야 하는 의사의 사명을 의미한다. 이 두 가지 원칙은 공리주의 윤리와 관련이 깊다. 공리주의의 창시자 벤담에 따르면, 우리는 행위와 관계된 관계자의 행복을 극대화하고 고통을 최소화해야 한다. 악행금지의 원칙이 고통을 최소화하는 것이라면, 선행증진의 원칙은 행복을 극대화하는 것이다.[3]

의료윤리에서도 이 원칙들은 중요하다. 가령 병원기기를 활용하고 병원수익을 올리기 위해 환자에게 불필요한 검사를 요구할 때가 있다. 이것은 환자에게 쓸데없이 경제적 신체적 부담을 주는 것으로 악행금지의 원칙을 위반한 것이다. 그리고 응급환자가 발생했을 때에 의사는 자신이 휴가 중이고, 그 환자가 자기 환자가 아니라할지라도 그 환자에게 응급치료를 제공할 직업상의 책무가 있다. 이것은 선행증진의 원칙에 기초한 것이라고 볼 수 있다.

이 원칙들은 인체 대상의 실험에도 중요한 원칙으로 적용된다. 이 원칙들에 따르면, 실험을 할 경우 실험으로 인해 발생하는 위험과 이익에 대한 철저한 사전평가가 필요하다. 특히 인간을 대상으로 한 실험은 다른 방법이나 연구로는 얻을 수 없는 사회적 이익을 가져오는 것이어야 하며, 실험의 목적과 성격이 확실하지 않으면 안 된다. 그리고 실험의 위험 정도는 실험의 결과로서 기대되는 이익보다 커서는 절대 안 된다. 이와 관련해 연구자들은 위험을 최소화하고, 이득은 최대화하는 최선의 연구계획을 수립해야 하고, 위험 대 이득의 비율이 적절하지 않은 연구를 시도해서는 안 된다. 그리고 연구를 수행하는 과

---

[3] 공리주의의 대표적인 저술로는 벤담, 고정식 역(2011), 『도덕과 입법의 원리 서설』, 나남, 특히 1장을 참고할 것.

정에서 위험을 충분히 관리할 수 있는지 여부를 확인해야 할 것이다.

넷째, 정의의 원칙이다. 어떤 행위를 할 때에는 그로 인해 발생하는 이익과 부담이 있게 마련이다. 그리고 때때로 그 이익과 부담의 수혜자가 다를 때가 있는데, 여기서 분배적 부정의 문제가 발생한다. 정의의 원칙은 바로 이때 적용되는 원칙으로, 이익과 부담의 분배가 공정해야 한다는 것이다. 정의에 대한 요구는 인간의 역사가 시작된 이래 있어 왔지만, 1970년대 미국의 철학자 존 롤스에 의해 가장 체계적으로 정당화되었다.[4]

의료윤리에서 정의의 원칙은 희소자원(가령 응급실, 장기)에 대한 분배는 공정하게 이루어져야 한다는 내용을 담고 있다. 인체 대상의 실험에서 발생하는 이익과 부담을 분배하는 데에도 공정해야 한다. 정의의 원칙은 연구에서 파생되는 부담과 이득이 동등하게 분배될 수 있도록 연구를 설계하고, 사람들을 공정하게 대할 것을 요구한다.

그래서 실험대상자들을 선택할 때 연구자들은 이익이 기대되는 연구의 실험 대상자로 자신들이 호감을 갖는 사람을 선택하거나 자원하지 않는 사람을 선택해서는 안 된다. 그리고 사회적, 인종적, 성적, 문화적인 차별로 실험대상이 결정되어서도 안 된다. 요점은 피험자 선정에서 공정성을 유지해야 한다는 것이다. 그리고 취약한 환경의 피험자군이나 이용하기 쉬운 피험자군을 착취해서는 안 된다. 이런 취약한 환경에 노출된 존재에는 어린이, 배아 및 태아, 정신지체자, 응급환자, 불치병이나 치명적인 질환의 환자, 계급적, 교육적 경제적 사회적 소외계층(군인, 소수민족, 문맹, 궁핍한 자) 등이 해당될 것이다. 이런 점에서

---

4 정의에 관한 롤스의 대표적인 저작으로는 존 롤스, 황경식 역(2003), 『정의론』, 이학사.

일본과 독일에서 자행된 포로와 유대인 대상의 실험은 정당화될 수 없다. 이들 나라들은 자국 병사들의 동상 치료법을 개발하기 위해 포로들을 혹한에 노출시켜 동상을 유발했고 이를 토대로 치료법을 연구했다. 이것은 취약한 환경의 피험자 군을 착취하고, 실험으로 인한 이득과 부담의 수혜자가 전혀 다르다는 점에서 정의의 원칙을 어겼다. 그리고 동시에 피험자들의 동의를 전혀 받지 않아 자율성 존중의 원칙을 어겼다고 할 수 있다.

현재 인체 대상의 실험은 반드시 기관윤리심의위원회의 사전 승인을 받아야 한다. 기관윤리심의위원회(Institutional Review Board: 이하 IRB)는 임상연구 수행시 피험자의 권리와 복지를 보호하기 위해 설립된 기구로 연구계획의 승인 또는 불승인 및 감독 권한을 갖고 있다.

IRB의 위원은 일반적으로 최소 5명 이상으로 구성되어 있는데, 공정성을 확보하기 위해 최소 한 명 이상의 과학 분야 전공자, 최소 한 명 이상의 비과학 분야 전공자, 최소 한 명 이상의 기관 외부 위원을 포함해야 한다. 여기서 수행하는 작업 중에는 위험과 예상되는 이득에 대한 분석과 아울러 피험자에게 충분한 정보를 제공한 후에 동의를 받았는가를 확인하는 것이 포함된다.

4. 동물실험의 역사

동물에 대한 해부와 실험은 오랜 역사를 갖는다. 고대 그리스의 히포크라테스는 동물해부를 통해 생식과 유전에 관한 지식을 발전시켰고, 철학자이자 생물학자인 아리스토텔레스도 동물해부를 통해 비교해부학과 발생학을 연구했다고 한다. 고대 그리스의 의사인 갈레노스 (C. Galenus)는 원숭이의 생체해부를 통해 근육과 뼈 조직, 뇌신경, 심장판막에 대한 중요한 의학적 사실을 규명했다. 16세기 베네치아의 의사인 베살리우스(A. Vesalius)에 의해 인체해부학이 발전할 때까지 동물해부학은 의학의 가장 중요한 토대로 기능했다. 17세기 영국에서 하비 (W. Harvey)가 돼지를 이용하여 심장박동에 의한 혈액순환 현상을 밝힌 것은 유명하다. 이후 파스퇴르(L. Pasteur)의 백신연구도 동물실험을 기초로 했다.

동물실험은 다양한 형태로 이루어진다. 의학과 생물학의 지식을 밝히고 전수하기 위한 생체해부와, 의약품의 원료를 얻기 위한 재료채취도 넓은 의미의 동물실험에 포함될 것이다. 하지만 우리가 일반적으로 생각하는 동물실험은 새로운 약품(예컨대 백신)을 사용하기 전에 그 효능과 안전성을 확인하기 위한 것이다. 이런 실험은 비단 새로운 약품뿐만 아니라, 생필품, 화장품, 소독제, 농약, 신화학물질, 기능성 식품 등에도 적용된다. 이는 인체에 주는 영향과 환경에 미치는 영향을 예측하기 위한 것이다.

현재 의학, 약학, 수의학, 생물학 등의 분야는 실험동물을 이용하고, 또 이를 바탕으로 모든 결과가 이루어진다. 우리나라의 경우 최근 생명공학이 각광받으면서 실험동물의 사용은 해마다 30~40% 증가하고 있다고 한다. 또 유전자 조합을 통해 선천적으로 인간의 유전자나 인간의 질병을 가지고 태어나는 기형동물도 나오고 있다.

동물실험은 실험동물에게 커다란 고통을 준다는 점이 문제가 된다. 대표적인 것이 악명 높은 LD50 테스트이다. 이것은 실험동물에게 검사물질의 투여량을 점차 늘려 얼마만큼의 양을 투여해야 실험동물의

50%가 죽는가를 조사하는 독성실험검사이다. 50%의 동물은 점차 고통을 느끼면서 죽어간다. 50%의 동물이 죽으면 실험은 끝나지만 살아남은 50%의 동물이 느끼는 고통도 심각하다. 테스트물질에 의해서만 죽어야지 과학적 설명력이 있기 때문에, 죽어가면서 고통 받는 동물들에게 '인도적인' 죽음을 선사할 수는 없다(Desjardins, 김명식 역, 1999:189). 이런 독성 검사는 신약 실험에 활용되기도 하지만 식품, 화장품, 생활용품에 활용되기도 한다. 여기서 우리는 우리의 아름다움을 치장하기 위한 화장품 같은 품목에 대해서도 동물실험을 해 수많은 동물을 고통 속에 죽어가게 해도 되는 것인가 하는 의문을 갖게 된다.

하지만 동물실험을 통해 우리가 얻은 의학의 발전은 매우 중요하다. 가령 1950년에 세계 최초로 이루어진 신장이식 수술은 개를 이용한 것이다. 이 수술이 성공해 현재 신장이식 수술은 비교적 안전한 수술이 되었다. 또 암환자들의 생존율이 증가하는 것 역시 동물실험 연구 덕분이다. 이런 생존율은 50여 종의 항암제 덕분이기도 한데, 이들 항암제는 사람에게 처방되기 전에 동물들을 대상으로 철저한 실험을 거친 것이다. 방사선 치료법도 널리 쓰이는데, 이 치료법은 래트와 쥐를 이용한 실험을 통해 마련되었다. 특히 어떤 동물들은 특정 질병 연구에 매우 중요하다. 영장류는 사람과 비슷하기 때문에 사람에게 발생하는 건강 문제를 연구하는 데 매우 중요하다. 원숭이는 세이빈 소아마비 백신의 안전성을 검사하는 데 이용되고, 돼지는 인간의 인공장기를 생산하는 데 연구대상이 된다. 그래서 1988년 미 의학협회에서 의사와 과학자들을 상대로 한 조사에 따르면 응답자의 97%가 동물실험에 찬성했다는 결과가 있다(김진석 2010: 284-285).

최근의 추세는 불필요한 동물실험을 줄이고, 최대한 동물의 고통을 줄이려는 것이다. 2012년 유럽연합이 동물실험을 거친 화장품 판매를 전면 금지시킨 것이 대표적인 예이다. 또 주요 나라의 의학, 생물학, 수의학, 병리학, 독성학, 실험동물학에서 발간하는 학회지들은 동물복지법 혹은 학회에서 정한 '동물실험에 관한 가이드라인'에 명기되어 있는 동물복지의 정신을 따르지 않으면 논문을 받아들이지 않는다는 규정을 갖고 있다. 그리고 이에 입각해 논문의 '재료 및 방법란'에 동물의 사육, 관리조건과 동물실험법에 관한 상세한 기재를 요구한다.

생명공학의 강국인 우리나라는 2000년대 초반까지 실험동물에 대한 정확한 통계마저 없을 정도로 이 문제에 관심을 갖고 있지 않았고, 동물실험에 관한 가이드라인을 지키지 않아 연구논문이 국제저널에 실리지 못하고 거절되는 현상마저 있었다. 하지만 2000년대 접어들어 활발해진 동물보호단체의 노력과 사회전반의 인식의 전환으로 점차 동물복지에 관심을 갖게 되었다. 2008년 대폭 개정된 '동물보호법'에서는 동물보호의 원칙을 천명하면서 동물실험에서 윤리적 방식을 추구하고 있다.

5. 동물실험 논쟁[5]

동물실험과 관련된 논란은 다양하지만, 여기서는 크게 두 가지로 나누어 서술한다. 하나는 동물을 배려할 의무가 있는가, 있다면 어느 정

---

[5] 동물실험 논쟁은 필자가 이전에 쓴 다음의 글들을 바탕으로 해서 썼다. 김명식(2003), 「동물실험」, 『과학기술의 철학적 이해』, 한양대출판부. 그리고 김명식(2007), 「동물실험과 심의」, 『철학』, 92집, 한국철학회.

도의 의무를 갖는가 하는 윤리적인 쟁점이다. 다른 하나는 사실과 관련된 쟁점으로 동물실험이 과연 필요한가, 그리고 만일 문제점을 인정해 다른 방법으로 대체하려 한다면 대체방법이 과연 있는가 하는 것이다. 먼저 윤리적인 쟁점을 다루고, 그 다음 사실과 관련된 쟁점을 다루겠다.

5.1 윤리적 논쟁

지금까지 일반적인 통념은 동물의 권리에 대해 매우 부정적이었다. 이것은 오랜 역사를 갖는다. 우선, 아리스토텔레스에 따르면 식물은 동물을 위해 존재하며 동물은 인간을 위해 존재한다. 동물은 애당초 존재 목적이 인간을 위한 것이기 때문에 인간은 동물을 식량이나 다른 용도, 즉 의복이나 도구를 만드는 데 사용할 수 있다. 아리스토텔레스의 입장에서 보자면, 우리는 동물을 필요에 따라 임의대로 이용할 수 있으며, 필요하다면 동물을 대상으로 실험하는 것도 전혀 문제가 되지 않는다.

근대의 철학자인 칸트(I. Kant)도 마찬가지이다. 칸트에 따르면, 인간은 이성 능력을 갖고 있고 도덕적 실천능력을 갖고 있어 목적으로 대우받아야 하지만, 동물은 그렇지 않다. 동물은 이성능력도 도덕적 실천능력도 없기 때문에 목적이 아니라 수단일 뿐이다. 그렇다고 해서 동물을 학대하는 것은 옳지 못하다. 왜냐하면 동물을 잔혹하게 대하는 것이 습관화되면, 다른 사람과의 관계에도 악영향을 미치고, 또 본인 스스로의 품위도 손상시키기 때문이다. 하지만 이는 어디까지나 동물 자체를 위해서가 아니라 인간의 자기 수양을 위해서 그런 것이다.

이런 인간중심적인 태도는 비단 철학만 그런 것이 아니다. 서양의 종교전통 또한 이런 입장을 보인다. 창세기의 다음 구절을 살펴보자.

> 하느님께서는 "우리 모습을 닮은 사람을 만들자. 그래서 바다의 물고기와 공중의 새, 또 집짐승과 들짐승과 땅 위를 기어다니는 모든 길짐승을 다스리게 하자"고 하시고, 당신의 모습대로 만들어 내셨다. 하느님의 모습대로 사람을 지어내시되 남자와 여자로 지어내시고, 하느님께서는 그들에게 복을 내려 주시며 말씀하셨다. "자식을 낳고 번성하여 온 땅에 퍼져서 땅을 정복하여라. 바다의 고기와 공중의 새와 땅 위를 돌아다니는 모든 짐승을 부려라."(『창세기』 1장 26-29절)

서양의 철학이나 종교 전통은 인간이 우월하며 동물을 이용하고 지배할 권리가 있다고 본 것이다. 하지만 최근 많은 학자들은 동물을 배려할 의무가 있다고 믿고 있는데, 이들이 모범으로 삼는 사상가는 벤담(J. Bentham)이다. 벤담은 일찍이 200여 년 전에 언젠가는 동물들의 권리를 인정하는 시기가 올 것이라고 예견했다. 그에 따르면, 중요한 것은 이성 능력도, 대화를 나눌 수 있는 능력도 아니다. 또 이런 각도에서 본다고 해도 동물에 대한 차별은 부당하다. 왜냐하면 완전히 성장한 말이나 개는 태어난 지 얼마 안 되는 갓난아기보다 훨씬 이성적이기 때문이다. 중요한 점은 이성 능력이나 대화 능력이 아니라 고통을 느낄 수 있는가 이다. 그런데 인간뿐만 아니라 동물도 고통을 느낄 수 있다. 따라서 행복의 추구와 고통의 배제를 최우선으로 하는 공리주의자라면 인간의 고통뿐만 아니라 당연히 동물의 고통에도 관심을 가져야 한다는 것이 벤담의 주장이다(Bentham, 고정식 역, 2010:443-444).

이 시대의 대표적인 생명윤리학자 싱어(P. Singer)는 벤담을 계승한다. 그에 따르면, 인간의 행복만을 중시하는 인간중심주의는 일종의 종차별주의(speciesism)이다. 이는 인종차별주의(racism) 및 성차별주의(sexism)와 마찬가지의 한계를 갖는다. 인종이나 성(性)을 근거로 해서 평등한 도덕적 지위를 부정하는 것이 그르다면, 우리 종(種)의 구성원이 아니라는 것을 근거로 해서 평등한 도덕적 지위를 부정하는 것도 잘못이다. 이런 각도에서 보자면 우리는 동물들에 대한 태도를 근본적으로 바꾸어야 한다. 식생활, 동물의 사육방식, 과학에서의 실험, 사냥, 모피, 서커스, 동물원 등에 대한 우리의 현재 관행은 매우 잘못되어 있다.[6]

싱어에 반대하는 학자들도 많다. 그들은 인간중심주의는 종차별주의라는 싱어의 반론을 피해 다른 각도에서 인간의 우월성을 주장한다. 싱어가 인간과 동물의 유사성, 즉 인간과 동물 모두가 쾌고감수능력(sentience)이 있다는 점을 강조한다면, 그들은 인간과 동물의 차이점에 주목해 인간은 동물과 질적으로 다른 대우를 받을 자격이 있다는 점을 논증하려 한다. 대표적인 논거를 나오는 것들은 인간은 도구를 사용한다는 점, 인간만이 언어를 사용한다는 점, 인간만이 도덕적으로 행위할 능력이 있다는 점, 인간의 지능은 동물의 지능과는 비교할 수 없을 정도로 높다는 점, 인간만이 이성능력을 가진다는 점이다.

우리 사회의 대다수는 싱어의 입장을 받아들이기를 꺼린다. 여러 가지 이유가 있을 것이다. 싱어가 요구하는 것은 현재 우리의 관행에서

---

[6] 종차별주의에 대해서는 Singer, 김성한 역(2012) 1장을, 그리고 동물실험에 대해서는 2장을 참고할 것.

많이 벗어난 것이고, 우리에게 상당한 불편을 줄 것이라는 우려를 낳기도 한다. 그들의 주장대로 한다면, 우선 우리는 육식부터 포기해야 할 것이다. 우리가 즐기는 소, 돼지, 닭 모두 쾌락과 고통을 느끼는 존재요, 엄연한 삶의 주체이기 때문이다. 마찬가지 이유에서 동물실험과 동물을 이용한 서커스, 로데오도 자제해야 할 것이다.

동물해방론에 맞서는 한 가지 방법은 자연의 법칙에 호소하는 것이다. 강자가 약자를 이용하고, 잡아먹는 것은 자연의 이치라는 것이다. 이것은 벤저민 프랭클린(Benjamin Franklin)의 자서전에서 제시되었다고 해서, '프랭클린의 반론'이라 불리기도 한다. 하루는 프랭클린이 친구 집에 식사초대를 받았는데, 친구가 막 잡은 생선을 튀기기 위해 생선의 배를 갈랐을 때, 그 생선의 위 속에는 더 작은 생선이 들어 있었다는 것이다. 이를 본 프랭클린은 "그래 너희들이 서로 먹는다면, 내가 너희들을 먹지 말아야 할 이유가 없지." 하고 이후로는 동물고기를 먹었다고 한다. 우리는 프랭클린을 따라 강한 놈이 약한 놈을 먹는 것은 자연의 이치이고, 우리는 이를 따를 뿐이라고 강변할 수 있을 것이다.

어쨌든 이 문제는 쉽게 해결될 문제가 아니고 각자의 선택과 결단을 요하는 문제라는 점에서 이 정도로 논쟁을 소개할 것이다. 설사 싱어의 주장에 동의하지 않는다 하더라도, 분명한 것은 그들의 문제제기는 우리들에게 생각해야 할 많은 것들을 제시했다는 점이다. 철학의 주요 임무는 사람들이 당연하다고 믿는 시대의 근본가정을 의심하고, 도전할 때는 도전하는 것이라고 한다면, 싱어는 그런 철학자의 사명을 충실히 수행했다는 점만은 인정해야 할 것 같다.

5.2 필요성 논쟁

1961년 탈리도마이드가 전격 판매금지되었다. 탈리도마이드는 임산부의 입덧 방지용 수면제로 1954년 독일 회사가 개발한 제품이다. 동물실험결과 안전하다고 인정받았는데, 이는 생쥐에게 엄청난 양을 투여해도 지장이 없었기 때문이다. 그래서 제조사는 '거의 유례가 없을 정도로 안전한 물질'로 홍보했고, 입덧으로 고생하는 많은 임산부들이 이를 복용했다. 그 결과 1959년에서 1961년 사이에 팔다리가 형성되지 않은 기형아가 1만여 명이나 태어나는 비극이 발생했다(조은희, 2011:314).

동물실험에 반대하는 사람들은 탈리도마이드에서 보이듯 동물실험이 생각보다 별 효용이 없다고 주장한다. 그들은 동물실험이 일반적으로 생각하는 만큼 필요하지 않으며, 이를 대체할 만한 대안도 있다고 주장한다. 이를 구체적으로 하나하나 살펴보자.

첫째, 동물실험은 일반적으로 생각되는 것보다 실효성이 없다. 인간이 가진 질병 3만 가지 가운데 동물이 공유하는 질병은 1.16%뿐이다. 인간과 동물이 비슷해 보이지만, 인간과 동물이 공유하는 질병은 극히 적은 것이다. 그리고 동물과 인간이 전혀 다른 반응을 보이는 것도 적지 않다. 또 동물실험에 사용되는 방법과 복용량은 인간이 처한 실제 상황과는 차이가 있다. 한 예를 들자면, 커피의 카페인 성분 제거제로 사용되는 트리클로로에틸렌의 발암효과에 대한 실험에서는 사람으로 치면 5천만 잔에 해당하는 양이 하루 동안 쥐에게 주어진다. 이 실험결과는 실제 사실을 두 가지 측면에서 왜곡한다. 동물의 세포와 조직을 심하게 파손시켜 있을 수 있는 발암반응을 막아버리거나, 또는 대사

작용을 극심하게 변형시켜 일어나지 않을 수 있는 발암반응을 유발하기 때문이다. 그리고 대부분의 경우 인간은 급성중독으로 사망하는 것이 아니다. 이런 것들은 동물실험 대신 인간에 대한 세밀한 연구를 통해서만 밝혀질 수 있다(Fano, 2000).

둘째, 동물실험을 대체할 수 있는 대안들도 있다. 동물실험 반대자들은 다양한 방안을 제시하는데, 여기에는 환자관찰, 사체연구, 시험관에서 배양한 인간세포와 조직을 통한 실험, 컴퓨터 그래픽을 통한 인체기능 연구, 교육현장에서 시청각 자료 활용 등이 포함된다. 이는 살아 있는 동물 개체를 사용하지 않는 실험방법이다. 미국에서는 부식제 실험을 할 때 토끼 대신 인공피부를 사용하고, 캐나다에서는 포유류 대신 어류, 생쥐 대신 고통을 덜 느끼는 동물이나 미생물(박테리아)을 사용한다고 한다. 또 동물의 반응을 본뜬 컴퓨터 모델링으로 동물실험을 대체하는 방법도 있다.

셋째, 현재의 동물실험 관행은 의학연구의 기본방향을 잘못 이끌고 있다. 동물실험은 질병기제에만 초점을 맞추고, 예방에는 관심이 없다. 그런데 오늘날 선진국에서 발생하는 주요 질병들은 인간의 라이프스타일과 관련되어 있다. 현재의 의료체계는 이것은 문제 삼지 않고, 환자를 진단하고 치료하는 데 전념한다. 이는 병원 수익과 관련된다. 만일 사람들이 예방의학의 지침대로 살아 좋은 식습관을 유지하고, 적절히 운동하고, 스트레스를 적절히 통제한다면, 지금의 질병은 상당부분 발생하지도 않을 것이다. 하지만 이 경우 예방의학이 벌어들이는 돈은 없다는 것이 문제이다. 연구가 동물실험에 집중된 나머지 다른 중요한 분야인 질병통계학, 임상관찰, 시체검시학 등은 발전하지 못하고 있다. 과거 동물실험으로 인해 과학이 발전했다는 것은 연구관행이 동물실험만 허용했기 때문이다. 따라서 연구관행이 바뀌면 상황도 바뀔 것이다(Day, 2000:64-66).

그러나 동물실험 옹호자들의 생각은 다르다. 동물실험 연구자들은 대부분 여기에 속하는데 이들의 입장을 들어보자. 첫째, 동물실험의 옹호자들에 따르면, 동물실험은 현대의학의 발전에 반드시 필요하다. 물론 동물실험 반대자들이 주장하는 예방의학, 공중보건, 전염병 연구, 임상실험도 중요하겠지만 동물을 대상으로 한 실험도 의학적 사실을 규명하는 데 긴요하다. 실제로 동물실험에 기초한 과학적 발견의 목록은 너무나 길어서 일일이 언급할 수 없을 정도이다. 짧게 언급해도 백신, 항생제, 마취제, 인슐린, 암 치료, 심장약, 외과절차, 이식 등은 동물실험 연구가 없었다면 불가능했다. 1901년 이후 노벨의학상을 받은 88명 중 65명의 연구는 동물실험과 관련된 것이다. 1985년 콜레스테롤과 심장병의 연관관계에 대한 연구는 개를 사용한 연구이며, 1966년 바이러스와 암의 관련성 연구는 닭을 사용한 것이다(Day, 2000:72-73).

둘째, 동물실험 옹호자들은 동물실험을 대체할 수 있는 확실하고 신뢰할 만한 대안이 없다고 본다. 현재까지 개발된 대체시험들은 실험용 동물들로부터 얻은 자료들이 주는 정도의 확실성을 주지는 못한다. 물론 대체시험에 대한 경험이 증가하면 점차 동물실험의 필요성은 줄어들 수 있겠지만, 그렇다고 해서 지금 당장 동물실험이 필요 없다고 말할 수는 없다. 무엇보다 대체실험이 불가능한 종류의 실험이 있다는 점이 중요하다. 가령 고혈압은 심장이나 맥 관계가 있는 동물을 통해서만 연구가 가능하고, 관절염 또한 뼈와 관절이 없는 조직배양을 통해서는 연구에 한계가 있다. 또 무엇보다 동물실험의 대체수단인 조직

배양을 통해서는 전체 신체기관의 작용을 확인할 수 없다는 제약이 있다(Loew, 김완구 역, 2003:520).

셋째, 동물실험이 금지될 경우, 인체 대상의 실험이 증가할 가능성이 매우 높다. 현재도 인간을 대상으로 한 실험이 행해지고 있다. 20달러를 받고 접착테이프 실험에 응하는 대학생부터 죽음을 앞두고 신약실험에 동의하는 말기 암 환자까지 다양하다. 1796년 제너(Edward Jenner)는 소의 천연두 바이러스에서 추출한 천연두 백신을 하인의 아이들에게 주입했다. 인류의 역사를 보면 죄수나 다른 인종 대상의 생체실험이 상당수 있었고, 최근에는 인간 배아와 태아 대상의 실험으로 이어지고 있다. 사회적 약자가 실험대상으로 사용되고 있는 것이다. 동물실험이 금지된다면, 이들 약자를 대상으로 실험하고 싶은 유혹이 증가할 것이다(Day, 2000:83-96).

넷째, 동물실험 옹호자들은 반대자들에게 다음과 같이 묻는다. "만일 당신의 가족이 불치병에 걸린다고 해도 당신은 동물실험에 반대할 것입니까?"라고. 동물실험 옹호자들은 "나는 환자의 부모에게 가능한 모든 수단을 다 사용할 수 없기 때문에 당신의 아이가 죽을 것이다."라는 말을 차마 할 수 없다고 항변한다. 만일 당신이 아이의 아빠라면, 당신의 아이를 구하겠는가 아니면 쥐의 생명을 구하겠는가? 채식주의자로 동물실험의 중요한 반대자였던 음악가 폴 맥카트니(Paul McCartney)도 아내 린다가 유방암에 걸리자 입장이 바뀌었다고 한다. "나는 이제 정말 다양한 종류의 동물실험이 있다는 사실, 그리고 그중 상당수는 반드시 필요하다는 사실을 깨달았다."

6. 3R

동물실험에서 일반적으로 통용되는 원칙은 3R이다. 그것은 1959년 영국의 과학자 러셀과 버크가 출간한 『인도적인 실험기법의 원리』에서 처음 소개되었고, 지금은 관련학계에서 반드시 지켜야 할 관행으로 자리 잡았다. 동물실험을 가능한 한 다른 방법으로 대신하는 대체(Replacement), 동물실험의 횟수나 사용되는 동물의 수를 줄이는 감소(Reduction), 그리고 동물의 고통을 최소화하는 개선(Refinement)이 그것이다.[7]

1) 대체

대체는 동물을 이용한 실험을 하지 않고도 연구의 목적을 달성할 수 있는 방법이 있으면 그것으로 동물실험을 대신하는 방법을 말한다. 최근에는 조직배양이나 컴퓨터를 이용한 모의실험이 발달하면서 동물실험을 대체할 방법이 늘어났다.

또 부득불 실험을 해야 할 경우 되도록이면 살아있는 동물 전체, 즉 개체 대신 세포나 조직배양을 통해 실험한다. 그래도 개체를 사용해야 할 경우 되도록이면 하등동물(예를 들어 무척추동물, 어류) 등을 사용한다. 가능한 한 '고통을 덜 느끼는 종' 또는 '신경계가 덜 발달한 종'을 선택한다.

---

[7] 조은희(2011:315).

2) 감소

감소는 동물실험의 횟수나 사용되는 동물의 수를 줄이는 방법이다. 더 적은 수의 동물을 이용하여 동일한 양의 데이터를 얻거나, 주어진 수의 실험동물을 이용하여 더 많은 정보를 얻는 것도 같은 맥락이다. 실험계획을 효율적으로 수립하고 정확한 통계방법을 사용하면 실험에 사용되는 동물의 수를 최소한으로 줄일 수 있다. 물론 통계적으로 유의미한 자료와 결과를 얻을 만큼은 사용해야 하지만 무조건 모집단의 수가 커야만 통계적으로 유의미한 것은 아니다. 통계적 분석법을 잘 활용해 최소한의 동물 수로 의미 있는 분석을 할 수 있도록 노력해야 한다.

3) 개선

개선은 동물의 고통이나 불만족을 최소화하는 방법이다. 여기에는 마취제나 진통제의 사용, 실험환경의 개선 등이 포함된다. 실험방법을 개선해 동물에 가해지는 통증, 고통, 상해와 치사와 같은 피해를 줄인다. 예를 들어 독성검사에서 실험동물의 50%가 죽는 물질의 양을 측정하는 LD50(반수치사량 실험) 대신 10%가 죽는 양을 측정하는 LD10으로 동물의 고통을 줄일 수 있다.

연구에서 동물의 고통을 피할 수 없다면 적절한 진통제와 마취제를 사용하며, 필요한 경우 인도적인 방법으로 안락사를 시킨다. 그리고 평소 동물을 사육할 때에는 충분한 먹이와 공간, 운동할 수 있는 여건을 제공해야 한다.

〈토론사례〉: 어미로부터 새끼를 떼놓기

1950년대부터 1970년대까지 유인원 연구센터에서 연구를 하던 심리학자 해리 해로 (Harry Harrow)는 태어나자마자 원숭이나 사람과 떨어져 혼자 성장하는 새끼 원숭이에 대한 실험을 수행했다. 해로는 이 실험을 통해 어미와 새끼의 관계에 영향을 미치는 요인을 비롯한 여러 가지 주제를 탐구하면서 사회적 고립과 거부, 그리고 다양한 형태를 지닌 고통의 심리적인 효과를 연구하였다.

이 실험에서 새끼 원숭이는 철사나 옷감으로 만들어진 대리모를 만나게 되는데, 어떤 대리모는 쉽게 접근할 수 있지만 유리 상자 때문에 만질 수 없는 대리모도 있다. 그런데 대리모를 마주보고 있는 새끼 원숭이가 홀로 껴안기, 몸 흔들기, 경련 발작 같은 비정상적인 행동을 보였다. 해로는 이 실험의 연장으로 어미를 빼앗긴 새끼 원숭이들이 달라붙을 수 있는 '괴물'들을 고안했다. 이 괴물이란 고압의 압축 공기를 내뿜는 어미, 새끼의 머리가 격렬하게 흔들릴 정도로 몸을 심하게 흔들어대는 어미, 새끼를 용수철로 밀어내는 어미, 심지어 갑자기 날카로운 대못이 튀어나오는 어미 등인데, 새끼 원숭이는 가짜 어미로부터 심하게 거부된 후에도 다시 안기려고 노력했다. 이 실험 후 해로는 암컷 원숭이를 격리해서 키운 다음에 인공수정을 시켜서, 이후에 태어난 새끼들과 동거를 시켰다. 그러자 일부 어미들은 새끼들을 외면했고 일부 어미들은 새끼들을 공격하거나 심지어는 살해하기까지 했다. 여기서 좀 더 진행된 실험에는 '공포의 터널'과 '절망의 늪'과 같은 새로운 기법이 포함되었는데, 이 실험은 다음과 같은 결론, 즉 출생 초기에 45일간 상자에 감금되었던 원숭이는 우울한 성격과 심각하고 지속적인 심리병리학적 행동을 보인다는 사실을 얻었다(김진석, 2011: 288-289).

생각해 볼 문제

1. 인체실험 같은 전문분야의 IRB 위원회에 왜 의사나 관련학자가 아닌 비전공자가 포함되어야 하는가, 그리고 왜 외부 위원이 포함되어야 하는가?
2. 당뇨병 같은 난치병을 치료하기 위해 줄기세포에 대한 연구가 활발하다. 줄기세포 연구를 위해서는 많은 경우 신선한 난자가 필요하다. 그런데 난자를 채취하는 과정에 상당한 고통이 따르기 때문에 기증희망자에게 이를 설명할 경우 기증을 얻기가 쉽지 않다. 어떻게 할 것인가?
3. 동물실험에 찬성하는가, 반대하는가? 찬성한다면 그 이유는 무엇이고, 반대한다면 그 이유는 무엇인가?
4. 동물은 존중을 받아야 하는가? 존중을 받아야 한다면, 인간에 비교해 볼 때 구체적으로 어떤 대접을 받아야 하는가?
5. 화장품 실험에 대해서는 어떻게 생각하는가? 그리고 동물 및 인간의 심리를 알기 위해 '어미로부터 새끼를 떼놓기'를 하는 것에 대해서는 어떻게 생각하는가?

더 읽거나 가볼 만한 곳

1. 구영모 편(2010), 『생명의료윤리』, 동녘.
생명의료윤리를 알기 쉽게 소개한 책으로 이 분야의 베스트셀러이다.
2. Singer, Peter, 김성한 역(2012), 『동물해방』, 연암서가.
동물해방운동의 바이블로 불리는 책이다. 동물실험 이외에 공장식 동물사육에 대한 생생한 묘사와 강력한 철학적 비판을 수행하고 있다.
3. 동물자유연대의 사이트: http://www.animals.or.kr/index.asp
동물에 대한 각종 자료와 동영상을 볼 수 있다.
4. KBS 환경스페셜, 514회 '돼지는 땅을 파고 싶다', 533회 '동물실험을 말하다' http://www.kbs.co.kr/1tv/sisa/environ/view/vod/index,1,list,3.html

동물실험에 대한 찬반 논쟁, 그리고 오늘날 동물해방운동에 대해 매우 구체적이고 균형감 있게 접근하고 있다.

참고자료

구영모 편(2010), 『생명의료윤리』, 동녘.
김명식(2003), 「동물실험」, 『과학기술의 철학적 이해』, 한양대출판부.
김명식(2007), 「동물실험과 심의」, 『철학』, 92집, 한국철학회.
김상득·김일순·손명세(1999), 『의료윤리의 네 원칙』, 계축문화사.
김진석(2010), 「동물실험과 동물 이용 연구의 빛과 그늘」, 구영모 편, 『생명의료윤리』, 동녘.
남명진(2011), 『연구윤리 무엇이 문제인가?』, 지코사이언스.
박창길(2005), 「동물윤리와 한국의 동물보호법 개정」, 『환경철학』 4집, 한국환경철학회.
양재섭(2011), 「인간 대상 실험의 윤리적 쟁점」, 이상욱·조은희 편, 『과학윤리특강』, 사이언스북스.
조은희(2011), 「동물실험의 윤리적 쟁점」, 이상욱·조은희 편, 『과학윤리특강』, 사이언스북스.
Beauchamp, Tom L. & Childress, James F.(2001), *Principles of Biomedical Ethics*, Oxford University Press.
Bentham, Jeremy, 고정식 역(2011), 『도덕과 입법의 원리 서설』, 나남.
CITI, 최병인 역(2010), 『생명과학연구윤리 교육과정: 피험자 보호와 연구윤리편』, 지코사이언스.
Day, Nancy(2000), *Animal Experimentation: Cruelty or Science?*, Enslow Publishers.
Desjardins, Joseph, 김명식 역(1999), 『환경윤리』, 자작나무.
Fano, Alix(2000), 「잔혹한 관행, 동물실험」, 『녹색평론』, 2000년 10월호.

Loew, Franklin M., 김완구 외 역(2003), 「연구에 이용되는 동물들」, 『탄생에서 죽음까지』, 문예출판사.

Mill, J. S, 서병훈 역(2005), 『자유론』, 책세상.

Rawls, John, 황경식 역(2003), 『정의론』, 이학사.

Regan, Tom(1983), *The Case for Animal Rights*, University of California Press.

Singer, Peter, 김성한 역(2012), 『동물해방』, 연암서가.

제6장

연구윤리와 예술

김정선

1. 들어가는 말: 창조와 모방 사이

예술가에게 연구는 창작과 관련된다. 독창적인 작품을 산출해야 하는 창작자는 '무엇을', '어떻게', 작품의 주제, 소재, 표현 방식, 재료, 매체 등 작품의 내용과 형식의 측면에서 자신만의 작품 세계를 갖기 위해 끊임없이 연구한다. 창작활동을 하는 사람들에게 오늘날 '창의적'이라는 말은 칭찬이 아니라 존재의 기반으로 여겨진다. '창의성'이 예술을 유지하는 전제 중의 하나라 할 때, 예술가에게 표절은 물론 모방과 같은 단어는 금기어가 될 수밖에 없다. '훔치다', '베끼다'라는 행위의 비윤리성은 일상의 맥락에서와 같이 연구에서든 예술에서든 마찬가지이나, 창조활동이라는 예술의 특성상 예술에서 표절은 더욱더 치명적이라 할 수 있다.

우리 사회의 모방이나 표절에 대한 불감증의 이유에 대해서 다각도의 진단이 필요하겠지만, 특별히 해방 이후 급속한 근대화 과정을 거치면서 형성해왔던 성장위주의 사회적 분위기로부터 학계도 예외 없이 업적위주의 학문풍토가 주류화되어 한국적 상황에 입각한 창조적 선택과정이라든가 정직한 노력에 의한 결실의 과정은 상대적으로 등한시될 수밖에 없었다는(오선영, 2009:5) 지적은 설득력이 있다. 이러한 상황은 문화예술계도 별반 다르지 않아서 신문지면을 장식하는 위작, 표절논란 시비가 그 예이다.

그러나 '하늘 아래 새로운 것이 없다'라는 경구가 아니더라도 인간으로서 무(無)에서 유(有)를 창조하는 것은 불가한 일이고, 인간의 창조활동이란 유에서 새로운 유를 만들어내는 것이기에 창조활동에는 당연히 '기존의 유(有)'의 전제, 인용, 참조가 필수적이다. 좁게는 작품 자체에 대해서도 '기존의 유'가 전제되지만 넓은 의미에서는 창작자 자신에게도 기존의 유가 전제될 수밖에 없다. 인간은 자신에게 주어진 환경과의 상호작용 속에서 자신의 사고방식과 행동 양식을 구성해가기에 자신이 가진 지식은 물론 심지어 감정까지도 '기존의 유'를 전제할 수밖에 없는 것이다.

따라서 진보와 발전의 개념이라는 큰 틀 안에서 현재의 창작물이라는 것은 이전에 행해진 다른 창작의 바탕 위에서 '더' 나아가고 다듬어져 재창조되는 것이라 해도 별무리가 없을 것이다(김미정, 2003:2). 창작활동을 통하여 만들어지는 차이는 과거를 전제하지 않고 이룰 수 없고, 역사적으로뿐만 아니라 공간적으로 다른 문화와의 접촉을 통해 재해석되고 재창조되는 상호 연속성을 갖기에 무로부터의 창조는 있을 수 없다는 의미이다.

이러한 맥락에서 볼 때 창조는 모방과 필연적으로 관계를 맺고 있고, 따라서 예술계에서의 모방, 표절, 위작 등의 논란을 쉽게 해결하지 못하는 것도 이러한 이유에서이다. 더욱이 포스트모더니즘 영향권 아래에서는 재활용이 하나의 전략으로 채택되어 기존 작품의 공공연한 전용이 하나의 창조적 기법으로 활용되고 있다. '패러디(parody)', '패스티시(pastiche)' 등이 그것인데, 잘 알려진 레오나르도 다빈치의 〈모나리자〉를 차용한 마르셀 뒤샹의 작품 〈L.H.O.O.Q.〉는 미술사의 한 페이지를 장식하고 있다. 반면 박수근 위작 논란과 같이 또 다른 이름으로 행해지는 모방은 비난의 대상이 되기도 한다. 이것은 어떤 작품이 어떤 작품과 똑같다, 유사하다는 것만으로는 표절의 대상이 될 수 없음을 의미한다. 그렇다면 어떤 모방은 칭찬받고 어떤 모방은 비난을 받는 그 기준은 무엇일까?

'미술이란 무엇인가'에 대한 가장 오래된 답변인 모방론의 시대에는 모사행위가 교육과 창작의 기본으로 다루어졌다. 모방론의 막강한 힘은 인상파 이후 비대상적 본질을 지향하는 모더니즘 미술의 '독창성'에 밀려 점차 축소되다가 급기야는 사라지게 된다. 그러나 모더니즘의 종말에 대한 논의와 함께 미술, 곧 독창적인 활동이라는 등식에 이견을 표명하기 시작했고, 모사와 모방, 차용과 표절 등의 개념이 미술 제작이나 비평에서 중요한 원리로 다시 대두되었다(김영호, 2005:48-49). 이처럼 역사적으로 예술에서 창조와 모방은 동전의 양면같이 대비를 이루면서도 하나를 구성하여 왔다.

이 장에서는 창조와 모방 사이에 다양한 스펙트럼을 통해 예술에서의 표절의 문제를 생각해 볼 것이다. 그리고 바람직한 문화예술의 발전을 위해 요구되는 창작의 윤리를 생각해 볼 것이다. 이를 위하여 위조, 표절, 패러디의 개념을 사례를 중심으로 그 개념적 차이를 살펴보고 '창조'에 대한 생각 또한 검토하여 다양성의 이름으로 행해지고 있는 포스트모던 시대의 예술의 개념을 이해하는 데 도움이 되고자 한다. 이는 창작자로서 예술을 대하는 태도의 문제와 관련되며 작품의 가치와 의미를 이해하는 데에도 도움이 될 수 있을 것이다.

2. 위조(forgery), 표절(plagiarism), 패러디(parody)

2.1 모방의 여러 형태

미술에서 나타나는 모방의 사례는 다양하다. 표절, 차용, 인용, 전용, 모방, 모사, 위조, 복제, 도용, 패러디, 패스티시 등 원작의 '모방'을 전제한 다양한 용어들이 바로 모방행위의 다양성을 말해 준다. 〈표 1〉에서는 창작과 모방 사이에 존재하는 대표적인 용어들을 제시하였다. 각각의 개념에 대한 설명을 〈표 2〉에서 찾아보자.

〈표 1〉 용어

- 위조 / • 표절 / • 패러디 / • 패스티시

〈표 2〉 개념 설명

① 속이려는 의도 없이 주로 여러 작가들의 작품들에서 부분들을 거의 변형 없이 차용하는 행위
② 자신의 작품을 다른 사람의 것으로 속여 넘기는 것
③ 다른 사람의 작품을 자신의 것으로 속여 넘기는 일
④ 주로 금적적인 이익을 목적으로 제작 시기나 작가를 속이려는 의도를 갖고, 작품의 진품성(authenticity)을 위장하는 행위
⑤ 작품의 창작에 있어 남의 작품의 일부나 전부를 따다 씀으로써 타인의 창작품에 귀속되는 독창성(originality)을 자신의 작품의 독창적인 내용인 것처럼 속여서 제시하는 행위
⑥ 하나의 텍스트가 다른 텍스트를 조롱하거나 희화화하기 위하여 풍자적으로 모방하는 행위
⑦ 일정한 텍스트, 이미지, 음, 동작 또는 그것들의 조합을 전체를 구성하기 위해 따오는 행위

역사적으로, 또한 국내외적으로 예술에서의 표절 논란이 있어 왔다. 다음은 표절과 관련하여 논란이 된 사례들이다. 제시된 물음에 대하여 창작자의 입장과 그것을 받아들이는 관람자나 비평가의 입장에서 생각해 보자. 자신이 생각하는 예술의 개념에 비추어 입장을 정리하고 판단의 근거를 이야기해 보자.

〈사례 1〉 한스 반 메게렌[1]

네덜란드 사람 한스 반 메게렌은 한 때 전도유망했던 화가였다. 그러나 화단으로부터 인정이 시들해지자 자신을 인정하지 않는 미술계에 대한 분노와 또 다른 욕심으로 기존 작가의 작품을 베끼기 시작하였다. 그가 똑같이 모방한 베르메르의 작품은 가격이 엄청났다. 특히 1937년에 완성한 〈엠마우스에서의 예수와 12사도〉는 당시 유명한 베르메르 연구가 아브라함 브레디우스 박사부터 베르메르의 최고 걸작이라는 극찬을 받았다. 그는 이 작품을 완성하기 위해 17세기 회화방식을 치밀하게 연구했으며, 오래된 그림의 견고함이라든지 그림이 오래되어 생기는 균열들을 재현하기 위해 물감을 직접 만들기도 했다.

그의 베르메르 베끼기 행각은 계속되었고 그 중 한 점을 나치 지도자인 헤르만 괴링에게 팔았다. 이로 인해 메게렌은 전쟁 후에 적에게 국보를 팔아넘겼다는 죄로 체포되었다. 그러나 반역죄를 벗어나기 위해 그 작품이 위작임을 고백하면서 적을 속인 국민적 영웅으로 떠오르게 되었다. 법원도 그를 관대하게 다루어 1년형을 선고하였다.

- 이 사례는 무엇에 해당하는가? 그렇게 판단한 근거는 무엇인가?
- 같은 행위에 대해서 국보를 팔아먹은 죄인이 국민적 영웅이 되었다. '훔치다'라는 비윤리적 행위가 공공의 이익에 기여했을 때 면죄부가 될 수 있는가?

---

1 김기주 역, 『미술사란 무엇인가』, 문예출판사, 1990.

• 위작이 전문가를 속일 정도로 원작과 똑같다면 위작 또한 원작과 같은 미적 가치를 갖는 것은 아닐까?

〈사례 2〉 제프 쿤스

1988년 뉴욕의 한 화랑에서 'Banality Show'라는 제프 쿤스의 개인전이 열렸다. 작가는 전시작품들이 '만연한 소비, 탐욕, 방종에 대한 비판적 언급'을 표현했다고 말했다. 그런데 이들 작품 중 〈강아지 대열〉이라는 제목의 조각 작품이 저작권 침해로 문제가 되었다. 이 작품을 만들기 위해 쿤스는 사진작가 아트 로저의 사진 작품 〈강아지들〉의 엽서 이미지를 취하여, 로저의 저작권이 명시되어 있는 부분을 찢어낸 다음, 사진을 이태리 장인들에게 보내 사진의 이미지대로 카피할 것을 지시했다. 전시된 작품은 사진과 달랐다. 원작은 흑백의 사진이지만 쿤스의 작품은 채색이 되어 있는 입체로 원작보다 훨씬 크고 여자는 귀 뒤에, 남자는 머리 위에 데이지 꽃을 꽂고 있고 강아지들의 코도 과장되어 있다.

〈그림 1〉 Art Rogers, 〈Puppies〉, 1980

〈그림 2〉 Jeff Koons, 〈String of Pippies〉, 1998

제프 쿤스는 키치 예술가로 명성 있는 작가이다. 팝아트 시대에 들어와 일상생활과 깊은 연관이 있었던 키치 또한 예술로 인정하라는 주장들이 등장하기 시작하였다. "특정문화 속에서 오락으로서 기능하는 것(클라멘트 그린버그)", "기만적 현실묘사(아르놀트 하우저)"라고 명명되는 키치는 대중을 위해 대량으로 생산되고 소비되는 문화와 연관이 있다. 오늘날 생활 방식 속에서 사람과 사물 사이의 관계에 대해 생각하게 하는 진품을 모방하는 태도와 그 산물을 말하는 키치는 현대 사회의 탈중심성과 복제성과 관련하여 현대 예술에서 중요한 위치를 점하고 있다.

- 이 사례는 무엇에 해당하는가? 그렇게 판단한 근거는 무엇인가?
- 저작권 소송에서 승리한 사람은 누구일까? 이 이유는?
- 두 작품은 매체가 다르다. 하나는 흑백 사진이고 다른 하나는 조각 작품이다. 매체의 차이는 표절논란에서 벗어날 수 있는 근거가 될 수 있는가?

〈사례 3〉 마르셀 뒤샹

뒤샹은 이 작품을 하기 위해서 그 유명한 〈모나리자〉의 싸구려 복사본을 구한다. 복사본 위에 낙서처럼 콧수염을 그려 넣는다. 제목도 바꾼다. 〈L.H.O.O.Q.〉

〈그림 3〉 레오나르도 다빈치 〈모나리자〉, 1500-1510년경   〈그림 4〉 마르셀 뒤샹 〈L.H.O.O.Q.〉, 1919

- 이 사례는 무엇에 해당하는가? 그렇게 판단한 근거는 무엇인가?
- 뒤샹의 작품은 미술사를 장식하는 작품 중 하나이다. 이 작품이 표절작이 아닌 예술작품이 되는 근거는 무엇인가?
- 뒤샹이 자신의 작품을 하기 위하여 직접 그리지 않고 다빈치의 〈모나리자〉를 가져다 씀으로써 발생하는 의미나 얻게 되는 효과는 무엇일까?

〈사례 4〉

차용 예술가(Appropriation artist)라는 명칭을 가진 세리 레빈(Sherrie Levine, 1947~)은 〈워커 에반스 이후(After Walker Evans)〉라는 작품을 전시한다. 워커 에반스는 뉴딜 정책의 영향으로 농촌지역의 어려운 생활상을 다루었던 작가이다. 감정이입의 다큐멘터리 사진으로 다큐멘터리 사진의 새 장을 열었다고 평가되는 이 작가의 사진을 세리 래빈은 그대로 찍어 전시하였다.

"미술이란 자연이라는 도서관에서 빌려오는 것이다." -세리 래빈

 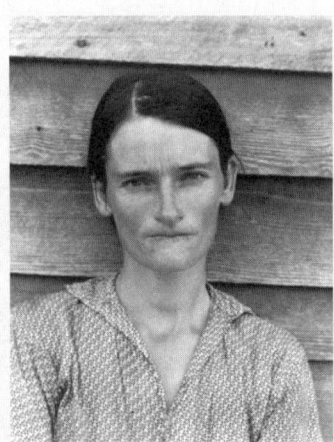

〈그림 5〉 세리 레빈, 〈워커 에반스 이후〉 〈그림 6〉 원본과 비교사진

• 이 사례는 무엇에 해당하는가? 그렇게 판단한 근거는 무엇인가?

• 세리 레빈은 다른 사람의 사진을 그대로 찍어 작품화하는 그녀의 작품 전략 때문에 차용 예술가라는 명칭을 가지고 있다. 세리 레빈의 작품을 예술로 인정한다면 이때 예술이란 무엇일까?

2.2 위조(forgery)

'고 박수근 화백의 위작논란', 또는 '위조지폐'에서처럼 위조란 원작과 가능한 한 똑같이 만들어 진품성(authenticity)을 위장하는 행위를 말한다. 위조의 목적은 상대(관객, 구매자)를 속여 이익, 주로 금전적인 이익을 취하려는 것이다. 위조를 하는 사람은 명성이 있는 작가의 스타일을 베껴 작가의 작품인 양 팔아서 돈벌이를 하는 것이다. 위조자는 작가의 스타일을 따라 할 정도로 기술적 측면에서 능력은 있으나 자기만의 작품세계를 만들어 갈 수 있는 독창성은 없는 사람이다. 한마디로 위조는 제작 시기나 작가에 대해 속이려는 의도를 가지고 가짜를 진짜인 것처럼 제시하는 것으로서 위작의 판정 여부는 〈사례 1〉 한스 반 메게렌의 사례에서 보듯이 '진품성(authenticity)'과 '속이려는 의도'와 필연적인 관련이 있다.

고대 그리스에도 미술가들이 작품이 팔리지 않은 동료나 제자의 작품에 자신이 서명하여 도와주는 미담식 위작 사례가 있었다고 한다. 이는 고대의 예술가들이란 동시대의 기술적인 부분은 물론, 심지어 주제까지도 공유하는 것이 필요했고, 따라서 스승의 작품을 모작하는 것이 예술교육의 한 방법으로 이루어지는 시대였기에 가능한 일이기도 하다. 처음부터 속이려는 의도가 있었던 것이 아니고 동료를 돕는다는 인정의 부분이 있긴 하지만 진품성을 결여하고 결과적으로는 속이는 행위를 통하여 이익을 취했다는 이유에서 위조행위라 할 수 있다.

위조는 부정직한 행위이기에 처벌의 대상이지만 이와 관련하여 생각해 볼 수 있는 중요한 미학적 문제가 있다. '위작에도 미학적 가치가 있을까' 하는 문제이다. 예를 들어, "박수근 작품이 10억에 팔렸는데 나중에 알고 보니 위작이었다."라고 했을 때 당연히 그 작품은 더 이상 10억의 시장가치를 갖지 못할 것이다. 그러나 화상이나 감정가까지 속을 수밖에 없을 정도로 박수근의 원작과 똑같이 위조되었다면 그 작품이 미적으로 거부되어야 할 이유는 없는 것이 아닐까?

이 문제는 작품의 미적 가치를 어떻게 판단하느냐의 문제와 관련된다. 작품의 미적 가치를 작품과의 직접적인 시각적 경험에 제한하는 경우와 작품을 역사적 산물로 보고 작품의 가치를 사회문화적 맥락 안에서 부여하는 경우이다. 전자는 작품의 형식적 완성도를 평가의 기준으로 삼는 것으로 미적 가치의 기초를 작품의 외관에 두는 경우이다. 위작이 판명되기 전까지 위작과 진작 간의 차이를 발견할 수 없었다면 양자 간에는 아무런 미적 차이가 없는 것이기에 진품과의 혼동 및 도용 그 자체는 미적 거부를 정당화할 수 없다는 주장이다(아더 캐슬러, 1964, 마이클 렌, 1983). 후자는 진작과 위작을 구분하는 감식안의 문제가 있을 수도 있고(넬슨 굿맨, 1976), 작품이란 하나의 역사적 산물로서 예술작품이 역사적으로 규정된 양식상 및 기술상의 문제들에 대한 해결책들이기에 가치를 갖는다는 주장이다(레오나드 마이어, 1983, F. 스파쇼 1983 등). 예를 들어 마사초(Masaccio, 1401-1428)의 〈성삼위일체〉가 가치를 갖는 것은 원근법을 회화에 처음으로 적용하여 그 이전까지는 보지 못했던 입체적 공간을 표현했기 때문이라는 것이다. 즉 미적 가

법원이 위작으로 판단한 박수근 화백 서명의 '절구질 하는 여인'(왼쪽)과 이중섭 화백의 '물고기와 아이'

2005년 한국 미술계를 흔들었던 이중섭·박수근 화백의 '국내 최대 위작(僞作) 논란 사건'에 대해 항소심 법원도 '위조품'이라 판단하고 몰수 명령을 내렸다. 국립과학수사연구원에 그림을 의뢰해 지문·필적 감정, 물감 성분확인 시험, 머리카락 DNA 분석 등을 거쳐 4년 만에 내린 결론이다. 위작 논란에 휘말린 작품은 이중섭(1916~1956) 1,069점, 박수근(1914~1965) 1,765점 등 모두 2,834점이다. 이 화백의 아들이 2005년 2월 "유품으로 물려받은 작품"이라며 서울옥션을 통해 〈물고기와 아이〉, 〈두 아이와 개구리〉 등 8점을 매물로 내놓은 게 발단이 됐다. 작품 5점이 총 9억 3천만 원에 팔렸는데, 미술계 안팎에서는 곧 위조품 의혹이 제기됐다. 검찰 역시 가짜로 판단하고 그림의 원소유주 김씨를 사기 혐의로 구속 기소했다.

출처
http://news.kukinews.com/article/view.asp?page=1&gCode=kmi&arcid=0006843752&cp=nv

치의 기초를 작품의 역사적 의미에 두는 경우이다.

미술사 책에 많은 작품들을 보며 그 가치를 쉽게 알 수 있는 사람은 드물 것이다. 특히 현대 미술 작품은 더욱 그러하다. 몬드리안의 추상

작품을 보며 몇 개의 수직, 수평선이 세상의 모든 대상을 극단화하여 질서와 균형이라는 비대상적 본질을 추구한 것이라는 설명 없이 그 작품을 이해하는 사람이 몇이나 될까? 이것을 단토는 '예술의 이론 의존적 성격'이라 했다. 그에게 있어서 한 대상이 예술작품으로 간주되는 것은 실제 사물의 영역으로부터 의미의 영역으로 넘어서는 일이며, 그것을 가능하게 하는 것이 '이론'이라는 것이다. 한 대상은 이론이 가진 구성력으로 말미암아 이론이 주어질 경우에만 예술작품으로서의 자격이 주어지는 것이다. 위조품은 '표면'에서는 예술작품을 닮았지만 이를 의미의 영역으로, 즉 예술작품으로 만들어 줄 이론은 갖지 못하는 것이다. 예술이론은 요컨대 대상들을 실제 세계로부터 다른 세계로 옮길 수 있는 강력한 힘을 지니며, 한 대상을 예술작품으로 구성해 주는 해석이 존재하지 않으면 예술작품은 결코 존재할 수 없다. 위조는 이 해석의 자격을 부여받지 못한다.

2.3 표절(plagiarism)

표절은 "작품 창작에 있어 남의 작품의 일부나 전부를 따다 씀으로써 타인의 창작품에 귀속되는 독창성(originality)을 자신의 작품의 독창적인 내용인 것처럼 속여서 제시하는 행위"를 말한다. '훔치다' 표절의 영어 단어인 'plagiarism'의 어원과 관련된 일화를 보면, 피렌티누스가 촌철살인의 경구로 유명한 고대 로마의 시인 마르티알리스가 발표한 시편들이 사실은 자기가 쓴 것이라 하면서 이를 "마치 내 자식을 납치한 것과 같다"고 하였던 데서 유래하였다고 한다(오선영, 2009:77). 위조와 표절의 차이는 위조는 "자신의 작품을 다른 사람의 것으로 속여 넘기는 것"이고, 표절은 "다른 사람의 작품을 자신의 것으로 속여 넘기는 것"이다(윤자정, 2002:343).

앞의 제프 쿤스의 사례에서 법원은 아트 로저의 손을 들어 주었다. 첫째, 사용 목적의 측면에서 쿤스가 로저의 원 사진을 자신의 상업적인 이익추구의 의도로 사용했다는 점, 둘째, 쿤스가 복사한 작품이 예술적 창조물이었다는 점, 셋째, 작품 일부가 아닌 사실상 작품 전체를 복사했다는 점을 들어 이 같은 판결을 내렸다. 이때 "상품의 대량생산과 미디어 이미지들이 사회의 질을 떨어뜨리는 것에 대한 풍자 혹은 패러디"라는 쿤스의 주장과 매체가 달라지고 규모가 커졌다는 작품상의 차이, 상업적 성공을 기대하지 않고 만들어지는 저작물은 없다는 점 등은 고려되지 않았다.

'훔치는 행위'인 표절은 마땅히 금지되어야 하지만 표절의 판별은 그리 간단하지는 않다. 표현전략으로서 사용되는 차용(패러디)을 '의도적이고 공공연한 차용'이라고 할 때, 이 조건을 벗어나는 모든 차용은 표절이라고 한다 하더라도 '의도성'과 '공공연함' 또한 확인이 쉽지 않은 부분이어서 표절이다, 아니다 라는 논란이 일게 되는 것이다. 아래 사

〈그림 6〉 작품 비교 사진(출처: 박일호, 1998).

례도 기성 작가의 표절 논란 중 하나이다. 왼쪽 사진은 1984년 작 강경규의 수채화이고 오른쪽 사진은 1986년 작 안종연의 유화로 발표 이후 많은 논란을 불러일으킨 바 있다.

'표절이다'라고 주장하는 사람은 작품 외견상의 유사성을 근거로 하지만 이에 대한 반대논리도 만만치 않다. 최근까지의 표절 논의에서 제시된 주장들을 요약하면 다음과 같다(박일호, 1998:91).

① 작가의 의도가 참작되지 않고 있다.
② 작품이 생산된 맥락과 상황에 대한 이해가 없다.
③ 작품의 외형적 형태만을 보고 판단하고 있다.
④ 우연의 일치일 수 있다.
⑤ 장르의 전환과 그에 따른 매체의 변화도 의의를 갖는다.

두 작품이 외견상 유사하더라도 작가의 의도가 다를 수 있거나 작품의 맥락이 달라 다른 의미를 가질 수 있다는 것이다. 또한 피카소나 브라크의 작품처럼 동시대 공유되는 형식적 공통성일 수 있거나 올덴버그 작품처럼 매체가 다르기에 그 변형 자체만으로도 독창적인 요소일 수 있다는 주장이다. 박일호(1998)는 이에 대해 미술작품은 외형적 형태를 통해 구현된 것만으로 의미를 갖는다고 반박한다. 창작이란 다양한 요소들이 개입되고 여러 단계를 거치는 복잡한 과정으로 작가는 문제의식과 그것을 나타내기 위한 개념적 구상에서 출발하여 양식의 결정—평면이냐 입체냐, 구상이냐 추상이냐, 그 밖의 개인적 양식등과 같은 매체의 선택, 형식구성—등을 포함하는 제작과정을 거쳐 하나의 작품을 완성하게 되는 것이다. 외형적 형태는 이러한 과정의 결과로

이 전 과정이 일치될 수는 없다는 주장이다. 그는 다른 작품의 인용에 있어서 자기화의 기준을 강조한다. 인용된 것이 자기 작품 맥락 안에서 어떤 차이를 만들어내었느냐의 문제로 결국 자기화를 설명하는 방식과 기준이 독창성에 대한 정의이기에, 작품의 구성요소이나 구성요소가 등장하기까지의 작품의 산출과정, 작가적 특성, 작품 경향의 변화, 그리고 작품이 생산된 상황이나 배경 등이 고려된 종합적 기준이 필요하다고 주장한다.

김수현(1993) 또한 표절판정은 표절의 의도를 확인하는 일로써 표절의 의도는 원작의 존재가 은폐되었다는 사실에서 직접적으로 확인할 수 있고, 원작을 전용한 어떠한 행위에도 합법성 내지 정당성이 없다는 사실을 확인함으로써 간접적으로 추정할 수 있다고 주장한다. 이때 매체가 변화되었다든가 변형이 이루어졌다는 사실, 원작보다 미적 품질이 우수하다는 사실, 또 원작을 은폐하려는 의도가 없었다는 작가의 진술이 표절 판정에 개입되어서는 안 됨을 강조한다. 즉, 표절 판정에 있어서는 차용의 의도가 분명하고 또한 차용의 의도가 객관적으로 충분히 납득될 수 있을 정도의 내용을 갖추지 못할 경우 굳이 남의 작품이나 이미지를 차용해야 할 이유가 성립되지 않는다는 의미이다(윤자정, 2001:344).

2.4 패러디(parody)

패러디의 어원은 '대응노래(counter-song)'를 뜻하는 그리스어의 paradia인데 접두사 para는 텍스트 간의 대비와 대조를 의미하는 '반(反)하여'와 일치성과 친밀성을 내포하는 '이외에'라는 두 가지 의미를 가지고 있다. 즉 어원 자체에서 알 수 있듯이 원작의 유사성을 바탕으로 다른 목적을 성취하고자 하는 경우로 일반적으로 조롱하거나 우습게 만들려는 의도를 가지고 하나의 텍스트와 다른 텍스트를 대조시키는 것을 뜻한다. "산문이나 운문에서 한 작가나 혹은 한 부류의 작가들을 우습게 보려는 방식으로, 특히 우습고 부적절한 주제에 이들을 적용시키면서 모방하는 사고나 구절의 전환으로 이루어진 구성, 원작에 다소 밀접하게 근거를 두고 모방하는 것이지만 우스꽝스런 효과를 산출하기 위해 전환된 모방"[2], "초맥락화와 전도가 복합된 형식"[3] 등 패러디의 정의도 다양하다. 한마디로 하면 패러디는 '풍자의 목적'과 '모방성'을 기본 특성으로 하고 있으며, 새로운 효과를 창출하기 위해 원전에 대한 변형의 발생을 수반한다(진영옥, 2002:104).

모방된 작품을 패러디로 볼 수 있으려면 어떤 특성을 가져야 하는가? 우선 패러디의 문맥에서는 작품의 고유성보다 목적이 더욱 중요하게 부각된다. 또 원작의 독창성보다는 재창조가 중심이 되며 심지어는 원작의 진품성마저 종종 부정 당한다. 다른 한편으로 패러디 작품은 자아반영의 특성 외에도 패러디적 전도, 원작과의 다른 비평적 거리의 함축, 초맥락화, 정당화된 위반이라는 역설을 중요한 특징으로 한다.

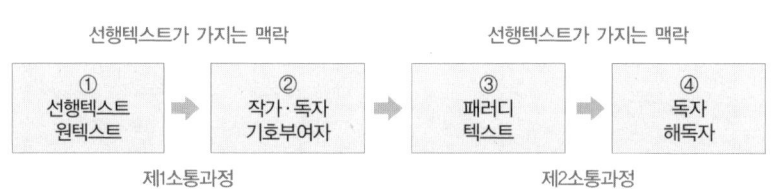

〈그림 7〉 패러디의 기호학적 형식과 맥락(출처: 김정선, 2004:81)

---

2 옥스퍼드 영어사전
3 린다 허천, 김상구 윤여복 역(1993), 『패러디 이론』(서울: 문예출판사). 린다 허천의 이 책은 패러디를 다루는 대부분의 저작에 기본 개념을 제공하고 있다.

패러디의 과정을 앞서 제시된 레오나르도 다빈치의 〈모나리자〉와 뒤샹의 〈L.H.O.O.Q.〉로 설명해 보자. ① 원텍스트〈모나리자〉에 대해 ② 뒤샹과 관람자들은 작품이 가진 어떤 고유성을 감상한다. 특히 관람자들은 '다빈치라는 대가의 작품', '미의 대명사', '모나리자의 미소-스푸마토 기법' 등의 평가를 공유한다. 뒤샹은 〈모나리자〉의 복제품에 수염을 그려 넣어 또 다른 창조물인 ③ 〈L.H.O.O.Q.〉라는 텍스트를 만든다. 이를 통해 〈모나리자〉가 가졌던 맥락을 벗어나 비평의 시각에서 거대하게 권위화된 미술관의 권위와 걸작, 작품의 예술성, 신격화된 창작자로서의 예술가를 풍자한다. 대가의 작품에 콧수염을 달고 있는 〈L.H.O.O.Q.〉는 ④ 독자들에게 더 이상 ① 〈모나리자〉가 가지고 있는 동일한 가치나 의미를 제공하지 않는다. 이러한 과정을 통해서 패러디가 거두는 담론효과는 존재와 세계의 상대성과 복잡성에 대한 다중적 통찰력과 비전을 제공하는 일이라 할 수 있다(공종구, 2000:864).

3. 예술에서의 '창조'의 의미변화: 패러디는 왜 표절이 아닐까?

아름다움의 대명사처럼 불리는 모나리자는 뒤샹의 작품 〈L.H.O.O.Q.〉 이후 뚱뚱한 모나리자, 동양 모나리자, 우주인 모나리자 등 수없이 패러디되어 왔다. 그러나 그 누구도 이에 대해 모나리자를 훔친 일이라고 이의를 제기 하지 않는다. 왜일까? 고대인들은 예술을 창조에 포함시키지 않았다. 왜냐하면 그 당시 예술은 기술(skill), 즉 어떤 사물을 제작하는 기술로 여겨졌고, 기술은 규칙에 관한 지식과 적용능력을 전제로 하는 것이었다. 따라서 그리스인들은 예술의 독창성이 아닌 완전성을 찬양했고, 창조성은 '모방'의 하위에 있었다. 창조성의 개념이 신의 산출에서 인간의 능력에 해당하는 것으로 전환된 것은 중세에 이르러서였고, 이후 르네상스 사람들에게는 고유한 독립성과 자유, 창조에 대한 의식이 있었다.

이러한 과정에서 창조성의 개념은 근대 후기인 19세기에 와서야 무(無)에서가 아니라 유(有)에서 새로운 사물을 만드는 것으로 바뀌었다. 예술은 하나의 통일된 시점으로부터 파악된 현실상, 작가의 판단에 따라 구성되는 그 자체로 완결된 하나의 세계가 되었고, 여기서 개성의 표현으로서의 예술, 혹은 예술의 자율성이라는 근대 예술의 성격이 생겨난다. 이제 창조성을 규정하는 것은 '새로움'이 되었고 창조란 지극히 주관적인 것으로 개인적인 정신력의 소산과 제작의 과정으로 인식되었다. 천재라는 관념도 이때 생겨나며, 이 관념의 기초로서 독창성이 새삼 부각되었다. 그러나 1960년대 이후의 미술은 또 다르다. '그린다'라는 개념에서 벗어나 다양한 이미지, 오브제들의 집합, 또는 선택적 사용, 의미의 전도 등을 이용하고 회화에 기계적 복제의 성격을 도입하는 등 전통적인 제작방법을 벗어난다. 이것이 바로 현대예술에서 모방과 인용이 새로운 창조 논리로서 위치를 다지게 되는 계기가 된다(진영옥, 2002:113). '모방의 시대'에서 '독창의 시대'로, 다시 '차용의 시대'로 변화된 것이다.

"모든 텍스트는 마치 모자이크와 같아서 여러 인용물로 구성되어 있다. 모든 텍스트는 어디까지나 다른 텍스트들을 흡수하고 그것들을 변형시킨 것에 지나지 않는다."라는 크리스테바의 말은 포스트모더니즘의 담론 하에서 창작의 개념인 '상호텍스트성(intertextuality)'[4]의 의미를 쉽게 이해하게 해준다. 하나의 텍스트가 다른 텍스트들의 진술 체계에 끊임없이 작용 받는다는 관점은 창작물로서 텍스트를 그 자체로 닫힌 단일성의 세계가 아니라, 다른 텍스트의 흡수이고, 그에 의한 변형으로 보아야 한다는 것을 의미한다. 따라서 '상호텍스트성(intertextuality)'의 대표 전략으로서 패러디(parody)[5]는 '텍스트와 텍스트 사이'에서 발생하는 '영향(influence)'과 '모방(imitation)'의 관점에서도 파악할 수 있다. 일반적으로 '패러디'는 원본을 '모방'하되 그 '차이'를 강조하고 있는데, 패러디에서 '모방'은 이제까지 미술의 가장 중요한 요소로 인정되어 왔던 '창의성'이라는 단어의 의미를 전혀 다르게 변형시키면서 현대미술에서 중요한 역할을 하고 있다. 현대의 예술은 근본적으로 문화를 모방하거나 변형하므로 어떤 의미에서 모두 패러디라고 할 수 있다.

사전적으로 '방법적 인용'이라고 정의되는 패러디가 현대 사회에 두드러진 문화 현상이기는 하지만 현대에 국한된 현상은 결코 아니다. 패러디는 그 역사의 뿌리가 매우 깊고 기존의 문화를 재해석하고 수용하는 과정에서 자연스럽게 나온 산물이기도 하다. 중요한 것은 왜 현대 사회에서 패러디가 그토록 많아졌나 하는 것인데, 흔히 후기 자본주의 사회의 특성과 관련지어 설명된다. 즉 시대와 장르를 초월해 친숙한 이미지들을 뒤섞어 낯설게 만드는 것은 정보 산업시대의 복잡성

---

4 포스트모더니즘과 관련하여, '상호텍스트성'의 개념이 맨 처음 도입된 것은 1960년대, 잡지 『텔 켈(Tel Quel)』을 이끄는 대표적인 멤버 중의 한 사람인 줄리아 크리스테바(Julia Kristeva)에 의해서이다. '합직성(合織性)'이나 '텍스트상호성'이라고 번역되기도 한다. 이의 뿌리는 러시아의 문학 이론가이며 사상가인 미하일 바흐친(Mikhail Bakhtin)으로 볼 수 있는데, 상호텍스트성의 개념은 바흐친의 이론 중 넓게는 '대화주의', 좁게는 '이어성(異語性)'을 새롭게 해석한 것이다.

5 정끝별(1996)은 포스트모더니즘의 핵심적 개념인 '패러디'를 "선행의 기성품을 계승, 비판, 재조합하기 위해 재기호화하는 의도적인 모방인용"이라고 정의하고 이를 위한 하위 조건을 네 가지를 제시하였다. 첫째, 독자가 패러디 텍스트임을 분명히 지각할 수 있도록 하는 '텍스트의 전경화(foregrounding) 장치', 둘째, 패러디 텍스트 창작 당시의 원텍스트에 대한 '사회적 문맥과 사회적 공인도', 셋째, 원텍스트와의 '대화성', 넷째, 원텍스트에 대한 '기대전환'이다.

〈그림 8〉〈모나리자〉의 다양한 패러디들

을 드러내는 것이며, 동시에 뚜렷한 장르에 귀속되기를 거부하는 것으로 포스트모던한 문화 현상의 일환이라는 것이다(김정선, 2004:80). 매체의 발달과 보급도 이러한 현상을 확산하는 또 다른 중요한 이유이다.

이전의 예술작품을 재편집하고 재구성하며 전도시키고 초맥락화하는 패러디의 모방이 여타의 모방과 다른 것은 기존 텍스트의 담론적 권위나 지위에 의존하지만 기존 텍스트의 의미체계와는 전혀 다른 새로운 텍스트를 생산해내고자 하는 욕망을 지니고 있다는 점이다. 그래서 그러한 패러디가 기본 전략으로 사용하는 모방은 기존의 텍스트를 그냥 그대로 반복하는 '평면적·소비적 모방'이 아니라 반복하는 과정에서 의미 있는 차이를 낳는 '입체적·생산적 모방'이기 때문이다(공종구, 2000:863-864). 이러한 패러디는 예술이란 오로지 순수한 개인적 주체의 고유한 창작품이라는 낭만주의적 관점에서는 기생적인 것으로 비판되어 오기도 했다. 반면 창작이라는 것의 그 근원적 순수성 내지 독자성을 부정하는 입장에서 패러디에 대한 옹호의 역사도 짧지 않다. 패러디스트들은 패러디가 타인을 향해 열려 있는 텍스트라고 말하고 있다. 텍스트의 자유를 주장하고 있는 것이다. 여기서 꼭 짚어야 할 점은 자유라는 말이 곧 모방과 표절의 면책을 의미하는 것은 결코 아니라는 것이다(김미정, 2002:10).

4. 예술에서 저작권법과 창조성

저작권이란 시, 소설, 음악, 미술, 영화, 연극, 컴퓨터프로그램 등과 같은 '저작물'에 대하여 저작자가 가지는 권리를 말한다. 즉, 소설가가 소설을 창작한 경우에 그 원본 그대로 출판하거나 배포할 수 있는 권리인 복제·배포권과 함께 그 소설을 영화화하는 작업이나 외국어로 번역하는 일 등과 같은 2차적 저작물을 작성할 수 있는 권리, 그리고 연극 등으로 공연할 수 있는 공연권, 방송물로 다시 제작하여 방송할 수 있는 방송권 등 여러 가지의 권리를 가지게 된다. 이러한 여러 가지의 권리를 총체적으로 저작권이라고 한다(문화관광부, 2000:4). 저작권이란 사회경제적 측면에서 저작자가 자신이 들인 시간과 노력의 결과물인 창작물에 대해 합당한 경제적 보상과 사회적 가치를 획득하도록 하고, 또한 자신의 창작품에 대한 타인의 접근을 결정할 수 있는 배타적인 권리로서 저작자의 권리를 보호하는 것을 기본 대전제로 삼고 있다

(김미정, 2003:2). 이 저작권 개념에는 창작자가 자신의 저작물에 대해 갖는 경제적 권리라는 현실적인 이유 외에도 흔히 창작물을 자신의 분신과 같이 여기는 창작물과 창작자 간의 긴밀한 내적 결합이 존재하고 있어서 인격적 측면의 가치 또한 내포되어 있다고 할 수 있다.

저작물에 대한 권리의식은 15세기경 출판인쇄술의 발명과 발전으로 인해 문서의 대량복제가 가능해지면서 태동되기 시작하였다. 나아가 근대적 의미의 저작권 개념은 무엇보다도 기존의 재산권 개념이 적극적으로 포함하지 않았던 창조적인 인간 정신과 기술이라는 무형의 자산이 직접적인 부가가치 창출이 가능하게 되면서 이루어진 것으로 생각할 수 있다(김미정, 2003:2). 또 다른 한편으로는 지적재산의 보호의 발생과 발전은 기술사의 발전에 대한 하나의 필연적 반응으로서 컴퓨터를 비롯한 전자 기술의 발달이 창조 작업을 좀 더 용이하게 하여 이전과는 다른 변화를 가져옴으로써 저작권에 대한 필연적 변화 또한 유도해내고 있다고 볼 수 있다(김미정, 2003:19).

하지만 오늘날의 시대가 저작자의 권리보호에 적극적이며, 적극적일 수밖에 없는 시대임에도 불구하고 모방과 창조의 관계와 같이 저작자의 권리를 따라다니는 인류 전체의 공익과의 조화라는 대명제 또한 소홀히 다루어질 문제는 아니다. 세상에 모습을 드러낸 창작물은 또 다른 창조의 원활한 탄생의 윤활유 역할이자 미래의 더 나은 문화예술의 발전을 가져오는 밑거름으로서의 역할을 갖고 있기 때문이다. 따라서 그것은 개인의 혹은 한 단체의 개별적 소유임과 동시에 기존의 문화라는 토양 안에서 태어나고 자라난 것으로서 다음 세대의 새로운 토양이 되는 것이다.

앞서 〈사례 4〉에서 제시한 세리 래빈의 작품을 예를 들면 오늘날 문화 환경은 패러디를 넘어 혼성모방(pastiche)을 허용하고 있다. 패러디가 기존의 어떤 텍스트를 흉내 내기의 방식으로 비틀어 비판적 거리를 만들어내는 기법인 반면 비판이나 풍자의 의도를 담지 않는 비의도적 패러디로서의 혼성모방은 기존 텍스트의 순수한 반사, 비판성을 갖지 않는 순수한 흉내 내기, 순수한 복사와 복제의 기법이다. 그런 점에서 혼성 모방은 전통적 의미의 모방이나 인용, 차용, 인유가 아닌 순수한 복사이다(도정일, 1994: 209-210).

세리 래빈이 에반스의 작품을 그대로 찍어서 이야기하고 싶었던 것처럼 패스티시가 기존 텍스트를 그대로 복사하는 이유는 존재와 세계에 대한 텍스트의 재현 불가능성 때문이다. 어떤 것을 자신의 독창적인 창작물로서 소유권을 주장할 수 있는 데는 그 텍스트가 자신만의 방식으로 세계를 재현하고 있다는 전제가 전제되어야 한다. 그런데 모든 텍스트가 재현 대상으로 하는 존재나 세계 자체가 하나의 기호이자 이미지이며 텍스트라고 생각했을 때는 자신만의 독창성을 주장할 수 없다는 것이다. 재현의 대상 자체가 또 다른 텍스트라 할 때 텍스트의 독창성을 따진다는 행위는 도토리 키 재기일 뿐이다. 이와 같이 기존의 다른 텍스트들을 그대로 복사하는 행위는 오직 텍스트만 존재할 뿐이라는 데리다의 진술과 맥을 같이 한다. 패스티시에는 그 어떠한 텍스트도 근원적 시니피에의 유일한 적자라고 감히 나설 수 없다는 기호론적 인식이 깔려 있는 것이다(공종구, 2000:871).

우리나라의 저작권법에서도 제1조 저작권법의 목적으로 "이 법은 저작자의 권리와 이에 인접하는 권리를 보호하고 저작물의 공정한 이용을 도모함으로써 문화의 향상 발전에 이바지함을 목적으로 한다."고 밝히고 있다. 그렇다면 저작자의 권리와 함께 공정한 이용을 통한 문화

발전이라는 두 마리의 토끼는 어떻게 한꺼번에 잡아야 하는 것인가? 이를 위해 오늘날의 변화된 창조개념을 첫째 '독창성에서 차별성으로', 둘째, '해석에서 위반으로' 전환하여 보는 시각을 고려해 볼 필요가 있다. 자기중심적 태도를 보이는 독창성과 달리 차별성은 자신과 다른 모든 타인의 존재를 그 자체로 인정하는 태도이다. 따라서 차별성은 독창성을 내세우는 모더니즘 이후의 예술을 규명할 수 있는 언어라 할 수 있으며, 어떤 의미에서 그것은 현대 미술의 자기 존재 방식이다. 또한 모더니즘 미술에서 '독창적인 모방'이 대가들의 작품에 대한 주관적인 해석의 행위였다면 오늘날의 '차별적 모방' 행위는 부정이나 풍자 또는 파괴를 의미하는 행위로서 일종의 예술에 대한 위반이다. 즉 오늘날의 작가들은 자신들이 사용하는 차용을 방법론으로 수용하는 것이지 차용된 대상의 역사나 조형형식, 기능을 차용하지 않는다는 것이다. 이러한 맥락은 모방과 차용의 원리가 현대미술의 성격 그 자체를 규정짓는 하나의 요인이라는 것을 대변하고 있다(김영호, 1998:73-75).

  어떤 의미에서 예술의 역사는 과거 예술에 대한 재고의 역사에 다름 아니다. 하나의 예술작품을 모사하는 것, 그것은 예술작품을 분석하는 일이기도 하며, 결국 그것은 비평적 형식으로서의 창작을 의미한다. 우리는 엄격한 의미에서 창작함에 있어 모방과 차용의 논리를 벗어날 수 없다. 법률적 처벌의 대상이 되는 표절 행위는 예술행위의 범위를 넘어선 다른 차원의 문제이다. 하지만 패러디로 대표되는 차용과 모방에 대한 시각은 좀 다른 차원에서, 좀 넓게 열어둘 필요가 있지 않을까 한다. 하나의 특정 대상을 깨뜨리면서 동시에 그 대상을 새롭게 만드는 패러디 방식이 새로운 예술 창조의 지평을 여는 힘이 될 수 있고 나아가 창조성 그 자체가 아닐까 하기 때문이다.

5. 나가는 말: 어디까지가 예술?

 우리는 앞서의 논의를 통해 예술을 무엇이라 규정할 수 있을까? 오늘날 어디까지를 다른 분야와 구별하여 예술이라 이름할 수 있을까? 질문하지 않을 수 없다. 항상 새로움을 꿈꾸며 전통을 위반하고 금기를 넘어서는 예술의 특성은 예술의 정의 자체를 지속적으로 새롭게 바꾸며 변화하고 있다. 이러한 변화 가운데서 등장한 '패러디'로 대표되는 차용의 방법론은 '훔치는 행위'로서 표절과 그 경계가 모호하여 혼란스럽다. 지식과 정보가 부가가치 생산에 직결되고, 따라서 새로운 아이디어와 그것을 향한 경쟁이 치열한 현대의 지식기반 사회에서는 정보의 수용이나 습득을 넘어 그것을 가공하여 새로운 지식을 창출해 내는 능력이 자본으로서 최고의 가치를 가지고 있다. 이러한 사회문화적 맥락을 고려할 때 저작권법이나 지적소유권 등 인격적 권리를 포함한 경제적 권리의 보호가 강화되는 것을 당연한 양상이다.
 그러나 완전히 독창적인 작품의 창조가 원천적으로 불가능하다는 생각을 전제한다면 창작품에서 독창성은 무엇에 근거하는가? 과거를 전제로 하지 않고 독창성을 판단할 근거가 있는가? 라는 질문 또한 타당하다. 따라서 모방의 성격이 위조냐, 표절이냐 패러디냐 등과 관련하여 발생하는 복잡한 현실적 문제를 판단할 수 있는 법적 기준을 명확히 하는 문제와 별도로 또는 선행해서 '정직한 창조'에 대한 의식 공유가 선행해야 한다. 예술은 목적적 행위라기보다는 과정적 행위로서 그 자체로서 의미를 갖는다고 할 때, 그 과정에서 자기화되지 않는 모든 것은 창작자 스스로에게 의미를 갖지 못하는 것이다. 지금 우리가 여기서 이러한 사고와 표현을 가능하게 하는 문화적 토양에 발 딛고서 있기에 새로운 나만의 걸음을 걸을 수 있는 것이다. 그 걸음을 통해서 만들어 놓은 땅을 또 미래의 누군가 밟고 갈 수 있도록 정직한 발걸음을 걷는 것은 법률적 문제 이전에 존재론적 문제라 할 수 있겠다. 또한 허천이 말한 규범의 충동보다 우위에 있는 힘을 좀 더 긍정할 때 예술은 또 새로운 걸음을 걸을 수 있을 것이다.

"오늘날 패러디는 새롭게 하는 힘을 부여받았다. 반드시 새롭게 할 필요는 없지만 새롭게 할 능력을 가지고 있는 것이다. 패러디와 현실세계 간에는 이중적인 성격, 즉 심미적, 사회적 견지에서 보수적 충동과 변혁적 충동이 혼합되어 있음을 잊지 말아야한다. 전통적으로 패러디라고 불리어온 것은 규범의 충동보다 우위에 있어 왔다."

—Linda Hutcheon, *A Theory of Parody*

더 읽거나 가볼 만한 곳

- 이은 장편소설, 『수상한 미술관』, 2009.
- 장 피에르 뛰쟁, 「그림은 그림에서 태어난다」, 『월간미술』, 1993년 8월호.
- 임범택, 「한국화단과 표절풍토」, 『미술세계』, 1992년 6월호.

위작관련 영상

- SBS 스페셜/박수근 빨래터 위작논란(2008. 11. 30)-〈SBS 홈페이지〉
- SBS 스페셜/이중섭, 박수근 위작논란 2829점의 진실(2007. 10. 21)-〈SBS 홈페이지〉
- KBS 추적 60분/어느 노화백의 눈물 "내 그림을 돌려달라!"(2007. 06. 13)-〈KBS 홈페이지〉
- 〈인사동 스캔들〉(2009)-영화

참고자료

공종구(2000), 「패러디와 패스티쉬 그리고 표절 그 개념적 경계와 차이」, 『석천 강진식박사 회갑기념논총』.
김미정(2003), 「저작권 제한 사유로서 패러디에 관한 고찰」, 동국대 석사학위논문.
김수현(1993), 「예술작품에 대한 표절판정의 논리」, 『미학』, 18.
김영호(1998), 「서구미술에 나타난 모방과 차용의 역사 논리」, 『현대미술학회 논문집』 제2호.
김정선(2004), 「의사소통중심의 시각문화교육을 통한 미술교육개선연구」, 홍익대 박사학위논문.
김정아(2007), 「창조성과 그 교육적 의미에 관한 연구」, 『교육연구』, 제26호.

도정일(1992), 「시뮬레이션 미학, 또는 조립문학의 문제와 전망」, 『문학사상』, 1992년 7월호.

문화관광부(2000), 『생활 속의 저작권』.

박일호(1998), 「미술작품의 표절에 관한 미학적 접근」, 『현대미술학회 논문집』 제2호.

오선영(2009), 「윤리적 선택으로서의 창조적 사고와 표현」, 『사고와표현』, Vol.2 No. 2.

윤자정(2001), 「현대미술에서 '모방'은 어디까지 허용되는가?」, 『미학』, 제30집.

정끝별(1997), 『패러디 시학』, 서울: 문학세계사.

정흥균(2012), 「광고 크리에이티브의 창의성과 모방성의 차이에 관한 연구」, 『조형미디어학』, Vol. 15 No.1.

진경옥(2002), 「포스트모더니즘 예술에 표현된 패러디의 모방과 창조성」, DESIGN STUDIES, Vol.1.

Hutcheon, Linda, 김상구·윤여복 역(1993), 『패러디 이론』, 서울: 문예출판사.

2부
학습윤리

학습윤리 _김명식·정보주

글쓰기 _류성기

글쓰기 윤리 _류성기

초등 학습윤리 _박기혈

초등 글쓰기 윤리 _이점선·류성기

제7장

학습윤리

김명식 · 정보주

1. 들어가는 말

　연구윤리(research ethics)가 교수나 연구원 같이 연구 활동을 하는 사람들에게 적용되는 윤리라면, 학습윤리(academic ethics)는 학생들처럼 공부하는 이들에게 적용되는 윤리라고 할 수 있다. 연구윤리가 논문이나 저작 같은 것에 주로 해당된다면, 학습윤리는 시험이나 과제물 등을 포함해 학교에서 이루어지는 모든 학습활동에 적용된다. 우리나라의 대학에서 학습윤리가 잘 지켜지고 있다고 보기는 어려운 것 같다. 다음 신문 기사를 보자.
　조사결과에 따르면, 조사대상자 가운데 약 80%의 대학생들이 대학에서의 학업부정행위가 심각하다고 응답했다. 부정행위를 한 적이 있는 학생도 60%가 넘는다고 한다. 중학생의 경우 78%, 고등학생은 91%가 부정행위를 한 경험이 있다고 응답하였다. 사정이 이렇다보니 커닝

'진화하는 커닝' …57.4% 커닝경험, 마술펜에 스마트기기까지

중간고사를 맞은 대학가가 진화한 커닝수법에 골머리를 앓고 있다. 예상답안을 책상, 벽, 손바닥에 적어놓거나 복사기용 OHP 필름으로 축소복사한 뒤 책상 위에 깔아두는 것 쯤은 고전이 돼버렸다.

충남 모 대학 3학년 이모(22·여) 씨는 30일 "스마트폰은 잠금 화면과 비밀번호를 눌러야 보이는 홈 화면으로 구분돼 있어 홈 화면에 예상답안을 적어 놓고 커닝을 했다."며 "감독관이 주의를 줬지만 잠금 화면으로 바꾼 뒤 '시간을 봤다'고 둘러댔다."고 말했다. 경남의 한 대학 3학년 박모(25) 씨는 "지난주 교양과목 시험에서 조직적인 커닝이 있었다."며 "수업을 듣지 않는 한 학생이 시험지를 받자마자 강의실 밖으로 빠져나간 뒤 문제를 풀어 모바일 메신저로 답을 전송했다" 고 털어놨다.

'비밀펜' 혹은 '마술펜'으로 불리는 특수 펜까지 등장했다. 이 펜은 자외선에만 보이는 잉크를 사용해 펜에 달린 자외선 전구로 비춰야 글씨가 드러난다. 서울 A대학 2학년 정모(21) 씨는 "비밀펜으로 커닝페이퍼를 작성하면 육안으로는 보이지 않기 때문에 의심을 피할 수 있다." 고 했다. 이 펜은 인터넷 쇼핑 사이트에서 1개당 1000원 정도에 팔리고 있다.

대학들은 진화한 커닝에 속수무책이다. 막상 적발해도 징계로 이어지는 경우는 많지 않다. 서울 소재 한 대학 관계자는 "부정행위를 하면 심할 경우 정학 등 중징계 규정이 마련돼 있지만 학점이 취업과 직결되다보니 대부분 주의 정도로 끝낸다."고 했다. 대학생 채모(23) 씨는 "양심적으로 시험을 치르는 학생이 불이익을 당하는 상황이 발생하다보니 차라리 커닝을 해서 좋은 학점을 받고 싶은 생각이 들 정도"라고 말했다(『국민일보』, 2013-05-01).

을 하지 않은 학생은 무능력한 학생으로 취급되는 지경이라고 한다. 학습부정행위는 미국에서도 심각하다. 미국의 경우, 학습부정행위 비율은 1941년 23%, 52년 38%, 60년 49%, 1980년에는 76%로 보고되고 있다(오영희 1996:152, 심우엽 2000:88).

학습부정행위는 지적으로 그리고 도덕적으로 성숙한 인간을 만들려는 교육의 목적에 정면으로 위배되는 것이다. 그리고 더 나아가 사회 전반에 좋지 않은 결과를 낳는다. 실제로 학교에서 학습부정행위를 많이 한 학생일수록 사회에서도 부정한 행동을 많이 한다고 한다. 이 점에서 문제를 심각하게 생각할 필요가 있다.

2. 학습진실성과 학습부정행위

1부의 연구윤리에서 보았듯이 모든 연구윤리의 도덕성과 가치를 망라하는 개념으로 진실성(integrity)의 개념이 사용되고 있다. 이 개념은 연구의 계획, 수행, 결과보고 등 연구의 전 과정에서 정직하고 성실하게, 그리고 책임 있게 진행되는 것을 모두 포함하는 의미의 개념이다. 학습진실성(academic integrity)도 연구진실성(research integrity)과 같은 내용이다. 다만 연구가 아니라 학습에, 전문 연구자가 아니라 학생에 적용되는 개념이라는 것이 다를 뿐이다.

원래 '진실성'으로 번역되는 'integrity'의 개념은 복잡한 개념이다. 라틴어 어원을 갖는 이 말은 다양한 뜻을 갖는데, 원래의 의미는 온전함, 완전함을 의미하는 것이었다. 이 개념은 학습윤리와 관련하여 한편에서는 정직성(honest)을 의미함으로써 윤리적 행위를 함축하고 다른 한편으로는 연구수행 과정에서 세심함과 정확성을 요구하는 온전함(inact), 완전함(whole)의 의미를 지닌다(유네스코 한국위원회 편, 2001:252).

이것을 좀 더 구체적으로 말하면, 진실성을 하나의 도덕적 덕으로 보고 "진실과 관련하여 타락되지 않는 덕성의 상태와 일을 공정하게 처리하는 특성, 올바름(uprightness), 정직함(honesty), 성실함(sincerity)이 되는 성질 혹은 그러한 상태"를 말하며, 또 "믿음직함(reliability), 신뢰성 (trustworthiness), 정직함(honesty)과 밀접하게 관련된 덕스런 성품"을 뜻하기도 한다.[1] 그리고 "학습수행과정에서의 지적 정직성과 기술적 세심함, 동료와 선생에 대한 윤리적 접근 등을 함축한다."

학습윤리에서 요구되는 윤리적, 도덕적 특성으로서 학습자의 인격적 개념이라고 할 수 있는 덕성, 그리고 연구의 진행과정에서 요구되는 각종 절차적 윤리를 총망라하는 도덕적 개념으로 진실성의 개념이 사용되고 있는 것이다. 학습진실성과 거리가 먼 것이 학습부정행위이다. 앞서 보았듯이 연구부정행위에 대한 정의는 명확하지 않았던 것처럼 마찬가지로 학습부정행위에 대한 명확한 정의는 없다.[2] 학계에서 관행적으로 인정되는 것에서 심각하게 벗어난 것을 연구부정행위라고 하는 것처럼 학습부정행위는 학교에서 관행적으로 인정되는 것에서 심각하게 벗어난 행위라고 규정할 수 있을 것 같다. 가장 전형적인 학습부정행위는 시험 부정행위와 과제물과 관련된 부정행위일 것이다. 그 외에 넓게 본다면 대리출석이나 출석 후 무단조퇴 등 출석과 관련된 행위가 포함된다. 때로는 도서관 자리잡아주기도 학습부정행위에 포함된 것으로 보는 입장도 있다. 도서관을 이용할 학생들의 공정한 기회를 부정한다는 이유에서이다.

학습윤리를 지키고, 학습부정행위를 해서는 안 되는 이유는 많겠지

---

[1] 한국연구재단 지정 연구윤리정보센터, 이인재, 「주요개념: 연구진실성의 개념」, https://www.cre.or.kr/article/ethics_articles/1382499 Scientific_Integrity_Website.gif
[2] 미국 연방정부에 따르면 연구부정행위로 간주되는 행위는 첫째, '통용되는 관행과 매우 다른' 행위이면서 둘째, '고의적으로 알고 있으면서 혹은 무모하게' 행해지는 부정행위이면서 셋째, '아주 많은 증거를 통해 입증된' 행동이다(교육부, 2007:27).

만, 여기서는 일단 세 가지만 지적하고자 한다.

첫째, 학습부정행위는 학문과 교육의 목적에 어긋난다. 우리가 공부를 하는 이유는 바로 진리를 추구하는 데 있다. 그런데 진리를 추구한다고 하면서 진실한 방법을 사용하지 않는다면 이는 진리탐구라는 학문과 교육의 목적에 어긋난다.

둘째, 학습부정행위는 학습당사자 개인의 성장과 성숙을 방해한다. 부정행위를 통해 손쉽게 점수를 얻는다면 학생들은 지적 성장을 위해 노력하지 않게 된다. 또한 학습부정행위는 그 자체 부도덕한 행위로, 도덕성 발달에 심각한 영향을 준다.

셋째, 학습부정행위는 사회적으로도 문제가 된다. 만일 학습부정행위를 통해 좋은 성적을 얻는 것은 매우 부정의한 일일 것이다. 또한 학습부정행위를 하는 사람들은 나중에 사회에 나아가서도 부정행위를 저지르는 경향이 높다. 학교를 넘어 사회 전체가 부정의한 사회가 될 것이고 그런 사회가 발전할 수는 없을 것이다.

실로 학습부정행위의 역사는 오래되었다. 실제 우리나라 조선시대의 과거 시험에서도 부정행위가 잦았다는 기록이 있다. 과거지팔폐(科擧之八弊)라 하여, ① 남의 글을 베껴 쓰고 ② 과장에 책이나 쪽지를 갖고 들어가거나 ③ 세도가의 자제들은 과거 시험장에 글을 대신 써 줄 사람을 데리고 들어가거나 ④ 시제가 사전에 유출되기도 하고, ⑤ 대리시험을 치는가 하면 ⑥ 답안지를 바꿔치고 ⑦ 밖에서 답안을 작성하여 들여보내고 ⑧ 시험관을 매수하는 부정행위가 그것이다. 또 숙종 때에 과거 시험장으로 자주 쓰였던 성균관 반수당에서는 안에 새끼줄이 들어 있는 대나무 통이 묻혀 있는 것이 발견되었는데 학자들은 이를 외부에서 작성한 답지를 시험장 안으로 전달했던 장치로 보고 있다

(심우엽 2000:86).

학습부정행위가 무엇인지는 시대와 문화에 따라 판단이 달라지기도 한다. 이는 어떤 것이 학습부정행위에 해당하는가는 그 사회의 관행에 의존하기 때문이다. 가령 교사의 채점 실수를 보고하지 않은 것을 부정행위라고 생각하느냐는 질문에 대해서 미국 학생의 46%가 부정행위라고 한 반면, 독일 학생은 4%라고 생각하고 있다(오영희, 1996:152). 과거 우리 사회에서 리포트 표절을 심각하게 문제 삼지 않았지만, 점차 엄격해지는 것도 시대의 변화를 의미한다.

학습부정행위의 형태도 시대에 따라 많이 바뀌고 있다. 과거에는 전혀 없었지만, 최근 대학생에 있어서 가장 심각하게 문제가 되는 것은 인터넷 표절이다. 현재 인터넷에서는 다른 학생들의 리포트를 거래하는 업체가 공개적으로 영업활동을 하고 있어서, 마음만 먹으면 쉽게 다른 사람의 리포트를 구매해 자신의 리포트로 제출할 수 있다. 하지만 이것은 명백한 표절이다. 인터넷 사이트에서 다른 사람의 리포트를 사서 출처를 밝히지 않고 자신의 글에 포함시키는 행위를 근절시키기 위해 외국의 대학들은 많은 노력을 하고 있다. 이러한 행위가 부정행위에 해당한다는 점을 교육시키는 한편, 발각될 경우 정학이나 퇴학 처벌을 받을 수 있도록 하고 있다.

부정행위에 대한 대학생들의 인식은 전공별로 다소 차이가 있다. 미국 대학생들을 조사한 자료에 따르면, 경영학과 기계공학 전공학생들이 부정행위를 많이 하고, 교육, 사회과학, 자연과학을 전공하는 학생들이 중간이며, 예술과 인문학을 전공하는 학생들이 가장 낮다고 한다. 우리나라의 경우, 축산계열 79%, 자연계열 64%, 인문계열 49%, 사범계열 51%, 교육대학 47%가 부정행위를 한 적이 있는 것으로 조사

되었다. 또 가톨릭대학교 교양교육원에서 실시한 조사에 따르면, 데이터 변조에 대한 계열별 인식수준에서 인문계열의 65.7%와 사회계열의 55.7%가 절대 안 된다고 응답한 반면, 이공계열은 34.8%가 절대 안 된다고 응답하였다. 또한 급하면 가끔 해도 되는가에 대해서도 인문계열은 26.3%, 사회계열은 37.2%가 그렇다고 한 것에 비해 이공계열은 53.9%가 그렇다고 응답했다. 과제물 부정행위의 경우 전체적으로 66%의 대학생들이 했다고 응답함으로써 과제물 부정행위가 시험부정행위보다 그 빈도가 높았다(심우엽, 2000:88-94, 윤소정, 2011:329).

3. 학습부정행위의 원인

학습부정행위의 원인은 다양해, 어느 하나로 한정하기는 어렵다. 여기서는 일단 개인적 요인, 상황적 요인, 평가제도의 요인으로 나누어 살펴보겠다.

먼저 개인적 요인이다. 학습부정행위에 대한 인식과 그것을 하는 빈도는 개인차가 심하다. 우선 학업성취도가 부정행위와 밀접한 상관관계를 갖고 있다고 한다. 통계에 따라 다르기는 하지만 일반적으로 A학점을 받은 학생보다는 B학점을 받은 학생이, 그리고 C학점과 D학점을 받은 학생에게서 학습부정행위가 많이 나타난다고 한다.

성취동기도가 높은가 낮은가도 중요한 요소이다. 성취동기가 높은 집단이 낮은 집단에 비해 부정행위를 하려는 동기가 더 강하다고 한다. 성취동기는 다시 외재적 목표의 성취동기와 내재적 목표의 성취동기로 나눌 수 있는데, 전자는 점수나 금전적 이득, 능력과시와 같은 외재적 성취목표를 강조하는 반면, 후자는 학습과 발전과 같은 내재적 성취목표를 강조한다. 일반적으로 외재적 성취목표가 강한 학생일수록 부정행위를 많이 한다. 그 외에 일반적으로 초조하고 불안하고 혼란에 빠진 학생일수록, 그리고 반사회성이 높은 학생일수록 시험부정행위를 많이 한다고 한다(오영희, 1996:153).

다음으로 고찰해야 할 것은 상황적 요인이다. 우선 성적 압박 분위기가 강하면 부정행위가 증가한다고 한다. 가령 성적에 대한 부모의 요구가 강할수록, 그리고 사회의 요구가 강할수록 부정행위는 증가한다. 또 사회가 경제적으로 어려울수록 대학생들의 부정행위도 증가한다.

여기에 시험감독이 느슨하거나, 학교 분위기가 부정행위를 방조하고, 적발 후 징계의 강도가 약하면 시험부정행위는 증가한다. 그래서 시험 보기 전에 부정행위를 하지 말라고 경고하거나, 좌석을 재배치만 해도 시험부정행위는 많이 감소한다. 학생들은 부정행위를 방지하기 위해 교수가 아무런 조치도 취하지 않을 경우 부정행위가 가장 많이 발생한다고 생각함으로써 부정행위에 대해 확실하게 대처하지 못하는 학교나 교수를 비판하기도 한다(심우엽, 2000:89).

그 외에 교과목의 특성과 평가방식도 관련이 있다. 학업목표가 불분명한 과목의 경우 (82%), 공부할 자료가 많은 과목(73%), 상대평가를 할 경우에 (59%) 객관식 선지형의 경우에 부정행위가 많이 발생한다고 응답해, 교과목의 특성과 시험평가방식도 시험부정행위에 중요한 영향을 미치고 있음을 알 수 있다(오영희, 1996:162).

4. 학습부정행위에 대한 대책

부정행위를 막기 위해서는 여러 가지 노력을 해야 할 것 같다. 이와 관련해 학생들이 제시한 것은 다양하다. "학생들의 양심과 도덕수준을 높여야 한다."부터 "시험감독을 철저히 해야 한다.", "학생들이 자체적으로 감시 감독하게 한다.", "문항형태를 바꾸어야 한다." 등 다양하다. 학습부정행위에 영향을 미치는 요인이 다양한 만큼 대책도 다양할 것이다. 여기서는 윤리적 노력, 감독제도의 개선, 평가제도의 개선으로 나누어 서술하겠다.

먼저 개인적 윤리적 차원을 살펴보자. 교대나 사범대학 학생은 일반대생에 비해 학업부정행위 비율이 낮다고 알려져 있다. 이는 직업에 대한 윤리의식과 사명감이 높기 때문이라고 해석할 수 있다. 즉, 졸업하면 교사가 될 입장에서 심적 부담이 일반대학생에 비해 크기 때문이다. 여기서 우리는 윤리적 접근의 필요성을 음미해 볼 수 있다.

실제로 미국의 많은 대학에서는 학업윤리지침(academic honor code)을 제정하고 있다. 하버드대, 스탠퍼드대, 텍사스오스틴대 등 명문대학들은 모두 성희롱, 음주 및 마약, 학교시설 사용은 물론 학업부정행위에 대한 규정이 자세히 마련되어 있다. 해당 행동의 정의, 처벌과정, 학생의 청원권 등을 포함하여 매우 자세히 작성되어 있다. 일반적으로 학업윤리지침이 있는 대학에서의 부정행위는 그것이 없는 대학의 절반 수준으로 알려져 있다(심우엽, 2000:99-100).

또 미국 기업에서는 뇌물수수나 성희롱, 비용과잉청구 등 직장 내에서 일어나는 비도덕적인 사건들을 예방하기 위해 윤리훈련을 실시하고 있다. 그 내용은 왜 윤리적으로 성실하고 정직해야 하는지 교육하고, 윤리

규정을 만들어 훈련하는 것인데, 효과가 높은 것으로 밝혀졌다.

이와 관련해 주목할 만한 것은 한동대학교와 육군사관학교이다(고전, 2009:15-16). 한동대학교는 한동명예제도(Handong Honor Code)라는 독특한 제도를 운용하고 있다. 한동대학교는 '건전한 사회를 이끄는 도덕성 함양'이라는 슬로건을 내걸고, 무감독 양심시험, 한동명예제도, 축제기간 중 성결서약식, 소외계층과 함께 하는 섬김마당 지침을 마련하고 있고, 인성함양을 위해 공동체리더십훈련을 교과로 편성했다. 그리고 신입생 오리엔테이션 교육을 통해 학교의 무감독 양심시험 전통을 설명하고 명예 서약식을 갖는다. 무감독 양심시험은 1995년 개교 이래 학생회를 중심으로 자율적으로 실시되어 왔고, 교수 직원 학생 사이에서의 예절, 편의시설 이용시 예절, 외부인에게 인사하기 등도 대표적인 한동명예제도의 예이다.

육군사관학교도 독특한 명예시험제도 및 양심보고제도를 운용하고 있다. 명예시험제도에 의해 모든 시험을 감독관 없이 시행하며, 시험에 관한 사실을 타 교반 생도에게도 비밀로 하며, 시험 중 모든 생도가 답안을 작성해야 퇴실할 수 있다. 또 양심보고제도가 있어서 자신의 책무규정 위반에 관련하여 양심의 가책을 받았을 때 자발적으로 양심보고를 해야 하며, 타인의 명예실천 기준 위반사항을 인지한 경우에도 양심보고를 할 수 있다. 양심보고를 한 생도는 양심보고 후 완전군장구보, 보행, 근신, 외출외박 제한, 공영시설 청소 등의 행위를 해야 한다.

물론 기독교 대학인 한동대학이나 대한민국 정예 육군 장교를 육성한다는 육군사관학교의 제도를 일반대학에 도입할 수 있겠는가 하는 고민이 드는 것도 사실이다. 하지만 명예와 윤리의식을 강조하는 것이 나름대로 효과가 있음을 보여 준다는 점에서 의미가 있다고 생각된다.

두 번째로 살펴보아야 할 것은 시험감독제도의 개선이다. 구체적으로는 시험 전에 부정행위를 하지 않아야 하는 이유를 주지시키고, 시험 시작할 때 좌석을 재배치하며, 철저한 시험감독, 부정행위를 하지 않겠다는 서명, 시험 중 소지품 치우기 등을 생각할 수 있다.

미국에서는 교수들이 부정행위를 못 본 척할 때가 있는데, 그 이유는 부정행위를 적발했을 때 학생과 불편한 상황이 벌어지고, 학생의 장래에 어려움이 오며, 부정행위와 관련된 소송사건을 감당하기 싫기 때문이라고 한다. 이런 점에 대처하기 위해 미국 대학들은 감독자들에게 부정행위의 준거와 방법, 부정행위 발견시 현장처리방법 등을 미리 교육시키고 시험감독시 주의사항을 일러주기도 한다.

철저하지 못한 시험감독 관행은 우리나라에서도 문제가 되고 있다. 실제로 학생들은 부정행위가 잘 적발되지 않는다고 생각하고, 적발되어도 처벌되지 않는다고 생각한다. 이런 점에서 철저한 시험감독과 적절한 처벌이 필요한 것으로 보인다.

마지막으로 시험평가방법도 개선할 필요가 있다. 일반적으로 대단위 강좌보다는 소규모 강좌에서, 그리고 객관식 평가보다는 논문형 서술식 평가에서 부정행위가 감소하는 것으로 알려져 있다. 강좌를 소규모로 해서 교수와 학생이 친밀한 관계 속에서 수업을 진행할 필요가 있고, 시험 제도도 4지 선다형보다는 논문형 서술식 평가를 추구할 필요가 있다. 그 외에 한 번의 시험 비중이 너무 많은 비중을 차지하지 않거나, 협동학습을 하면 부정행위가 많이 감소한다고 한다.

5. 과제물 작성 및 제출

과제물은 대학의 교육과정에서 교과에 따라 다양한 방식과 내용으로 요구될 수 있는 것으로 학생의 학습내용을 확인하고 평가할 수 있는 주된 대상이 된다. 학생은 과제물 제출을 통해 자신의 학습내용과 학습의 정도를 확인할 수 있는 계기가 된다. 이 과제물과 관련해서도 학습부정행위가 발생할 수 있다. 과제물 내용의 작성과 제출에서 위조, 변조, 표절, 짜깁기, 베끼기, 중복제출 등의 가능성이 있는 것이다. 과제물과 관련해서 유의할 것은 올바른 글쓰기에 대한 충분한 이해다.

① 위조나 변조는 과제물의 내용을 거짓으로 만들어 내거나 자신의 논조에 유리하도록 바꾸는 것을 말한다. 위조와 변조는 원래의 자료들을 손질하여 객관성을 해치고 허위 내용을 통해 학습내용을 왜곡한다는 점에서 비윤리적 행위가 되는 것이다.

② 표절은 다른 사람 이미 주장한 내용이나 표현, 연구방법, 연구결과 등을 인용을 통해 표시하지 않고 자신의 주장인 것처럼 사용하는 행위를 말한다. 표절은 다른 사람의 지적재산권을 침해하는 비윤리적 행위이다.

③ 짜깁기는 다른 사람의 글을 교묘하게 연결하여 마치 자신이 작성한 것처럼 기만하는 행위를 말하는 것으로 일종의 표절에 해당한다고 하겠다.

④ 베끼기는 다른 사람의 과제물을 베껴서 제출하는 경우를 말하는데 이것은 표절을 넘어서는 심각한 부도덕한 행위이다.

⑤ 중복제출은 동일한 내용의 과제물을 여러 사람이 각자가 작성한

것처럼 이름만 바꾸어서 제출하거나, 한 사람이 동일 내용을 여러 번에 걸쳐 제출하는 것으로 기만적인 행위이다.

⑥ 이 밖에도 구매 또는 위탁을 통해 과제물을 제출하는 경우도 있다. 인터넷상의 자료판매처를 통해 과제물의 내용을 구입 제출하는 경우도 있고 다른 사람에게 부탁하여 과제물(원고, 그림, 공작물 등)을 대신 작성하여 제출하는 경우도 있는데, 이것 또한 비윤리적 행위라고 할 것이다.

일반적으로 과제물 부정행위는 학생들이 시간 관리를 잘못해서 많이 발생한다고 한다. 리포트 마감시간에 임박해 일단 소나기는 피하자는 의도에서 바람직하지 못한 행위를 하는 것이다. 이런 것을 막기 위해서는 학생들은 미리 미리 준비하는 습관을 가져야 할 것이고, 교수자 또한 이 점을 강조할 필요가 있다. 누가 표절을 알겠는가 싶어 할 수도 있고, 또 표절이 초래할 결과를 가볍게 여겨서 할 수도 있다. 하지만 표절에 대한 처벌이 점차 강화되는 추세라는 점을 인식할 필요가 있다. 교수자 또한 표절을 해서는 안 되는 이유를 사전에 학생들에게 인지시키고, 학생들이 감당할 수 있을 정도로, 그리고 충분한 시간을 주고 리포트를 내줄 필요가 있다. 그리고 리포트 평가를 철저하게 할 필요가 있을 것이다.

그리고 학생들은 과제물을 작성하고 제출하기 이전에 다음과 같은 사항들을 점검함으로써 과제물과 관련된 학습윤리를 지키는 것이 중요하다.

① 과제물은 내가 직접 연구하고 작성한다.

② 인용한 자료들은 인용표시를 하여 밝혀둔다.

③ 다른 사람의 아이디어나 주장을 활용할 때는 그것을 확실하게 밝혀둔다.

④ 과제물에 들어가는 도표나 데이터를 조작 변조하거나, 위조하지 않는다.

⑤ 다른 사람이 작성한 과제물을 베껴서 제출하지 않는다.

⑥ 다른 사람에게 자신이 작성한 과제물을 사용하도록 허용하지 않는다.

⑦ 공동과제물 작성의 경우, 공동노력을 하지 않은 사람의 이름을 명기하지 않는다.

⑧ 과제물을 구매하거나 다른 사람에게 위탁하여 작성하는 일이 없도록 한다.

6. 협동학습

 대학에서 이루어지는 학습 가운데는 협동학습이 있다. 필요에 따라 몇몇의 동료학생들이 조를 짜서 공동의 주제를 갖고 학습을 하고 그 결과를 보고하는 학습이다. 협동학습은 주제에 따라 공동 연구가 필요할 때 주로 부여되는데, 서로의 아이디어를 교환하고 보다 창조적인 학습이 이룰 수 있는 좋은 계기가 된다. 더 나아가 협동학습은 그것을 통해 학습자들 간의 의사소통, 민주적 절차, 역할분담, 신뢰 등의 덕목을 습득하고 실천할 수 있다는 측면에서 교육적으로 매우 중요한 학습 방법이라고 할 수 있다.

〈사례〉

사회과 교수님이 3-4명이 조를 이루어, 우리나라의 민주주의 제도에 관해 조사하는 과제를 내주셨다. A, B, C, D는 함께 조를 짜서 우리나라의 민주주의 제도에 관해 조사를 하기로 하였다. 그런데 갑자기 D가 자기는 바빠서 함께 조사를 하지 못하겠다고 하면서, 그렇지만 자기도 처음부터 같은 조원이었으니까, 수행평가 보고서에는 자신도 포함시켜 달라고 말했다. ABC는 D를 수행평가 보고서에 조원으로 포함시켜 주어야 할 것인가?

생각해 볼 문제

1. D를 조원으로 포함시켜 주어야 하는가? 포함시켜야 한다면 그 이유는 무엇인가?
2. AB는 D를 조원으로 포함시켜 주어야 한다고 생각하는 반면, C는 다른 생각을 갖고 있다. 이때 C는 어떤 근거로 AB를 설득해야 하는가?

(유한구 외, 2008:81)

그런데 문제는 이러한 과정에서 무임승차하는 구성원들이 있을 수 있고, 다른 참여자에게 피해를 주면서 결과는 동일한 평가를 받는 경우가 발생할 수 있다. 실제로 어떤 학생은 자신이 맡은 임무를 제대로 수행하지 않거나 아예 참여하지 않고 팀이 이룬 성과를 나누려고 할 수 있다. 이때 좋은 것이 좋은 것이라고 해서 이를 허용하는 것은 일시적으로는 동료를 위하는 것으로 보이지만, 궁극적으로는 동료를 무책임하게 만드는 계기를 만드는 것이다. 그리고 그것은 무엇보다도 정의롭지 못한 행위이다(가톨릭대, 2010:37).

이런 일이 발생할 경우, 우선 그 동료가 협동학습에 참여해 공동의 노력을 할 수 있도록 설득하고 서로 의사소통을 활발히 해야 한다. 그래도 참여하지 않을 경우에는 담당 교수에게 그 사실을 알리고 상의하는 것이 바람직하다. 그리고 협동학습을 원활히 하기 위해서는 협동학습 회의록을 작성하는 것도 좋은 방법이 될 것이다.

협동학습 전 과정을 통해서 학습의 진실성이 담보되어야 한다는 것을 명심하고 성실하고 정직하게 그리고 각자의 능력에 맞추어 협동학습을 전개하는 것은 연구윤리의 진실성을 담보하는 동시에 공동체정신을 학습하는 훈련의 한 요소가 될 것이다.

7. 기타 학습부정행위

시험이나 과제물 작성과 관련되지 않은 것으로 학습부정행위에 해당하는 것으로는 대리출석, 무단조퇴 등이 있다. 대리출석은 말 그대로 출석하지 않은 사람을 출석한 것으로 하기 위하여 당사자가 아닌 다른 사람이 대신 대답하는 것이다. 무단 조퇴는 출석만 체크한 후, 임의로 강의실을 벗어나는 행위이다. 이것은 모두 교수와 다른 학생들을 기만한 행위에 해당한다. 출석은 성적 평가의 중요한 요소인데, 이것을 속이는 것은 불공정한 행위이다. 만일 부득이 수업 중간에 퇴장해야 한다면 사전에 담당 교수에게 사실을 고지하고, 다른 학생의 수업에 방해가 되지 않도록 뒷자리에 앉는 에티켓을 지켜야 한다.

시험 기간 중에는 흔히 도서관 자리 잡기 경쟁이 심한데, 이때 도서관에 먼저 간 친구가 다른 동료들의 자리를 잡아 주는 것, 그리고 수강인원이 많은 교실에 다른 친구를 위해 자리를 확보해 두는 것은 '부정행위'까지는 아니더라도 '부적절한 행위'라고 할 수 있다. 자리를 확보하려는 경쟁이 없는 상황에서는 친구와 함께 앉아 공부하거나 수업을 듣기 위한 조치를 취할 수는 있다. 그러나 모두가 특정한 자리나 기회를 노릴 때에는 최대한 공정하려고 애써야 한다. 이때에는 자리를 잡아주는 것보다 '모닝콜'로 도와주고, 때로 나의 자리를 양보하는 것이 더 바람직하다고 할 수 있다(한동대, 2009:23).

8. 나가는 말

시험부정행위를 막기 위해서 다양한 방법이 모색되고 있다. 다음 사례를 읽고 이 문제를 생각해 보도록 하자.

〈사례〉 '부끄러운 A학점보다 당당한 B학점을!'

기말고사를 코앞에 둔 대학가에 시험 부정행위(커닝)를 없애자는 운동이 불붙고 있다. 전국 100여 개 대학 학생들이 참여한 전국대학생 컨닝추방운동본부가 지난달 25일 출범한 것을 계기로 각 대학 캠퍼스에 지성인의 양심을 촉구하는 목소리가 울려 퍼지고 있다.

13일부터 기말고사가 시작되는 한양대에서는 7일에 이어 8일에도 오전 9시부터 지하철 한양대역 앞에서 커닝추방 캠페인이 벌어졌다. 학생 10여명은 '나의 경쟁력은 정직' 등이 적힌 손 팻말을 들고, 등교하는 학생들에게 커닝추방 홍보물을 나눠 줬다. 숭실대 학생들은 7일 오후 학교 학생회관 앞에서 '노(No) 커닝! 쿨한 당신이 진짜 A+입니다'란 문구를 붙인 막대사탕 1000여개를 제작해 학생들에게 나눠 줬다. 숭실대는 이번 주 안에'정직이 경쟁력입니다' 등이 적힌 펼침막을 교문 등에 내걸 예정이다.

고려대 학생들은 화장실 안에 포스터를 붙여 커닝에 대한 학생들의 경험담을 묻는가 하면, 강의실 문 앞에는 커닝을 몰아내자는 내용의 스티커를 붙이고 있다. 성균관대도 포스터 400여 장을 제작해 교내 곳곳에 붙이고 있다.

커닝 추방운동에 참여한 한양대 3학년생 곽제하(23) 씨는 "커닝이 잘못된 것이라는 생각 없이 남들도 다 하니까 괜찮다는 식의 양심 불감증이 대학생들 사이에 퍼져 있다."며 "양심을 속이는 부정행위가 이제는 캠퍼스에서 사라져야 한다."고 말했다.

성균관대 사범대는 이번 1학기 기말고사부터 아예'무감독 시험'을 시행해 시험 감독을 전적으로 학생들의 양심에 맡기기로 했다. 사범대는 우선 수학교육·한문교육·컴퓨터교육·교육학과 등 4개 학과에서 전공과목 하나씩을 선정해 무감독 시험을 보기로 했다. 강옥기 사범대 학장은"미래의 교사를 양성하는 사범대인 만큼 학생들에게 정직과 성실을 실천해 훌륭한 사도정신을 기르게 하자는 취지에서 감독 없이 시험을 치르기로 했다"고 말했다.

(출전: 이호을 기자, 『한겨레신문』, 2005. 6. 8)

생각해 볼 문제

1. 황우석 교수의 연구부정행위와 학생들의 시험부정행위의 공통점은 무엇인가?
2. 무감독 시험은 어떤 의미를 지니는가?
3. 시험부정행위를 없애기 위한 방안에는 어떤 것들이 있는가?

더 읽거나 가볼 만한 곳

1. 가톨릭대 교양교육원(2010), 『가톨릭대학교 학습윤리 가이드북』, 가톨릭대학교. 그리고 한동교육개발센터(2009), 『한동인을 위한 학습윤리 가이드북』,

한동대학교.
대학생들을 위한 학습윤리 가이드북이다. 연구윤리의 기본 내용을 간략하게 소개하고, 표절을 하지 않기 위해 요구되는 기본 자세를 열거하고 있다.
2. 김진원·황은성·서순탁·김용철(2008), 『서울시립대학교 이공계 및 사회과학 대학원 연구윤리강의교재 연구윤리』, 서울시립대학교 산학협력단.
대학원생들을 위한 연구윤리 책이다. 특히 이공계 대학원생들에게 필요한 내용들을 알기 쉽게 소개하고 있다.

참고자료

가톨릭대 교양교육원(2010), 『가톨릭대학교 학습윤리 가이드북』, 가톨릭대학교.
고전(2009), 「대학의 학습윤리 관련 규정 및 교육개선 방안」, 『교육법학연구』, 21권 2호.
교육부(2007), 『연구윤리소개』, 교육인적자원부.
김명식·박종호(2008), 『연구윤리규정 및 연구윤리교육방안 연구』, 진주교육대학교.
심우엽(2000), 「학업부정행위의 실태 및 원인 분석과 대처방안」, 『초등교육연구』, 14권 1호.
양돈규(2003), 「대학생들의 시험부정행위에 대한 지각과 시험부정행위경험 및 학업성적간의 관계와 관련 변인 분석」, 『한국심리학회지: 상담 및 심리치료』, 15권 3호.
오영희(1996), 「대학생들의 학업부정행위에 대한 연구」, 덕성여대 『사회과학연구』, 4권.
오영희(1998), 「여대생들의 학업부정행위에 대한 연구」, 덕성여대 『사회과학연구』, 5권.
유네스코 한국위원회 편(2001), 『과학연구윤리』, 도서출판 당대.
유한구 외(2008), 『초중등 연구윤리 교육프로그램 개발』, 서울교육대학교.

윤소정 외(2011), 「대학생의 연구윤리교육에서의 표절 실태 및 대안 연구」, 『윤리교육연구』, 24집, 한국윤리교육학회.

한동교육개발센터(2009), 『한동인을 위한 학습윤리 가이드북』, 한동대학교.

제8장

글쓰기

류성기

1. 들어가는 말

 언어생활은 듣기, 말하기, 읽기, 쓰기의 언어적, 반언어적, 비언어적 생활을 통하여 이루어진다. 다른 사람들의 감정과 사상을 듣기나 읽기를 통하여 이해하고, 자신의 감정과 사상을 말하기나 쓰기를 통하여 표현한다. 대학 생활을 하면서도 이러한 언어활동을 통하여 좀 더 넓은 교양 내용을 공유하고, 좀 더 깊은 전문지식을 궁구한다. 그래서 이러한 대학 생활을 잘 하기 위해서 여러 가지 언어활동 중에서 문자언어 활동인 글쓰기에 대해 알아보기로 하겠다.
 글쓰기는 대학 학문 활동 중에서 중요한 활동이다. 각종 시험을 글쓰기로 보기도 하고, 각종 연구 활동 과정 및 결과를 글쓰기 활동 중의 하나인 보고서 쓰기로 한다. 또 일반적으로 대학을 마칠 때는 졸업논문을 써서 제출하기도 한다. 이처럼 대학 생활과 글쓰기는 밀접한 관련이 있다.

그래서 여기에서는 글쓰기에 대한 것을 전반적으로 알아보기로 하겠는데, 먼저 글쓰기란 무엇인가에 대한 것을 알아보겠다. 둘째로 글쓰기를 어떻게 하는지 글쓰기 방법에 대하여 알아보겠다. 글을 잘 쓰려면 글쓰기 과정에 따라 쓰는 방법을 잘 익혀 써야 하는데, 그 과정과 방법에 대해 알아보겠다. 그리고 대학에서 많이 쓰는 설명문, 논술문은 어떻게 쓰는지 그 방법에 대해 알아보겠다. 셋째로 각 교과목마다 보고서를 제출하는 경우가 많은데, 이 보고서는 어떻게 쓰며, 넷째로 졸업할 때 필요한 졸업논문은 어떻게 쓰는가에 대해 알아보겠다. 그리하여 대학 생활에서 필요한 글쓰기 능력을 키울 수 있도록 하겠다.

2. 글쓰기 정의

글쓰기를 할 때 고려할 몇 가지 관점을 살펴보면서 글쓰기에 대한 정의를 내려 보고자 한다. 첫째로 언어활동 목적에 따라 어떤 글을 쓸 것인지 생각한다. 생각과 감정을 표현하고 이해하는 활동에는 언어활동의 목적에 따라 여러 가지 활동으로 분류할 수 있는데, 그 한 방법으로 정보전달, 설득, 친교 및 정서 표현 활동으로 분류할 수 있다. 사람들은 강의하고 강의 듣기, 뉴스를 말하고 뉴스 듣기, 책 쓰기와 책 읽기, 안부 묻기와 안부 듣기, 편지 쓰기와 편지 읽기, 토론 말하기와 듣기, 시 쓰기와 시 읽기, 소설 쓰기와 소설 읽기, 전화하기, 문자 보내기와 문자 읽기 등 수많은 언어활동을 한다. 그런데 이러한 활동들을 분류해 보면 정보전달, 설득, 친교, 정서의 표현과 이해 활동으로 분류할 수 있다. 이러한 활동들은 언어활동 목적에 따라 분류한 것으로 글쓰기를 할 때 가장 먼저 고려해야 할 사항이다. 어떤 종류의 글을 쓸 것인가에 따라 글쓰기 형식이나 내용이 달라지기 때문이다.

둘째로 글을 쓸 때는 글의 목적에 맞는 필요한 내용들을 머릿속에 있는 어휘 자료집이나 여러 가지 매체에 있는 어휘 저장고 속에서 선정해낸다. 시를 쓴다면 시라는 문종에 어울리는 어휘, 시의 주제에 어울리는 어휘 등을 선정해내고, 논설문을 쓴다면 논설문에 어울리는 어휘, 논설 주제에 어울리는 어휘를 선정해낸다. 이러한 선정은 브레인스토밍과 같은 방법에 의하여 다양한 어휘를 생성해내고, 그 중에서 필요한 어휘만 선정할 수 있다. 그리고 머릿속에 저장되어 있는 문장규칙에 따라 어휘들을 나열하여 문장으로 생성해낸다.

셋째로는 문장들을 필요한 구성 방식을 써서 글로 표현해낸다. 논설문을 쓴다면 서론, 본론, 결론의 구조로 표현하고, 기행문을 쓴다면 시간과 장소의 이동 구조로 표현한다. 비교나 대조를 필요로 하는 글을 쓴다면 공통점과 차이점, 장점과 단점 등을 비교하는 구조로 조직하여 쓴다. 물론 이렇게 쓴 글은 다시 읽어 보고 고쳐 쓰기를 하여 글쓰기를 완성한다.

위와 같은 관점에서 보았을 때 글쓰기란 "글의 목적에 따라 내용을 선정하고, 글의 종류에 따라 내용을 조직하여, 글로 표현하는 언어활동"이라고 할 수 있다.

3. 글쓰기 방법

앞에서 언급한 바 있듯이 글에는 정보전달의 글, 설득하는 글, 친교 표현의 글 및 정서 표현의 글이 있다. 정보전달의 글에는 보고서, 광고, 백과사전, 편지, 신문, 법조문, 안내문, 회의록, 유서, 국어사전, 계약문, 요리책, TV뉴스 등의 글이 있다. 설득하는 글에는 논설, 신문 사설, 광고, 성명문, 전단, 토론문, 토의문, TV 뉴스, 시사만화 등의 글이 있다. 친교 표현의 글에는 편지, 메모, 농담, 인사말, 송사, 답사, 초대장, 회고록, 격려의 글, 사과의 글, 감사 편지, 항의 편지, 초청장 등의 글이 있다. 정서 표현의 글에는 시, 소설, 수필, 동화, 동요, 신화, 민담, 노랫말, TV 드라마 대본 등의 글이 있다. 물론 한 가지 글이 두 가지 기능을 갖기도 하여 중복되기도 한다. 예를 들면 광고는 정보도 전달하지만 설득도 하여 정보전달과 설득 둘 다를 내포하고 있는 것과 같다.

글쓰기는 위에서 살펴본 글의 종류에 따라 다양한 방법이 있다. 그렇지만 여기에서 위의 모든 글에 대한 글쓰기 방법에 대하여 알아볼 수는 없다. 그래서 여기에서는 먼저 글쓰기 과정에 대하여 알아본 후 대학에서 보편적으로 많이 쓰는 설명문, 논술문, 보고서, 논문 쓰기 방법에 대하여 알아보기로 하겠다.

3.1 글쓰기 과정

글쓰기 과정은 시간적 관점에서 쓰기 전, 쓰는 중, 쓰기 후 활동으로 나누어 볼 수도 있고, 기능적 관점에서 계획하기, 아이디어 생성하기, 조직하기, 표현하기, 교정하기로 나누어 볼 수도 있다. 여기에서는 신헌재 외(2009:349-355)에 제시된 바에 따라 기능적 관점에서의 글쓰기 과정을 간략히 알아보기로 하겠다.

1) 계획하기

글쓰기 과제, 주제를 분석하고, 글을 쓰는 목적이 무엇인지, 쓴 글의 독자는 누구이며 쓴 글에 대하여 어떤 반응을 보일 것인지, 어떤 형태(시, 이야기, 논설문 등)의 글을 쓰는 것이 좋은지, 분량이나 부과된 조건을 생각하여 어떻게 글을 쓸 것인지 등을 생각하고 글쓰기 계획을 세우는 활동을 한다.

2) 내용 생성하기

아이디어를 떠올리고 수집하는 활동이다. 아이디어 생성을 잘 할수록 글을 잘 쓸 가능성이 높다. 아이디어 생성을 위한 방법으로 많이 활용할 수 있는 방법은 즉흥적으로 머릿속에 아이디어를 떠올리는 브레인스토밍, 주제나 범주에 관련 있는 내용을 나열하는 열거하기, 다른 사람과 이야기 나누기, 주제와 관련 있는 자료 읽기, 체험 활동하기, 명상하기 등이 있다.

3) 조직하기

생성된 내용들을 조직하는 활동이다. 글의 종류에 따라 내용을 잘 조직해야 체계적이고, 효과적인 글이 될 수 있다. 내용을 잘 조직하기 위해서는 내용을 관련 있는 것끼리 묶는 다발 짓기, 글의 뼈대를 만드는 개요 짜기 등이 있다. 개요를 짤 에는 단순히 나열하는 것이 아니라 글의 종류에 따라 다양하게 짤 수 있다. 시간이나 공간의 순서로 짤 수도 있고, 비교나 대조의 관점으로 짤 수도 있고, 원인과 결과의 구조로 짤 수도 있고, 서론, 본론, 결론의 구조로 짤 수도 있다.

4) 표현하기

표현하기는 아이디어를 생성하고, 조직한 것을 바탕으로 초고를 쓰는 활동이다. 초고를 쓸 때는 의미에 초점을 두고 전체적인 흐름을 잡으면서 써야 한다. 글씨를 맞춤법에 틀리지 않게 써야 한다든가, 완벽하게 써야 한다든가 등의 사고에 얽매이지 않아야 한다. 표현하기를 잘 하기 위해서는 구두로 쓰기를 해 본다든지, 처음부터 끝까지 쭉 써 가는 내리쓰기를 한다든지, 글 조직 방식이나 문단 구성 원리 및 문장 구성 방식 등 수사학적 기법을 활용하면서 글을 써가는 방법을 활용할 수 있다.

5) 수정하기

수정하기는 초고를 쓴 다음 내용과 형식을 고치는 활동이다. 교정하기, 고쳐 쓰기, 고치기, 퇴고 등으로 불리기도 한다. 이 수정하기 단계에서는 맞춤법이나 편집과 같은 형식보다는 내용을 고치는 것이 중요하다. 수정하기에서는 주로 첨가, 삭제, 대체, 이동, 재배열 등의 활동을 한다. 처음부터 끝까지 훑어 읽어보면서 첨가할 내용이나 삭제할 내용, 대체할 내용이나 이동하여 재배열할 내용을 생각하면서 수정하기 활동을 한다.

3.2 설명문 쓰기

3.2.1 설명문의 특성

설명문은 정보를 제공해 주는 글이다. 남들이 잘 알지 못하는 정보를 자세하게 설명하여 잘 알도록 해주는 글이다. 사전 사용법, 의약품

사용법, 여행지 등의 각종 안내서, 로봇 조립 설명서, 신문의 각종 사건에 대한 기사 등 우리 생활에서 수많이 접하는 글들이다. 그래서 설명문에는 다음과 같은 특성이 있어야 한다.

첫째, 정확성과 객관성이 있어야 한다. 설명문은 사물 또는 사건에 대한 정확한 정보를 사실 그대로 알려주어야 하기 때문에 주관적으로 자기가 생각한 개인의 의견을 제시하여서는 안 된다. '-인 것 같다, -라고 생각한다, -해야 한다'와 표현은 글쓴이의 생각이나 주장을 나타낸 것이므로 객관성이 없어 쓰지 않는다.

둘째, 정보의 다양성과 풍부성이 있어야 한다. 설명문은 독자에게 유용한 정보를 제공하는 목적으로 쓰기 때문에 독자의 요구를 충족시켜 줄 만한 정보가 있어야 가치가 있다.

셋째, 간결성이 있어야 한다. 설명문은 독자에게 정보나 지식을 제공하는 글이므로 독자가 보고 이해하기 쉽게 써야 한다. 쉬운 문장, 간결한 문장으로 써야 한다.

넷째, 체계적 논리성이 있어야 한다. 설명문 내용을 조직해 갈 때 체계적으로 조직하여 전개해야 한다. 보통 처음, 가운데, 끝 세 부분으로 구성하고, 각 부분들을 유기적으로 연결시킨다. '처음'에서는 설명 대상과 설명 방법, 설명하게 된 동기, 설명서에 나오는 용어를 정의한다. '가운데'에서는 항목을 나누어 조목조목 설명하고, 보기나 예시를 들면서 설명한다. '끝'에서는 설명한 내용을 종합하여 요약 정리한다.

3.2.2 설명 방법

첫째, 차례에 따른 방법이다. 시간의 변화에 따른 차례, 장소의 변화에 다른 차례, 위에서 아래로, 좌에서 우로 등의 방법에 따라 차례차례 설명해 가는 방법이다. 아래 도식과 같다.

〈순서 구조〉

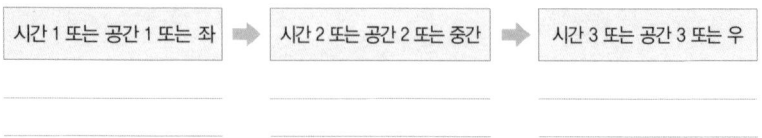

둘째, 분류 또는 분석의 방법이다. 대상을 일정한 기준에 따라 나누거나 공통성을 가진 대상들을 몇 개의 종류별로 묶는 방법이다. 예를 들어 '물의 이용'을 분류할 때 생활용수, 산업용수, 발전과 같은 세 가지의 분류 기준으로 분류한다. 그런 후 각각의 물의 이용에 대하여 기술해 간다. 또 개미의 몸을 설명한다면 머리, 가슴, 배 세 부분으로 분석하여 설명하는 방법이다. 아래 도식과 같다.

〈물에 대한 분류, 분석 구조〉

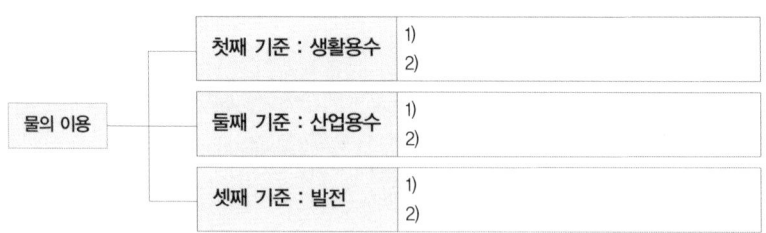

셋째, 예시의 방법이다. 설명하고자 하는 대상과 관계있는 실례를 보여 일반적이고 추상적인 것을 구체적으로 설명하는 방법이다. 예를 들면 "접사와 단어의 결합으로 이루어진 파생어에는 개나리, 개살구,

시퍼렇다, 잠, 먹이다, 사랑스럽다 등이 있다."와 같다.

넷째, 비교 또는 대조의 방법이다. 설명하고자 하는 대상을 다른 대상에 견주어 설명하는 방법이다. 두 대상의 공통점과 차이점을 중심으로 비교하거나 대조하면서 설명하는 방법이다. 문어와 오징어에 대한 비교 대조 구조를 도식하면 다음과 같다.

〈비교 대조 구조〉

차이점		공통점		차이점
(다리 수) 다리 8	문어	생김새	오징어	다리 10
(사는 곳) 바위 틈		몸 색깔		모래톱, 자갈 밑
(크기) 오징어보다 크다		먹 뿌림, 빨판		문어보다 작다

분류, 분석의 방법에 따른 설명문의 예를 들면 다음과 같다. 설명할 대상에 대한 사진이나 그림을 설명문과 함께 제시해 두면 설명하고 이해하는 데 효과적이다.

제주도의 전통 가옥

제주도 전통 가옥의 특징은 지붕과 담과 대문에서 볼 수 있다.

제주도의 전통 가옥의 지붕은 짚이나 억새풀로 이은 후 굵은 밧줄로 바둑판처럼 엮어 놓았다. 굵은 밧줄로 엮은 것은 거센 바람을 견디기 위한 지혜로운 건축 기술이다. 그리고 지붕 재료가 새나 억새풀이기 때문에 1년 또는 2년에 한 번씩 지붕을 다시 덮었다.

제주도 전통 가옥의 담은 낮고 돌로 만들었다. 제주도는 화산섬이다. 그래서 곳곳에 화산석들이 많은데, 이러한 화산석을 이용하여 담을 쌓은 것이다. 겉으로 보기에는 허술해 보여도 제주도의 바람을 잘

막아 준다.

제주도의 전통 가옥에는 대문이 없다. 입구에 돌을 세우고, 나무를 걸쳐 놓아 주인이 돌아오는 시기를 알려준다. 나무를 하나만 걸쳐 놓았을 때에는 주인이 곧 돌아온다는 표시이다. 두 개를 걸쳐 놓으면 주인이 한참 뒤에 돌아오고, 세 개를 걸쳐 놓으면 저녁 무렵이나 며칠 뒤에 돌아온다는 표시이다.

3.3 논술문

3.3.1 논술문과 논설문의 차이점

논술문과 논설문은 모두 설득하는 글이다. 논술문과 논설문의 차이점을 박기용(2009:155)에 따라 제시해 보면 다음과 같다.

논술(論述)과 논설(論說)은 쓰는 방법은 비슷하나 조건과 주제 설정 방향에 차이가 있다. 논술이란 어떤 주어진 주제나 논제에 대하여 제시문을 읽고 주어진 시간 안에 정해진 분량만큼 논리적 근거를 들어서 자신의 의견이나 주장을 합리적이고 논리적으로 펼쳐서 평가자를 설득하고 그에게 공감을 구하는 서술 방식이다.

이에 비해 논설은 제시문과 정해진 시간, 정해진 분량이 없이 논설의 형식에 따라 자신의 주장이나 의견에 대한 논리적 근거로 독자를 설득하는 서술 방식이다. 그 차이를 표로 나타내면 다음과 같다.

비교 항목		논술	논설
조건	제시문	○	×
	제한 시간	○	×
	정해진 분량	○	× ○
정해진 주제 방향		×	○
형식		○	○
논거 제시 방식		분석, 해석, 논증, 예시, 비교, 대조	분석, 해석, 논증, 예시, 비교, 대조
표현 방식		서술	서술

3.3.2 논술문의 특성

첫째, 서론, 본론, 결론의 3단 구조 형식을 가지고 있다. 서론에서는 문제를 제기하고, 본론에서는 논할 내용을 제시해 간다. 근거를 들면서 주장하기를 하고, 근거를 들면서 구체적 실천 방안을 제시한다. 결론에서는 글의 내용을 요약하여 정리하면서 과제 제시 및 실천 촉구 등을 한다. 논술문의 구조는 다음과 같은데, 이러한 구조로 개요를 짠 후 글을 써 가면 짜임새 있는 글을 쓸 수 있다.

논술문의 구조

(서론) 주의 환기, 문제 제기, 본론 안내

(본론) 1) 주장하기 또는 실천 방안 1 제시하기

　　　　주장하기 또는 실천 방안 1에 대한 몇 가지 근거 제시하기

　　　2) 주장하기 또는 실천 방안 2 제시하기

　　　　주장하기 또는 실천 방안 2에 대한 몇 가지 근거 제시하기

　　　3) 주장하기 또는 실천 방안 3 제시하기

　　　　주장하기 또는 실천 방안 3에 대한 몇 가지 근거 제시하기

(결론) 요약 및 전망(과제, 결의, 실천 촉구 등)

둘째, 논술 내용도 몇 가지 지켜야 할 요소를 가지고 있다. 첫째는 문제, 즉 논점이 무엇인지를 잘 파악하여 그 논점에 초점을 맞추어 논해야 한다. 둘째는 논의 대상에 대한 정확한 이해를 바탕으로 논해야 한다. 논점을 알아도 논의 대상에 대한 이해가 부족하면 바른 논술을 할 수가 없기 때문이다. 셋째는 문제에 적절한 해결 방법을 제시해야 한다. 넷째는 논지의 일관성이 있어야 한다. 서술을 하되 일관된 서술을 해야 한다. 다섯째는 정확한 근거를 제시해야 한다. 객관적이고 구체적이며 정확한 근거를 제시할 때 주장에 설득력이 있기 때문이다. 여섯째로 논증에 타당성이 있어야 한다. 논증을 위한 추론 과정이 타당해야 한다. 논리적 오류나 비약이 없이 타당해야 한다.

3.3.3 주장과 근거 조직 방법

첫째, 주장과 근거를 제시할 때는 주장을 먼저하고 근거를 다음에 제시하는 두괄식 방법, 근거를 먼저 제시하고 주장을 뒤에 하는 미괄식 방

법, 주장을 처음에 하고 근거를 제시한 다음 다시 끝에서 다시 한 번 주장하는 양괄식 방법, 주장이 근거의 중간에 있는 중괄식 방법이 있다. 필요에 따라 방식을 선택할 수 있지만 두괄식 방법이 효과적이다.

둘째, 주장은 중심 문장이 되고 근거는 뒷받침하는 문장이 되는데, 한 문단에는 하나의 주장, 곧 하나의 중심 문장이 있어야 한다. 물론 양괄식 주장의 문단일 경우에는 두 개의 중심 문장이 있다.

셋째, 뒷받침 문장의 서술 방법을 임성규(2011:51)에 따라 제시하면 다음과 같다.

① 상술, 부연 관계로 전개하기: '구체화하기' 전략을 사용하는데, 설명법으로 '정의, 지정, 비교, 대조, 분류, 분석, 상술, 부연, 서사법, 묘사법' 등을 이용하여 상술한다.

② 예시 관계로 제시하기: 속담, 격언, 명언 등의 옛말이나 유명한 말을 인용하거나 경험 소개하기 등이 있다.

③ 대등 대립 관계로 전개하기: 통계, 도표 등의 자료를 제시하는 '자료 제시하기' 전략과 '반대의 예 들기' 전략을 활용한다.

④ 인과 관계로 전개하기: '합리화하기' 전략을 활용하는데, '원인, 이유, 결과, 근거' 등을 밝힌다.

⑤ 선후 관계로 전개하기: 발생 순서에 따라 이루어진 정보간의 관계이다.

3.3.4 논술문의 예

다음은 2010학년도 초등 임용고사 교직 논술 문제지와 예시 답안이다.

1) 문제

다음은 어느 초등학교 2학년 학급에서 일어난 일이다. 태우는 평소 아이들과 싸우는 일이 잦다. 다음 사례에서 1) 김 교사가 생활지도 측면에서 기대한 효과 2가지를 설명하고, 2) 김 교사의 지도 방식이 학생들에게 초래할 결과 2가지를 논하시오. 그리고 3) 담임으로서 김 교사가 해야 할 일 3가지를 공격 행동 관련 생활지도 전략에 근거하여 논하시오.

> 수학 수업 시간, 김 교사는 학생들에게 문제를 풀게 하고 교실을 돌아다니며 부진 아동을 돌보고 있다.
> 김 교사: (갑자기 울음소리가 나 돌아보니 진희가 울고 있다.) 왜 그러니?
> 진 희: (울면서) 태우가 때렸어요.
> 태 우: (억울하다는 표정을 지으며) 네가 말도 안 하고 내 지우개 가지고 갔잖아!
> 김 교사: 태우, 또 너야? 안 되겠다. 진희, 태우! 둘 다 앞으로 나와 봐. (진희와 태우가 앞으로 나오자 학급 학생들을 향해) 너희들 잘 봐. 어떤 이유에서든 친구를 때리면 안 돼요. (진희를 보며) 태우에게 맞을 때 기분이 어땠니?
> 진 희: (울음을 멈추고) 굉장히 나빴어요.
> 김 교사: 그렇지? 그럼……. (진희를 보며) 너도 똑같이 태우 때려 봐. (진희가 태우를 한 대 때리는 것을 보고) 태우는 진희한테 맞으니까 기분이 어떠니?
> 태 우: (고개를 숙이고 작은 목소리로) 나빠요.
> 김 교사: 너도 기분 나쁘지? 때리면 상대방이 아프기도 하고 기분도 나빠. 그러니까 절대로 때리면 안 돼. 태우도 맞으면 어떤지 알았으니까 이제 다른 친구를 때리면 안 된다. 알았지?
> 태 우: (작은 목소리로, 그러나 아직 화가 난 상태로 진희를 노려보며) 네.
> 김 교사: 그럼 두 사람 들어가서 계속 문제 풀어. 자, 이제 다른 친구들도 다시 문제 풀자.
> 진 희: (자리에 들어가자마자 태우를 향해 혀를 내밀며) 메롱.
> 태 우: 뭐? (진희를 때린다.)
> 진 희: 야, 태우! 왜 또 때려? (진희도 태우를 때린다.)

답안 작성 시 유의 사항	배점
• 어법과 원고지 작성법에 맞게 서술하시오. • 주어진 원고지(1,200자)에 맞게 서술하시오. 　(1,100자 이하 또는 1,200자 이상 초과 시 감점) • 글의 체계를 논리적으로 짜임새 있게 구성하시오. • 글의 명료성, 타당성, 일관성을 고려하여 서술하시오.	• 논술의 체계(총 10점) 　- 분량(3점) 　- 맞춤법 및 원고지 작성법(3점) 　- 글의 논리적 체계성(4점) • 논술의 내용(총 10점) 　- 김 교사가 기대한 효과 2가지(2점) 　- 김 교사 지도 방식의 결과 2가지(2점) 　- 향후 김 교사의 대처 전략 3가지와 각각의 근거(6점)

2) 예시 답안

생활지도는 초임교사에게 특히 문제가 되는 영역이다. 아래 수업 장면에서 김 교사는 생활지도로 문제를 겪고 있다. 따라서 필자는 김 교사가 기대한 효과, 초래한 결과, 그리고 김 교사가 앞으로 해야 할 일 세 가지에 대해 논해 보겠다.

김 교사가 기대한 효과는 다음과 같다. 첫째, 본보기를 통한 관찰학습의 효과이다. 김 교사는 진희와 태우를 앞으로 불러 들여 잘못한 점에 대해 말하고 있다. 이것을 보고 다른 학생들은 좋지 못한 행동을 하면 혼난다는 것을 알게 된다. 둘째, 역할 바꾸기를 이용하여 서로의 입장을 생각할 수 있도록 했다. 태우와 진희의 입장을 바꾸어서 상대방이 됐을 때 기분이 어떤지 생각해 볼 수 있게 하여 자신의 행동이 문제가 된다는 것을 알게 했다.

이런 김 교사의 행동은 긍정적 측면과 부정적 측면의 결과를 낳는다. 우선, 긍정적 결과는 본보기를 통한 학습이다. 다른 학생들에게 친구를 때리면 혼이 난다는 사실을 알게 하여 부정적인 행동의 빈도를 줄일 수 있다. 반면, 부정적 결과는 상대방을 고려하지 못하여 행동 수정이 이루어지지 않은 점이다. 이 시기의 학생의 수준은 콜버그 발달단계 중 2단계이기 때문에 서로의 상대방을 고려하지 못하고, 한 대 맞으면 나도 때려 주려고 한다.

김 교사가 부정적인 결과를 줄이기 위해 할 수 있는 지도 방안은 다음과 같다. 첫째, 공격 행동의 원인을 분석해야 한다. 학생이 문제 행동을 하는 이유는 학생의 문제도 있지만 환경의 문제도 크다. 따라서 공격 행동의 문제가 무엇인지 정확히 파악한 다음 그에 맞는 적절한 지도 방안을 펼쳐야 한다. 둘째, 행동주의 기법을 이용하여 역조건화를 시킬 수 있다. 역조건화란 부정적 행동을 줄이고 긍정적 행동을 늘릴 수 있는 기법이다. 따라서 긍정적 행동이 이루어질 때 보상을 이용한 강화 기법을 이용한다. 그리고 부정적 행동을 보일 때 소거를 이용하여 행동의 빈도를 줄일 수 있다. 셋째, 전문기관에 자문을 요청한다. 문제 행동이 심각해질 수 있다. 이럴 때 혼자서 해결하려고 하면 문제는 더 심각해 질 수 있다. 그렇기 때문에 전문기관에 자문을 요청하여 학생의 문제 행동을 고칠 수 있도록 한다. 이때, 교사는 전문기관에 적극적으로 협조를 하여 문제 해결에 도움이 될 수 있도록 한다.

학생이 잘못을 하면 벌을 주고 바른 행동을 하면 상을 주는 것이 당연하다. 그러나 정확한 강화를 주지 않으면 문제 행동을 강화하거나 다른 문제를 유발한다. 따라서 학생의 문제 행동을 효과적으로 교정하기 위해서는, 문제 행동의 원인을 정확히 파악하여 효과적인 행동 수정 전략을 적용하여야 하며, 주위의 다양한 전문가의 조언과 협조를 구할 필요가 있다(임성규, 2011:314-315에서 인용).

4. 보고서(report) 쓰기

4.1 의미

보고서는 관찰, 조사, 실험, 답사를 하고 얻어진 결과를 보고한다는 데서 온 것이다. 그런데 그러한 단순한 보고에다가 자신의 견해를 덧붙여 보고를 하게 되었는데, 그것에 의미 확대가 더 일어나 결국에는 보고서가 소논문과 같은 의미를 갖게 되었다.

대학에서는 학생들에게 보고서를 제출하라는 과제를 많이 부과한다. 이렇게 보고서를 제출하라는 것은 다음과 같은 몇 가지 학습의 목적이 있다.

첫째, 한 권의 교재 내용이나 한 교수의 견해를 넘어 폭넓은 내용을 접할 수 있다.

둘째, 강의 때 충분히 다루어지기 어려운 문제를 학생 스스로 조사하고 탐구할 수 있는 능력을 기른다.

셋째, 연구 주제와 관련 있는 자료의 평가를 통해 비판력을 기른다.

넷째, 지식이나 자료를 체계적으로 정리할 수 있는 능력을 기른다.

다섯째, 논거를 갖추어 논리적으로 표현할 수 있는 능력을 기른다.

여섯째, 교수가 학생의 보고서를 보고 자신의 강의에 대한 반응을 평가할 수 있다.

4.2 체재

체재는 일반적으로 다음과 같다.

1) 겉표지
- 제목, 인적사항
2) 속표지
- 차례(내용 차례, 표 차례, 그림 차례)
3) 본문
- 서론(필요성 또는 문제 제기, 목적, 방법, 범위, 선행 연구 검토)
- 본론(보통 몇 개의 장으로 구분하여 조사하고, 연구한 내용 제시)

- 결론(연구 내용 정리 및 과제와 전망 제시)
4) 참고한 자료(문헌)
5) 부록(필요시 제시)

겉표지 양식은 대체로 다음과 같다.

〈말하기 듣기 교육론 리포트〉

말하기 듣기와 문화의 관계

-이념적 관점을 중심으로-

제출자 소속: 국어교육과
학번: 12345678
성명: 김일송
담당교수: 류성기
제출 일자: 2013. 3. 17

4.3 작성 방법[1]

보고서는 일반적으로 다음과 같은 과정을 거쳐 작성된다.
첫째, 보고서의 주제가 무엇인지 정확히 파악한다. 그래야 주제에서 벗어나지 않은 보고서를 쓸 수 있다.
둘째, 차례를 작성해 본다. 차례는 연구의 방향을 잡아주어 연구를 체계적으로 할 수 있게 해 준다. 물론 이것은 가정된 차례이기 때문에 보고서를 작성하면서 고칠 수 있다.

셋째, 주제와 관련 있는 기존 연구물이나 관련 자료를 충분히 수집하여 분석한다. 참고문헌 목록을 작성하고, 관련 자료 목록을 작성한다. 그리고 필요한 자료를 수집한다. 수집 과정 중에서 필요한 자료를 추가로 발견할 때에는 목록에 추가한다.

넷째, 수집한 기존의 연구물들을 정리하면서 연구된 부분이 어느 것인지, 연구되지 않은 부분이 어느 것인지를 알아본다. 그리고 연구된 부분은 어떻게 연구되었는지 연구 범주별로 연구 내용을 분석 정리한다. 그리고 잘 연구된 내용들이 있다면 어떤 부분이 잘 되었으며, 잘못 연구된 내용들이 있다면 어떤 내용들이 잘못되었고, 이들은 어떻게 고치는 것이 좋은지에 대한 의견을 기록해 둔다. 연구 주제에 대한 연구물이 없다면 관련 연구물을 참고하면서 연구 방법 및 내용을 미리 생각해 보고, 기록해 둔다.

다섯째, 전체적인 보고서 방향을 생각하면서 서론, 본론, 결론을 작성한다. 본론 부분은 연구 내용에 따라 몇 개의 장으로 구분하여 작성한다.

여섯째, 글의 전체적 체계성, 장, 절, 항 내용의 긴밀한 연결성 및 각 장, 절의 양의 적절성을 생각하면서 서론부터 결론까지를 재정리한다.

일곱째, 참고문헌 목록이나 부록을 첨부한다.

---

1 목차 쓰기, 서론, 본론, 결론 쓰기 및 참고문헌 쓰기 방법은 5절(졸업논문 쓰기)에서 자세히 언급할 것이다. 전술했다시피 최근의 보고서는 소논문과 같은 의미를 갖게 되었기 때문에 졸업논문이나 보고서는, 그 양에 있어 차이가 있을 뿐, 쓰는 방법에 있어서는 큰 차이가 없기 때문이다.

4.4 평가 기준

평가 방법이 학습 방법을 유도하는 세환효과가 있듯이 보고서 평가 기준을 알면 보고서를 어떻게 써야 할 것인지도 알 수 있다. 보고서 평가 기준은 대체로 다음과 같다.

첫째, 보고서의 제목과 쓰고자 하는 내용이 일치하는가?
둘째, 보고서의 차례(체재, 구성)가 제대로 이루어졌는가?
셋째, 서론, 본론, 결론의 내용은 적합한가?
넷째, 주제에 대한 이해, 자료의 적정성, 논리적 표현력, 종합적 사고력, 사고의 독창성 등이 반영되었는가?
다섯째, 문단이나 문장의 표현은 잘 되었는가?
여섯째, 연구 윤리 문제는 없는가?

5. 졸업논문 쓰기

고대출판부(1975:3)에 의하면, "논문이란 어떤 주제에 관하여 조사, 연구한 결과로 얻어진 여러 가지 사실과, 이러한 사실에 대한 연구자 자신의 비판이나 평가를 종합한 것(synthesis)을 일정한 양식에 따라 방증을 갖추고, 적절한 체재에 맞추어 제시한 것이다."라고 하였다. 여기에서 일정한 체재나 양식이란 서론, 본론, 결론의 체재, 각주나 참고문헌을 쓰는 일정한 방법 등을 말한다. 일정한 체재나 양식을 갖추는 것은 논자와 독자의 효과적인 의사소통을 위한 것이다.

논문에는 대학 학부생들이 학사학위를 얻기 위해 쓰는 졸업논문, 대학원 학생들이 쓰는 석사학위 논문이나 박사학위 논문, 학술적인 것으로 독창성 있는 주장과 논거가 있는 학술연구논문, 연구자가 직접 관찰, 실험, 측정한 사실이나 현상 제시에 중점을 둔 보고 논문 등이 있다.[2] 여기에서는 졸업논문에 중점을 두어 알아보기로 하겠다.

5.1 졸업논문의 성격

학술논문이 독창적인 주장과 근거를 제시해야 하는 것에 초점을 둔 것에 반해 학부생들이 쓰는 졸업논문은 독창적인 것에 대한 비중보다는 이미 알려진 사실이나 자료를 학생 독자적인 관점에서 정리해내는 데 중점을 둔다. 이러한 졸업논문을 쓰는 이유는, 첫째로 대학 4년 동안 배운 전공과목에 대한 학문적 지식을 종합해 보고, 둘째로 해당 학문 분야에 대한 연구 능력을 함양하는 데 있다.

이러한 졸업논문에는 형식성, 독창성, 타당성이 있어야 한다. 형식성이란 논문으로서 외적, 내적 체재를 갖추어야 한다는 것이다. 표지, 차례, 본문, 참고문헌 등의 외적 형식과 서론, 본론, 결론의 내적 체재를 갖추어야 한다. 독창성이란 논자 자기만의 새로움이 있어야 한다는 것이다. 졸업논문이 독창적인 것보다는 정리한다는 것에 초점이 있지만 정리를 함에 있어서도 독자적인 관점이 필요하다. 타당성이란 주장이나 근거가 타당해야 하고, 논리가 타당해야 한다는 것을 말한다. 객관성이 없이 논자

---

2 고대출판부(1975:3-4)에서는 논문의 종류를 다음과 같이 제시하고 있다. 신문, 잡지, 논문집에 게재되는 논문인 article, 매우 체계적인 논문인 treatise, 일반적이고 포괄적인 의미의 논문으로 treatise보다 덜 체계적인 essay, 박사학위 논문인 dissertation, 석사학위 논문인 thesis, 본래 박물관의 논문으로 잡지나 책자로 간행되는 monograph이다.

자기만의 주관에 의해 논문을 쓴다면 타당성을 잃게 된다.

5.2 주제 정하기

논문을 쓰려고 할 때 제일 먼저 부딪치는 문제가 논문 주제를 정하는 문제다. 주제를 정하면 논문의 절반은 썼다고 해도 과언이 아닐 것이다. 왜냐하면 주제를 정하려면 관련 분야에 대한 관련 자료를 많이 읽어보고, 연구되지 않은 분야나 연구 내용이 자신의 생각과 다른 분야를 찾아내야 하는데, 그러한 과정 속에서 이미 논문을 어떻게 써야 할 것인가가 정립될 수 있기 때문이다. 연구 주제를 찾을 때 고려해야 할 점 몇 가지를 제시하면 다음과 같다.

첫째, 자신이 관심 있는 분야에서 찾는다.

둘째, 평소에 학문을 하다가 호기심이 생기거나 문제점이 있다고 생각하는 것에서 찾는다.

셋째, 남의 글을 읽다가 비판적 관점이 생길 때 그 관점에서 찾는다.

넷째, 자신이 장래에 관심을 갖고 연구해 보고 싶은 문제 중에서 일부분을 잘라서 연구 주제를 정한다.

다섯째, 가능하면 논문 주제의 범위를 넓게 잡지 말고, 좁고 깊게 연구할 문제 중에서 찾아야 한다. 넓으면 일반적인 이야기에 그칠 수 있기 때문이다.

5.3 선행 연구 고찰하기

연구 주제가 결정되면 그 주제와 관련된 선행 연구물의 목록을 작성하고 선행 연구물을 검토한다. 연구하려고 하는 주제에 대하여 이미 연구해 놓은 것을 똑같은 내용으로 다시 연구한다는 것은 무의미한 것이고, 노력의 낭비일 뿐이다. 이미 연구해 놓은 것이 있다면 그것과는 다른 관점에서 연구해 정리할 수는 있다. 그렇지 않다면 무의미한 연구가 된다. 그렇기 때문에 기존에 어떤 연구들이 이루어졌는가를 조사하여 분석해 보아야 한다. 그리고 기존 연구물은 참고로 사용될 수도 있고, 자기 연구의 방증 자료로도 사용될 수 있어 도움이 된다. 위와 같은 이유로 선행 연구에 대한 고찰은 반드시 필요하다.

5.4 자료 수집하기

논문을 쓰기 위해서는 자료가 필요하다. 문헌 자료가 필요하기도 하고, 설문조사 등을 통한 자료, 질적 평가 자료, 실험·실습 데이터 자료, 현장조사 자료 등은 자신의 논지를 전개해 나가는 데 반드시 필요한 자료들이다. 자료는 아무 자료나 수집하는 것이 아니고, 신뢰도가 있는 자료를 수집해야 한다. 이러한 자료는 요약하여 기록해 둘 필요가 있다. 필요한 부분을 카드에 적고, 관련된 내용의 카드끼리 모아 정리해 두면 사용하기에 편리하다.

5.5 목차 작성하기

목차를 쓴다는 것은 논문의 체계를 어떻게 잡을 것인가를 정한다는 것이다. 좋은 자료들을 많이 수집했다고 해서 좋은 논문이 되는 것은 아니다. 이러한 자료들을 논리적 체계에 따라 잘 구성하여야 짜임새 있는 논문이 되는 것이다. 그리고 목차를 정해 놓으면 논리가 흔들리지 않고, 일관성 있게 전개될 수 있다. 물론 논문을 쓰다가 보면 처음 세운 목차와 달리 써지는 경우가 대부분이다. 그럴 경우에는 다시 목차를 작성해서 새로운 목차에 맞게 논리적 체계를 갖춰 논문을 써가야 한다. 연구 주제가 '초등 국어교육에서의 단계적 토론 교육 방법'인 목차의 예를 보이면 다음과 같다.

1. 서론
    1.1. 연구의 필요성과 목적
    1.2. 연구 방법
2. 학년 수준 단계에 따른 토론 학습
    2.1. 인지 발달 단계에 따른 토론 지도 가능성
    2.2. 교육과정에서의 토론 교육
    2.3. 듣기·말하기·쓰기 교과서에서의 토론
3. 토론 단계에 따른 구체적 토론 지도 방법
    3.1. '토론 기초 다지기' 활동 방법
    3.2. '토론 기본 닦기' 활동 방법
    3.3. '형식적 토론하기' 활동 방법
4. 결론

5.6 서론 쓰기

논문 본문은 크게 서론과 본론과 결론으로 이루어지는데, 서론은 본문의 제1장에 해당한다. 일반적으로 다음과 같은 내용들이 제시된다.

첫째, 논문을 쓰는 목적
둘째, 연구 문제의 중요성이나 연구의 필요성
셋째, 선행 연구에 대한 검토
넷째, 연구나 조사의 방법
다섯째, 연구 범위, 제한점

이제 위와 같은 점을 고려하면서 서론이 어떻게 쓰여졌는지 확인해 보자.[3]

> 1. 서론
>
> **1.1. 연구 목적**
>
> **(연구 문제의 중요성, 필요성 제시)** 합리적 사고의 필요성이 증대되면서 토론 교육이 크게 요구되고 있다. 왜냐하면 토론을 할 때 설득력 있는 주장을 하기 위해서는 주장에 대한 적절한 근거가 뒷받침 되어야 하기 때문이다. 근거를 뒷받침하면서 주장을 한다는 것은 그 생각이 매우 이성적이어서 논리적으로 생각을 표현할 수 있다는 것이다. 점차 사회가 복잡해지고, 해결해야 할 문제가 많아지며, 합리적 해결을 요구하는 사회적 문제가 많아짐에 따라 감정에 따라 문제를 해결하기보다는 이성에 따라 합리적으로 문제를 해결하는 사회 문화를 형성해갈 필요가 있다. 우리나라는 예부터 수직적 관계로 사회가 구성되어 합리적 사고가 발달되지 못하였다. 그러나 지금은 예전의 수직적 관계의 사회가 아니다. 수직적 관계와 수평적 관계의 경쟁관계 속에 있는 사회이다. 윗사람의 권위가 많이 떨어져 가고 있으나 수평적인 관계가 제대로 형성되지 않은 혼란의 시대이다. 그러나 수평적 관계가 사회적으로 크게 요구되고 있는데, 이러한 사회에서 필요한 사고는 합리적 사고이다. 그래서 일찌감치 학교에서는 토론과 같은 합리적 사고의 화법 지도를 중시하고 있는데, 이 때문에 초등학교에서 어떻게 토론 지도를 할 것인가에 대한 연구의 필요성이 크게 요구되고 있다.
>
> **(선행 연구 검토)** 초등학교에서 토론 지도는 이루어지고 있지만 그 지도 방법에 대한 연구는 많이 이루어지지 않았다. 최근 들어 한국화법학회를 중심으로 하여 토론 지도에 대한 연구가 조금씩 이루어지고 있지만 더욱 많은 연구가 필요하다. 특히 초등학교에서의 토론 지도 방법에 대한 연구는 미약하다. 초등학교에 있어서의 토론 지도에 대한 연구는 대표적인 것으로 서현석(2011)이 있다. 이 연구에서는 성장 발달 단계로 보았을 때 이미 초등학교 저

---

[3] 서론 쓰기, 본론 쓰기, 결론 쓰기의 예는 류성기(2012)에서 인용한다.

학년 단계인 약 7세부터 토론 지도가 가능하며, 토론은 상호주관성에 바탕을 두고 이루어져야 하고, 논증 도식 유형에 따라 지도가 되어야 한다고 하였다. 그러나 이러한 연구도 글쓰기를 바탕으로 한 연구인 김세곤(2005)의 삼각논증모형과 김윤옥(2007)의 상호주관성에 바탕을 둔 화법 교육에 바탕을 둔 것이다. 김세곤(2005)에서는 초등학교 저학년에서는 '생각, 왜, 사실'을, 고학년에서는 '주장, 중심근거, 보조근거'의 논증 모형을 제시하였다(서현석(2011:84)에서 재인용). 그러나 이 연구는 글쓰기에 관한 연구이어서 토론에서의 교육 방법과는 사뭇 다를 수 있다. 그리고 논자가 논하고자 한 '초등 국어 교육에서의 단계적 토론 교육 방법'에 대한 연구는 전혀 이루어지지 않았다. (연구 목적) 그래서 여기에서는 초등학교에서의 단계적 토론 교육을 어떻게 해야 할 것인가에 대하여 연구해 볼 것이다.

1.2. 연구 방법

(연구 범위 및 방법) 첫째, 학년 수준 단계에 따른 토론 학습에 대한 것을 논해 보겠다. 초등학교에서의 토론 학습지도는 초등학교 학생들의 지적 발달 상황을 고려할 때 적절한지 적절하지 않은지, 적절하다면 어떤 형태의 토론 형태가 적절한지를 어린이 성장 발달에 근거를 두고 알아보겠다. 그리고 교육과정에 제시된 토론 내용은 어떻게 되어 있는지 알아보겠으며, 초등학교 1-6학년의 듣기·말하기(·쓰기) 교과서를 분석해 보고, 어떤 종류의 토론 지도 내용이나 토론 관련 지도 내용이 제시되어 있는지 알아보겠다. 토론 관련 말하기는 주장하는 말하기, 원인이나 이유(까닭)를 들어 말하기, 제안하는 말하기 등이 있는데, 이들이 어떻게 교과서에 제시되었는지 토론 지도 내용과 더불어 그 대략을 알아보겠다. 그리고 이것들을 바탕으로 하여 초등학교에서의 학년 단계에 따른 토론 지도 프로그램을 제시해 보겠다.

둘째, 초등학교에서 토론 지도는 어떻게 해야 되는지 학년 단계별 수준에 맞는 토론 교육 방법에 대하여 알아보겠다. 저학년에서는 어떤 토론 교육이 이루어져야 할지, 또 고학년에서는 어떤 토론 교육이 이루어져야 할지에 대하여 알아보겠다. 합리적 사고는 여러 가지 화법 중에서 토론을 통하여서 가장 잘 이루어지겠지만 현재 교과서에 제시된 바와 같이 한 두 단원에서만 지도한다면 모든 학생들이 토론을 잘 할 수는 없을 것이며, 아울러 토론 교육이 추구하는 합리적 사고도 잘 형성되지 않을 것이다. 그래서 토론 교육은 초등학교 1학년부터 기초를 다져 가는 토론 기초 학습을 하고, 4학년부터는 토론의 기본 기능을 닦으면서 5-6학년이 되면 토론이란 화법을 통하여 형식을 갖춘 토론 교육을 해야 하는데, 이러한 토론 교육 방법을 탐구해 볼 것이다. 그리고 수업 중 토론 활성화를 위하여 토론 형식을 갖춘 형식적인 토론하기의 틀을 깨고, 토론 활동을 활발히 할 수 있는 유사 토론 방법을 알아보고, 이를 어떻게 수업에서 토론으로 활성화시킬 수 있는지를 제시해 보겠다. 나아가 전문적 토론하기는 어떤 방법으로 해야 할 것인가에 대해서도 탐구해 볼 것이다.

셋째로 논의를 정리하여 마무리하면서 우리의 토론 교육이 나아갈 방향을 제시해 보겠다.
* ( ) 속의 굵은 글자 표기의 말은 본 논문에는 없는데, 설명의 예시를 위해 편의상 붙여 놓은 말이다.

5.7 본론 쓰기

본론은 서론에서 제기한 문제에 대해 근거를 들어가며 해결해 가는 부분이다.[4] 먼저 본론 쓰기의 예를 보자.

---

2. 학년 수준 단계에 따른 토론 학습

이 장에서는 인지 발달 차원에서의 논리성 발달을 알아보면서 토론 지도의 가능성을 알아볼 것이고, 또 교육과정에서는 어떻게, 어느 수준으로 토론 지도를 하도록 제시되었는지 알아볼 것이다. 아울러 교과서에서는 어떻게 토론 지도를 하도록 하였는지 알아보겠다. 그리고 이러한 내용들을 바탕으로 초등학교에서의 토론 지도 프로그램을 제시해 보겠다.

2.1. 인지 발달 단계에 따른 토론 지도 가능성

피아제는 인지 발달 과정을 감각 운동기(0-2세), 전조작기(2-7세), 구체적 조작기(7-11세), 형식적 조작기(11-15세)로 구분하였다. 사고와 관련해서 논리적 사고를 할 수 있는 단계는 전조작기(2-7세)인데, 이 시기는 개념적 조작 능력이 충분하지 못해서 구체적이고 현실적인 세계에 한해서 논리적인 사고를 할 수 있다. 구체적 조작기에는 아동은 자아중심성을 탈피하여 사고의 진전을 나타낸다. …(중략)… 서현석(2011)에 의하면 러시아의 심리학자 엘코닌(Elkonin)은 …(중략)… 5-6학년에서는 논리적, 조합적 사고를 할 수 있는 토론으로 구체적인 근거 자료에 바탕을 둔 토론까지 가능하다고 볼 수 있겠다.

2.2. 교육과정에서의 토론 교육

2007 개정 교육과정에서는 …(중략)… 토론과 관련된 '성취 기준'과 '내용 요소의 예'를 제시하면 다음과 같다.

---

[4] 용어를 사용함에 있어 서론과 결론이란 용어는 본문에서 사용하지만, 본론이란 용어는 대체로 사용하지 않는다. 대신 연구 문제의 성격에 따라 몇 개의 장으로 구분하는데, 각 장의 성격에 따라 장 이름을 붙인다. 위 목차의 '2, 3'과 같다.

학년	듣기		논설	
	성취기준	내용 요소의 예	성취기준	내용 요소의 예
5	토론에서 상대의 주장과 근거가 적절한지 판단한다.	토론의 특성 이해하기 • 토론의 논제와 토론자의 역할 이해하기 • 찬반양론의 주장과 근거 파악하기	의견이 대립하는 논제를 정하여 규칙을 지키면서 토론한다.	• 토론의 일반적인 절차 알기 • 논제를 정하고 토론 준비하기 • 근거를 들어가면서 주장 펼치기

위 표에 의하면 토론은 5학년에서 지도하도록 되어 있다.
…(중략)…

2.3. 듣기·말하기(·쓰기) 교과서에서의 토론

토론은 어떤 문제에 대하여 찬성하거나 반대하는 주장을 근거를 들어 설득하는 화법이므로 주장을 분명히 하고, 설득력 있는 주장을 하기 위해서는 근거를 들어 말해야 한다. …(중략)…
이제 이러한 관점에서 초등학교 듣기·말하기(쓰기) 교과서에 토론과 관련된 내용이 어떻게 제시되었나 고찰해 보자.

2.3.1. 1~3학년 교과서

1-1. 3. 마음을 나누며   1차시
공부할 문제: 인사말을 나누면 좋은 점을 알아봅시다.
1. (생략)
2. 〈인사〉를 다시 읽고, 물음에 답하여 봅시다.
(1) '내'가 인사를 할까 말까 망설인 까닭은 무엇일까요?
…(중략)…

2.3.2. 4~6학년 교과서

…(중략)…
5-1. 3. 생각과 판단   6차시
공부할 문제: 토론 절차와 규칙을 지키며 토론하여 봅시다.
1-2. (생략)
3. 토론 절차와 규칙을 지키며 토론하여 봅시다.

토론 주제		
구분	찬성편	반대편
토론자		
주장펼치기		
반론하기		
주장다지기		

2.4. 학년 단계별 토론 학습 방법

지금까지 저학년, 고학년의 단계적 토론 학습 과정에 대하여 인지 발달 정도, 교육과정, 초등학교 듣기·말하기(·쓰기) 교과서의 학습 내용을 바탕으로 하여 알아보았다.
…(중략)…
이러한 근거에 바탕을 두고 단계별 토론 지도 프로그램을 정리하여 표로 제시하면 다음과 같다.

토론 지도 프로그램

단계	학년	과정	내용	근거 자료
토론 기초 다지기	1~3	주장 펼치기	주장하기→근거 들기	
토론 기본 닦기	4~5	주장 펼치기	주장하기→근거 들기	• 근거 자료 찾아 제시하기
		수용 및 반론하기	수용하기→반론하기	• 반론 근거 자료 찾아 제시하기
		주장 다지기	주장 다지기	
		(판정하기)	(판정하기)	(교사 판정하기)
전문 토론하기	5~6	CEDA 방식 토론(교차 조사 방식 토론), 칼 포퍼(Karl Popper) 방식 토론, 퍼블릭 포럼 토론, 프닉스식 토론 모형		

3. 토론 단계에 따른 구체적 토론 지도 방법

토론이란 하나의 주장에 대한 찬성과 반대의 관점에서 보다 합리적인 방법을 선택하는 방법이다. 그렇기 때문에 찬성이든 반대이든 자기의 주장이 관철되기를 바라며, 주장을 관철시키기 위하여 최선을 다한다. 그렇기 때문에 잘못하면 상대방을 자기의 적이라 생각하고, 쓰러뜨리려고 한다. 그러나 토론이란 궁극적으로 그 공동체의 합리적인 결론을 찾아가는 활동이기 때문에 서로를 서로에게 도움이 되는 동료로서 인식하고 토론을 해야 한다. 특히 교실에서 이루어지는 교실 토론의 경우는 더욱 그렇다. 그래서 교실 토론의 경우에는 토론에 대한 흥미와 올바른 토론 자세를 갖고 토론해야 한다.

이제 위와 같은 태도에 바탕을 둔 토론하기를 지도하는데, 초등학교를 저학년과 고학년으로 구분하여 저학년의 '토론 기초 다지기' 단계, 고학년의 '토론 기본 닦기' 단계 및 '전문 토론하기' 단계에서의 활동 방법을 알아보기로 하겠다.

3.1. '토론 기초 다지기' 활동 방법

토론을 잘 하기 위해서는 기초가 잘 다져져야 하는데, 그러기 위해서는 토론의 기초가 되는 근거 들어 말하기가 습관화되어야 한다. 그러기 위해서는 학교 수업에서 '까닭'을 들어 말하기 학습이 잘 이루어져야 한다. 그러나 …(중략)…

3.2. '토론 기본 닦기' 활동 방법

3.2.1. 수업에서 토론 기본 닦기

4학년에서는 단순한 까닭 묻기 문제뿐만 아니라 설득하기 위한 상당히 긴 형태의 원인과 결과로 말하기, 의견 비교하기, 두 발표 내용의 차이 찾기와 제안을 하면서 그렇게 제안한 까닭 등을 학습한다. 이러한 수업을 할 때 어떻게 토론 기본 닦기를 할 수 있을까? …(중략)…

3.3. '형식적 토론하기' 활동 방법

전문 토론하기 활동은 수업 시간에 수업 내용과 관련지어 할 수도 있고, 재량 활동이나 클럽 활동 시간과 같이 일반 교과 수업 내용과 관계없이 할 수도 있다. 여기에서는 수업과 관계없이 토론을 즐기기 위하여 특별 활동, 재량 활동 시간 등을 이용한 토론하기 활동 …(중략)…

3.3.1. CEDA 방식 토론

고전적 토론의 입론 단계에서 바로 앞 토론자에 대한 반대 심문을 추가한 것으로 질문에 해당하는 '교차조사(cross examination)'가 특징이므로 교차조사 방식이라고 불리기도 한다. 먼저 긍정측 토론자 1이 논제에 대한 자신의 주장을 근거를 제시하면서 입론을 하면, 부정측 토론자 2가 그 입론에 대하여 …(이하 생략)…

위 본론 쓰기의 예를 보면 제2장에서는 학년 수준 단계에 따른 토론 학습을 고찰하기 위하여 2.1절에서 학자들의 인지 발달에 대한 논의를 살펴보면서 각 학년 학생들의 인지 발달과 토론 지도 가능성을 고찰해 보았다. 그리고 제2.2절에서는 각 교육과정에서의 토론 지도에 대한 사항을 고찰하였다. 그리고 제2.3절에서는 듣기·말하기·쓰기 교과서에서의 토론에 대한 것을 고찰해 보았다. 그런 후 제2.4절에서는 초등학교 각 학년에 맞는 토론 지도 프로그램을 제시하였다. 2.1, 2.2, 2.3절의 내용을 조사·연구하여 이를 근거로 2.4절의 프로그램을 구성해 낸 것이다. 제3장에서는 제2장의 논의(토론 지도 프로그램)를 바탕으로 하여 저학년과 고학년 두 단계에 따른 구체적 토론 지도 방법인 '토론 기초 다지기(저학년)', '토론 기본 닦기 및 전문 토론하기(고학년)' 활동 방법을 제시하였다. 3.1절에서는 1-3학년에서 토론 기초를 다지는 다양한 방법을 '까닭 말하기'나 '유사 토론'을 활용한 방법을 제시하였다. 3.2절에서는 '토론 기본 닦기' 방법으로 '교과서에 제시된 토론 방법'과 '유사 토론' 방법을 제시하였다. 그리고 3.3절에서는 '전문 토론' 방법을 제시하였다. 이렇게 다양한 단계적 토론 방법을 제시함으로써 자신(논자)의 주장을 확고하게 하였다. 그래서 결국 이 연구 주제인 '초등 국어 교육에서의 단계적 토론 교육 방법'을 선행 연구 및 자료를 바탕에 두고, 자신의 관점에서 명확하게 제시할 수 있게 된 것이다.[5]

---

[5] 자신의 논리를 확고하게 하거나 효율적으로 전개하기 위한 방법으로 인용을 하거나 주(註)를 사용하는 방법이 있다. 인용 방법은 다음 장에서 말하고 주에 대하여 알아보면 다음과 같다.
주(註)에는 본문 내용 속에 직접적으로 관련되지 않으나 보충적으로 설명이 필요한 내용을 적는 주와 참고한 글의 출전에 관한 주가 있다. 전자를 내용주라 하고, 후자를 참조주라 하는데, 앞에 제시한 각주 2)가 내용주이고, '고대출판부(1975), 인문·사회계 논문작성법, 고려대학교 출판부, 76쪽.'과 같이 출판사항을 적은 주가 참조주이다. 최근에는 참조주를 각주로 처리하지 않고, 본문에 '류성기(2012:318)'와 같이 기록하고, 자세한 참고 출처는 참고문헌 목록을 참고하도록 하는 방법을 많이 사용한다. 또 주를 다는 위치에 따라 각주와 후주로 구분하기도 하는데, 각주는 주를 필요로 하는 사항이 들어 있는 본문 하단에 다는 것을 말하고, 후주는 각 장이나 절의 끝 또는 논문의 말미에 적는 주를 말한다.

5.8 결론 쓰기

결론은 논문에서 밝혀진 가장 중요한 사실이나 결과를 제시하는데, 그렇기 때문에 흔히 본론의 논의 결과를 요약 정리한다. 본론 각 장에 소결론을 제시해 놓았다면 이들을 종합하여 결론을 삼기도 한다. 사소한 부분, 주변적인 논점은 제시하지 않는다. 위와 같은 요점 외에도 다루지 못한 문제나 주제와 관련된 더 알아볼 문제가 있으면 제시한다.

---

4. 결론

(요약 정리) 지금까지의 논의를 간략히 정리해 보면 다음과 같다.

첫째, 인지 발달 과정으로 보면 토론 정도와 방식의 차이가 있지만 초등학교 2학년부터 약한 수준의 토론적 사고가 가능하며, 2-5학년에서는 상대방을 배려한 토론까지 가능하고, 5-6학년에서는 구체적인 근거 자료에 바탕을 둔 토론까지 가능하다. 제7차, 2007 개정, 2009 개정 교육과정에서도 초등학교 5학년(5-6학년군)에 토론을 지도하도록 되어 있으며, 교과서에서도 마찬가지이다.

둘째, 위와 같은 배경에 바탕을 두고 볼 때 초등학교에서는 1-3학년에서 '토론 기초 다지기', 4-5학년에서 '토론 기본 닦기', 5-6학년에서 '전문 토론하기' 활동을 할 수 있겠다. '토론 기초 다지기' 활동은 교재의 내용 '-까닭을 알아봅시다.'와 관련지은 '다양한 까닭 찾기', '잘못된 까닭 말하기' 등의 활동과 유사 토론을 활용할 수 있고, 4-5학년에서는 '토론 기본 닦기' 활동은 '-까닭을 알아봅시다.', '-을 비교해 봅시다.' 등의 '의견 비교하기' 활동과 유사 토론 활동은 물론이고, '주장하기→수용 및 반론하기→주장 다지기→판정하기' 절차에 따라 '토론하기' 활동 등을 할 수 있겠다. 마지막으로 5-6학년에서는 '전문 토론하기' 활동을 할 수 있다. 전문 토론하기 활동은 수업 시간에 수업 내용과 관련지어 할 수도 있고, 재량 활동이나 클럽 활동 시간과 같이 교과 수업 내용과 관계없이 할 수도 있다. 초등학교에서 유용하게 사용할 수 있는 '전문 토론하기' 방법에는 CEDA 방식, 칼 포퍼(Karl Popper) 방식, 퍼블릭 포럼 방식, 프닉스식 방식 등이 있다.

(종합적 주장) 우리나라 사회가 너무 감정적인 사회로서 중요한 판단을 감정에 따라 결정하는 경우가 너무 많다. 그래서 사회 발전이 느린 경우가 있으며, 오히려 정체 또는 역행하는 경우도 있다. 그래서 좀더 발전적인 사회로 나아가기 위해서는 합리적인 사고에 바탕을 둔 사고를 할 필요가 크게 제기되는데, 이러한 사고 구조를 형성하기 위해서는 반드시 토론 교육이 이루어져 어려서부터 합리적인 사고를 할 수 있도록 해야 할 것이다. 뿐

> 만 아니라 학교 수업이 주입식 위주의 학습이 많이 요구되고 있는 이때에 좀 더 창의적이고, 비판적이며, 합리적인 사고를 형성할 수 있도록 초등학교에서부터 토론 교육을 지향해 가야 할 것이다.
> **(논의의 제한점 및 남은 문제)** 이 논의의 제한점으로는 이 이론을 아직 현장에 적용해 보지 못하였다는 점이 있고, 학년 단계에 따른 많은 유사 토론 방법을 개발하지 못하였다는 점이 있다. 이는 후고를 기다리기로 한다.

5.9 참고문헌 목록 기록법

참고문헌 목록에는 참고한 논문, 저서, 기사 등이 있다. 그런데 이러한 것들도 기록 방식이 있다. 전체적으로 기록 방법을 다 제시하지는 못하고 많이 사용하는 몇 가지만 제시해 보겠다. 그런데 우리나라에서는 통일된 각주나 참고문헌 목록을 기록하는 방법이 없다. 다만 각 학회에서 정한 일정한 양식에 따라 적고 있다. 그러나 서로 간에 큰 차이는 없어 많이 사용하는 방법에 따라 제시해 보겠다.

1) 양병곤, 『알기쉬운 학위논문 작성법』, 부산: 포커스, 2009.
2) Hulbert, Homer B. The Passing of Korea. New York: Doubleday, 1906.
3) Hulbert, Homer B. *The Passing of Korea*. New York: Doubleday, 1906.
4) 최시한, "이야기의 본질과 교육", 『우리말교육현장연구』, 6, no 1, 우리말현장학회, 2012, 7-30.
5) 황성근(2008), 「대학생의 글쓰기 윤리와 표절 문제」, 『사고와 표현』 9-2, 사고와 표현학회, 231-265.

6) "세계 인구 변화와 한국의 과제", 『동아일보』, 2012. 7. 23, p. 4.
7) 김부자, "세계 인구 변화와 한국의 과제", 『동아일보』, 2012. 7. 23, p. 4.
8) 김정호, "초등학교 3학년 학생의 언어 발달 정도 연구", 석사학위논문, 진주교육대학교 대학원, 2012.
9) 류성기(2012), 『초등 말하기 듣기 교육론』, 서울: 박이정.
10) Hulbert, Homer B(2006). *The Passing of Korea*. New York: Doubleday.

1-3)은 단행본을 기록하는 방식이다. 이름을 쓰고, 반점을 찍으며, 서명을 「 」또는「 」속에 기록한다. 학회에 따라서는 「 」을 쓰지 않기도 한다. 그리고 출판 장소와 출판사 이름을 쓰고, 출판 연도를 쓰고, 온점을 찍는다. 영어책일 경우에는 2)처럼 책이름에 밑줄을 긋거나 책이름을 3)처럼 기울임체로 쓴다. 영어의 이름 기록 방법은 각주에서와 참고문헌에서 다른데, 각주에서는 이름, 성 순으로 적고, 참고문헌에서는 성, 이름 순서로 적는다. 위 2-3)에서 성은 'Hulbert'이고, 이름은 'Homer B'이다. 만약 각주라면 'Homer B. Hulbert'라고 적어야 할 것이다.

4)는 학술지나 잡지 속에 게재된 논문일 경우에 쓰는 방법이다. 논문 이름을 " "표 속에 넣고, 서명은 단행본의 경우처럼 꺾은 괄호 「 」 속에 넣는다. 학회에 따라서는 큰따옴표 대신 작은따옴표를 쓰고, 서명에 『 』'을 쓰지 않기도 한다. 또는 5)와 같이 논문을 「 」 속에 넣고, 서명을 「 」 속에 넣기도 한다. 서명 다음에는 잡지나 학술지의 호수, 발행처, 출판 연도를 적고, 마지막에 참고한 쪽수를 적는다. 서양 학술지의 경

우에도 방식은 같다. 신문기사는 6)과 같이 하되, 기사를 쓴 사람의 이름이 있다면 7)과 같이 한다. 마지막에 기사가 있는 쪽수를 적는다. 페이지를 나타내는 영자 'p'는 6)처럼 쓰기도 하고, 4)와 같이 안 쓰기도 한다. 페이지가 두 페이지 이상일 경우에는 'pp. 3-5'와 같이 쓴다. 학위논문일 경우에는 8)처럼 기록한다. 출판 연도를 적을 때 위와 같이 적지 않고, 이름 바로 다음에 괄호( )를 하고 5), 9-10)과 같이 적는 경우도 많다.

6. 나가는 말

지금까지 대학 생활에 필요한 여러 가지 글쓰기 활동들에 대하여 알아보았다. 자신의 생각과 감정은 말이나 글로 표현해야 다른 사람들이 알게 되는데, 지금까지 이를 어떻게 효과적으로 표현할 것인가에 대하여 알아보았다. 설명할 때는 어떻게 하고, 논술을 할 때에는 어떻게 하며, 연구 분야에 대한 보고서나 졸업논문을 쓸 때에는 어떻게 쓰는가에 대하여 알아보았다. 그러나 매우 간단하게 기술하였다. 다른 참고문헌들을 참고하면서 부족한 부분들을 보완하여 글쓰기를 한다면 더욱 발전이 있을 것이다.

생각해 볼 문제

1. 교육계에서 많이 하는 실험 연구를 할 때 측정도구는 어떻게 만들며, 실험 결과에 대한 논의는 어떻게 하는지 알아보자.
2. SPSS 통계처리 및 해석은 어떻게 하는지도 배워 보자.
3. 생활에 필요한 편지, 기행문, 독서 감상문, 시, 수필, 소설, 희곡 같은 문학 작품 등에 대해서도 쓰는 법을 알아보고, 써 보도록 하자.

더 읽거나 가볼 만한 곳

1. 박기용(2009), 『초등 교사를 위한 글쓰기 이론과 실제』, 월인.
이 책은 글쓰기가 무엇이고, 어떻게 글을 쓰며, 정보전달의 글쓰기, 설득하는 글쓰기, 사회적 상호 작용의 글쓰기, 정서 표현의 글쓰기에 대하여 개념이나 특성, 짜임, 쓰는 방법, 유의점 등을 자세하게 제시해 놓고 있다. 다양한 글 쓰는 방법을 접할 수 있게 해 준다.
2. 임성규(2011), 『임성규 교수와 함께 하는 초등 임용 논술 특강』(개정판), 박이정.
이 책은 임용고사에서 논술 문제를 쓸 때 어떻게 쓰는 것이 좋은지에 대하여 설명하고 있다. 논술을 어떻게 접근해 들어가야 하고, 어떻게 써야 하는지에 대하여 구체적으로 기술해 놓고 있다. 또 지금까지의 논술 문제를 예시 답안과 함께 잘 풀이해 놓고 있으며, 원고지 쓰기와 맞춤법에 대해서도 설명해 놓고 있다.
3. 고대출판부(2001), 『새로운 논문작성법』, 고려대학교 출판부.
이 책은 논문을 어떻게 작성해야 하는가에 대한 구체적인 설명과 예를 제시해 놓고 있다. 논문의 개념, 논문의 종류, 도서관 자료 이용, 자료 수집, 정리 방법, 원고 작성 방법으로 초고쓰기, 인용문 쓰기, 표와 도표 사용법, 각주 쓰는 방법, 참고문헌 쓰는 방법 등을 자세히 제시해 놓고 있다.

4. 양병곤(2009), 『알기 쉬운 학위논문 작성법』, 부산: 포커스.
졸업논문을 쓸 때 문헌 자료 검색 및 전자자료 검색 방법, 이론적 배경 작성 방법, 측정이 필요한 연구에서의 측정도구 및 측정 결과에 대한 분석 및 논의 방법, 부록이나 영문초록 작성법, SPSS 통계처리 및 해석 방법 등에 대하여 구체적으로 제시해 놓고 있어 실험 연구를 하는 데 필요한 책이다.

참고자료

고대출판부(1975), 『인문·사회계 논문작성법』, 고려대학교출판부.
고춘화(2010), 『국어교육을 위한 문법 교육론』, 역락.
교과부(2010), 『초등학교 국어 4-1 교사용 지도서』, (주)미래엔컬처그룹, 120.
류성기(2012), 「초등 국어 교육에서의 단계적 토론 교육 방법」, 『화법연구』, 20, 한국화법학회, 305-334.
박기용(2009), 『초등 교사를 위한 글쓰기 이론과 실제』, 월인.
박덕유(2009), 『학교 문법론의 이해』(개정판), 역락.
신헌재 외(2009), 『예비교사와 현장교사를 위한 초등국어과 교수·학습 방법』(개정판), 박이정.
양병곤(2009), 『알기 쉬운 학위논문 작성법』, 부산: 포커스.
이종승(2004), 『연구논문 작성법』, 교육과학사.
임성규(2011), 『임성규 교수와 함께 하는 초등 임용 논술 특강』(개정판), 박이정, 51.
임지룡 외(2010), 『문법 교육론』, 역락.
조규태·조구호(2001), 『작문의 길잡이』, 경상대학교출판부.
최석란·조성연·김선영(2007), 『학술논문작성과 출판』, 학지사.
하철수·김봉경(2009), 『논문작성법』, 가림출판사.

제9장

글쓰기 윤리

류성기

1. 들어가는 말

 글쓰기는 일기나 편지 등의 간단한 글쓰기에서부터 보고서, 논문, 책을 쓰는 것과 같은 글쓰기까지 다양하다. 또 글의 종류로 보면 생활문에서부터 시, 소설, 희곡 등의 문학적인 글 및 다양한 전공 분야의 글까지 다양하다. 이러한 글들 중에서 글쓰기 윤리와 관련된 것으로 대부분의 대학생들에게 요구되는 글쓰기는 보고서나 논문일 것이다. 그런데 논문은 보통 졸업논문으로서 대학 마지막 학기에 써서 제출하는 것인 데 반해, 보고서는 매학기 수강 과목에서 요구하면 써야 하는 글이다. 보통 보고서를 쓰는 주요한 이유는 수업 시간에 쓰는 교재의 고정된 내용에 얽매이지 않고 여러 글을 읽고, 그에 대한 이해와 비판 능력, 종합적 판단 능력, 자료의 체계적 정리 능력 및 논리적 표현 능력 등을 신장시키기 위한 것이다. 그런데 일부 학생들은 이러한 보고서 쓰기 목적에 부합되게 글을 쓰고 있지 않는 실정이다. 황성근(2008)에 의하면, 가톨릭대학교 학생들이 보고서를 제출할 때 자료의 무단 사용 68.5%, 검색한 자료의 짜깁기 57.5%, 인용의 부정확한 사용 56%, 과제물 제출시 실험보고서 베끼기 22%, 실험 데이터 날조 및 변조가 20%나 된다. 그리고 이지연·이상곤(2008:112)에 의하면, 다음 표와 같이 대학생들이 과제 수행시 리포트 판매 사이트를 이용하고 있다.

과제 수행시 리포트 판매 사이트 이용 현황(n=435)

구분		이용함	이용하지 않음	전체	비고
전공별	인문계열	15명(19.7%)	61명(81.5%)	76명(100.0%)	$x^2=10.472$ df=4 p=.05
	사회계열	47명(24.2%)	147명(75.8%)	194명(100.0%)	
	자연계열	3명(20.0%)	12명(80.0%)	15명(100.0%)	
	이공계열	15명(10.7%)	124명(89.3%)	139명(100.0%)	
	기타	1명(1.2%)	10명(9.0%)	11명(100.0%)	
	합계	81명(18.7%)	354명(81.3%)	435명(100.0%)	

 그런데 여기에서 우리가 생각해 볼 문제는 저작권 위반이나 표절의 문제이다. 물론 남의 글을 참고는 할 수 있다. 그러나 위 학생들의 실태에서 알 수 있는 바와 같이 자료의 무단 사용, 자료의 짜깁기, 부정확한 인용, 실험보고서 베끼기, 실험 데이터 날조 및 변조와 같은 것은 저작권 위반이나 표절과 깊은 관련이 있다. 그런데 우리나라 대학생들은 아직도 저작권 문제나 표절 문제에 대한 문제의식이 없는 실정이다. 저작권을 침해하거나 남의 글이나 자료를 표절한다는 것은 글을 도둑질하는 것과 같다. 우리나라 옛말에 책 도둑은 도둑도 아니라는 말이 있다. 그리고 우리나라는 개인주의보다는 공동체를 중시하는 사회이다. 그래서 그런지 남의 지적 재산도 우리의 지적 재산으로 생각

하여 표절을 죄의식 없이 사용하는 실정이다. 그런데 이제는 개인주의의 발달로 인하여 개인의 지적 재산도 재산으로 인정하여 함부로 침해할 수 없는 사회가 되었다. 그래서 타인의 지적재산권을 인정해 주고, 표절을 함부로 해서는 안 된다. 지난날의 정부에서 공직자를 임명하려고 할 때 표절의 문제가 걸려 임명되지 못하거나 임명되었다 할지라도 곧바로 해직되는 경우가 있었는데, 이는 우리나라에서도 이제는 남의 지적재산권을 인정해 주고, 표절을 함부로 해서는 안 된다는 것을 말해 주고 있는 것이다.

그래서 글쓰기에서의 저작권과 표절에 대하여 알아보며, 남의 글을 인용할 때는 어떻게 해야 할 것인가에 대하여 알아보아 바른 글쓰기 문화를 만들어 가고자 한다.

2. 글쓰기에서 저작권과 표절

저작권과 표절은 어떤 관계에 있는가? 표절을 하면 저작권을 침해하는 것인가? 반드시 그러한 것은 아니다. 누군가 글을 발표한다는 것은 그 글을 다른 사람들과 공유하고자 하여 발표하는 것이다. 그래서 다른 사람이 그 글을 많이 활용하여 주기를 바라고 있는 것이다. 그러나 다른 사람이 그 글을 도용하여 자기 것인 양 사용하는 것은 원치 않는다. 그래서 다른 사람이 자신의 글을 사용할 때에는 그 글의 출처가 어디라는 것을 밝혀 주면 된다. 이렇게 다른 사람이 기존의 글을 사용할 때 출처를 밝히고 사용하면 표절에는 해당되지 않는다. 그런데 다른 사람의 글에서 공익을 위한 수준을 넘어 저자의 동의 없이 사용하였다면 저작권 침해가 일어난다. 비록 출처를 밝혔다 할지라도 양이 지나치게 많거나 핵심적인 내용을 자기의 것인 양 사용한다면 저작권 침해가 된다. 남의 글은 자기의 글을 보조하기 위해 사용해야 하므로 남의 글을 자기 글의 중심 내용으로 사용해서는 안 된다.

이제 저작권 침해와 표절의 관계를 김기태(2010:105-108)를 인용하여 알아보도록 하겠다.

〈예문 1〉
나는 오늘 플라타나스 낙엽이 쓸쓸하게 뒹구는 덕수궁 돌담길을 거닐며 문득 시상이 떠올라 「가을엽서」라는 제목의 시 한 편을 만들어보았다. "한 잎 두 잎 나뭇잎이/낮은 곳으로/ 자꾸 내려가 앉습니다/ 세상에 나누어 줄 것이 많다는 듯이//…(중략)…/낙엽이 지거든 물어보십시오//사랑은 왜 낮은 곳에/있는지를" 쓸쓸한 가을은 그렇게 깊어가고 있었다.

〈예문 2〉
나는 오늘 플라타나스 낙엽이 쓸쓸하게 뒹구는 덕수궁 돌담길을 거닐며 문득 시상이 떠올라 시 한 편을 만들어 보았다. "한 잔의 술을 마시고 우리는 버지니아 울프의 생애와 목마를 타고 떠난 숙녀의 옷자락을 이야기한다. 목마는 주인을 버리고 그저 방울소리만 울리며 가을 속으로 떠났다. …(중략)… 세월은 가고 오는 것 한 때는 고립을 피하여 시들어 가고 이제 우리는 작별하여야 한다." 시 한 편을 미처 끝까지 읊조리기도 전에 쓸쓸한 가을은 그렇게 깊어가고 있었다.

〈예문 3〉
나는 오늘 플라타나스 낙엽이 쓸쓸하게 뒹구는 덕수궁 돌담길을 거닐며 문득 안도현 시인의 「가을엽서」가 떠올라 읊조려보았다. "한 잎 두 잎 나뭇잎이/낮은 곳으로/ 자꾸 내려가 앉습니다/ 세상에 나누어 줄 것이 많다는 듯이//…(중략)…/낙엽이 지거든 물어보십시오//사랑은 왜 낮은 곳에/있는지를" 쓸쓸한 가을은 그렇게 깊어가고 있었다.

〈예문 4〉
나는 오늘 플라타나스 낙엽이 쓸쓸하게 뒹구는 덕수궁 돌담길을 거닐며 문득 박인환 시인의 「목마와 숙녀」가 떠올라 읊조려 보았다. "한 잔의 술을 마시고 우리는 버지니아 울프의 생애와 목마를 타고 떠난 숙녀의 옷자락을 이야기한다. 목마는 주인을 버리고 그저 방울소리만 울리며 가을 속으로 떠났다. …(중략)… 세월은 가고 오는 것 한 때는 고립을 피하여 시들어 가고 이제 우리는 작별하여야 한다." 시 한 편을 미처 끝까지 읊조리기도 전에 쓸쓸한 가을은 그렇게 깊어가고 있었다.

위 네 개의 글에서 〈예문 1〉은 안도현 시인의 시이다. 그런데 이 시를 자기 시인 양 표현하고 있고, 출처도 표현하지 않고, 마치 자기가 시를 쓴 것처럼 하고 있어 표절 및 저작권을 침해하고 있다. 〈예문 2〉는 박인환 시인의 「목마와 숙녀」라는 시이다. 그런데 이 시를 자기가 쓴 시처럼 표현하였다. 그래서 표절에 해당한다. 그러나 박인환 시인이 1956년에 돌아가셔서 사후 50년이 지나 저작권 침해는 아니다. 저작권은 사후 50년까지만 유효하기 때문이다. 〈예문 3〉은 출처를 밝혀 표절은 아니다. 그러나 글에 중심 내용이 시인데, 그것을 이용해도 좋다는 허락을 받지 않고 사용하여 저작권 침해가 된다. 〈예문 4〉는 박인환 시인의 시라는 출처를 밝혀 표절이 아니다. 그리고 사후 50년이 넘어 저작권 침해도 아니다.

3. 좋은 글쓰기

3.1 윤리적인 관점

3.1.1 정직한 글을 써야 한다.

누구나 좋은 글을 쓰고 싶어 한다. 좀 더 가치 있는 글, 사람들에 의하여 가치가 있다고 평가 받는 글, 많은 사람들에게 읽혀지는 글을 쓰고 싶어 한다, 해당 분야에서 중요한 역할을 하는 글, 많이 인용되는 글, 오랫동안 남는 글을 쓰고 싶어 한다. 자신이 연구한 내용이 담긴 글이 후학들의 연구의 바탕이 되는 글이 되기를 원하면서 좋은 글을 쓰고 싶어 한다. 그런데 대학생이 보고서를 제출할 경우에는 자신의 연구 업적을 남기기보다는 교수가 내준 과제와 관련된 분야의 글들을 읽고 자신이 생각하는 논리적 관점에 따라 내용을 정리하여 보고서를 써서 제출하는 경우가 대부분이다. 물론 실험이나 조사를 통하여 자신의 연구를 정리하여 보고서를 제출하기도 하고, 문학 창작 활동의 경우에는 시나 소설 등을 창작하여 제출하기도 한다.

그런데 작자, 학자, 대학생들이 문학 창작품, 책, 연구 논문, 보고서 등을 쓸 때는 좀 더 좋은 글을 쓰기 위해서나 좀 더 많은 연구물을 발표하기 위해서나 좀 더 편하게 보고서를 작성하기 위해서나 좀 더 높은 학점을 받기 위해서 다른 사람들의 글, 연구물, 데이터를 활용하게 된다. 이때 범하기 쉬운 것이 표절이고 저작권 침해이다. 남의 글, 연구 내용, 데이터를 마치 자기가 한 것처럼 도용하는 것이다. 그런데 도용은 선행 연구자의 연구 의욕을 상실케 하고, 창조적인 사고 의욕을 저하시킨다. 그래서 사회가 성장해 가지 못하게 만든다. 우리는 사회의 성장과 발전을 위하여 각 개인의 연구를 비롯한 창작품을 존중해 주고, 창작자들의 인격 곧, 저작인격권을 존중해 주어야 한다. 그래서 다른 사람의 창작물을 활용할 경우에는 다른 사람의 창작물을 자기 창작물인 양 그대로 사용해서는 안 되며, 창작물의 출처가 어디인지를 밝혀야 하고, 필요한 경우에는 저작자의 동의를 얻어서 사용해야 한다. 이러한 글이 정직한 글이다. 현재 교과서에 실린 글들은 저작자의 동의를 얻어 실은 것인데, 이는 창작물의 바른 사용을 보여 주는 좋은 예가 된다.

3.1.2 정직한 인용 방법

정직한 글쓰기는 바른 인용법을 통하여 실현해 갈 수 있다. 한국학술단체총연합회의 연구윤리 지침 '7. 인용 및 출처 표시 등'에 따르면 다음과 같다.

    1) 연구자는 다른 저작물을 인용할 때 이용자들이 그 출처를 파악할 수 있도록 이용된 저작물의 서지정보(전자자료 포함)를 정확하게 표기한다.
    2) 연구자가 인용하는 분량은 자신의 저작물이 주가 되고 인용하는 것이 부수적인 것이 되는 적당한 범위 내의 것이어야 한다.

위 지침에서는 이용된 저작물의 서지정보를 정확하게 표현해야 한다고 하였는데, 이제 정확한 인용법에 대하여 알아보기로 하자.
  인용은 논의를 전개할 때 자기의 논의를 보완하거나 자기의 논지를 확고히 하기 위하여 한다. 인용에는 직접 인용과 간접 인용 두 가지 방법이 있다. 직접 인용은 원문 그대로 인용하는 것이다. 직접 인용은 양적으로 3-4행을 넘지 않을 때에는 겹따옴표(" ")를 이용하여 논의를 전개해 가는 행을 바꾸지 않고 인용한다. 만약 인용하는 양이 3-4행을 넘어 갈 경우에는 행을 바꾸어 다른 문단으로 처리한다. 이 경우에는 좌측에서 한 칸 들이고, 위, 아래로 행을 한 줄 띄우며, 글자 크기는 본문보다 하나 작은 크기로 한다. 간접 인용은 남의 글의 내용을 자기 말로써 인용하는 방법으로 따옴표를 붙이지 않는다. 직접 인용이든 간접 인용이든 인용을 할 때에는 반드시 출전을 제시하여 인용하였음을 밝혀야 한다.

  (직접 인용 1)
  토론 단계에 따른 구체적 토론 지도 방법을 알아보기에 앞서 먼저 토론이란 무엇인가 알아보자. 류성기(2012:318)에서는 "토론이란 하나의 주장에 대한 찬성과 반대의 관점에서 보다 합리적인 방법을 선택하는 화법이다."라고 하였다.

(직접 인용 2)
토론 단계에 따른 구체적 토론 지도 방법을 알아보기에 앞서 먼저 토론이란 무엇인가 알아보자. 류성기(2012:318)에서는 다음과 같이 말하고 있다.

> 토론이란 하나의 주장에 대한 찬성과 반대의 관점에서 보다 합리적인 방법을 선택하는 화법이다. 그렇기 때문에 찬성이든 반대이든 자기의 주장이 관철되기를 바라며, 주장을 관철시키기 위하여 최선을 다한다. 그렇기 때문에 잘못하면 상대방을 자기의 적이라고 생각하고, 쓰러뜨리려고 한다. 그러나 토론이란 궁극적으로 그 공동체에 유익한 방법을 찾고, 또 합리적인 결론을 찾아가는 활동이기 때문에 서로를 서로에게 도움이 되는 동료로서 인식하고 토론을 해야 한다.

(간접 인용)
류성기(2012:318)에서는 토론이란 하나의 주장에 대한 찬성과 반대의 관점에서 보다 합리적인 방법을 선택하는 화법이기 때문에 찬성이든 반대이든 자기의 주장이 관철되기를 바라며, 주장을 관철시키기 위하여 최선을 다한다고 하면서 그런 이유로 잘못하면 상대방을 자기의 적이라고 생각하고, 쓰러뜨리려고 하지만 토론이란 궁극적으로 그 공동체에 유익한 방법을 찾고, 또 합리적인 결론을 찾아가는 활동이기 때문에 서로를 서로에게 도움이 되는 동료로서 인식하고 토론을 해야 한다고 하였다.

인용을 할 때는 출처 표시를 정확하게 해야 한다. 저자, 논문명, 서명, 출판사, 출판 연도, 인용한 쪽수를 정확하게 각주나 후주를 통하여 표시해야 한다. 간혹 보면 외국인이 쓴 글, 또는 내국인이 쓴 글을 직접 읽어보지도 않았는데, 마치 자신이 직접 읽어 본 양 인용한 경우가 있다. 그런데 실제로는 제3자의 글에 인용된 외국인 또는 내국인의 글만을 읽어본 것이다. 이럴 때는 반드시 그 '또 다른 사람의 글'에서 외국 사람, 국내 사람의 글을 재인용했음을 밝혀야 한다. 재인용의 예를 들면 다음과 같다.

> 김세곤(2005)에서는 초등학교 저학년에서는 '생각, 왜, 사실'을, 고학년에서는 '주장, 중심근거, 보조근거'의 논증 모형을 제시하였다(서현석(2011:84)에서 재인용).

3.2 문장론적 관점

문장론적 관점에서 좋은 글이란 어떤 글인가. 여러 가지 종류의 글 중에서 대학에서 가장 많은 학생들이 가장 많이 쓰는 보고서에 대한 것에 국한하여 문장론적 관점에서 알아보기로 하겠다. 앞 장에서 보고서의 의미, 체제, 작성 방법, 평가 기준 등에 관하여는 개괄적으로 언급하였기에 여기에서는 문단 쓰기, 문장과 단어 쓰기 및 맞춤법에 맞는 글쓰기에 대해서 알아보기로 하겠다.

3.2.1 문단 쓰기

보고서는 서론, 본론, 결론 체계를 갖는다. 그리고 보통 본론은 두세 개의 장으로 구성된다. 그리고 각 장은 몇 개의 절로 이루어지고, 각 절은 몇 개의 문단으로 이루어지거나, 보고서가 클 경우에는 몇 개의 항으로 구성되고, 각 항은 다시 몇 개의 문단으로 구성된다. 그렇기 때문에 보고서를 잘 쓰기 위해서는 보고서 전체적인 체계를 잘 세워 써야 함은 물론 그러한 체계 속에서 하나하나의 문단을 잘 써야 논리 정연한 보고서가 될 수 있다.

그러면 이제 문단을 어떻게 써야 할 것인가에 대한 대략을 알아보자. 문단은 하나의 주제문과 여러 개의 뒷받침하는 문장으로 이루어져 있다. 주제문이 문단의 맨 첫머리에 나오는 두괄식 형태, 맨 뒤에 나오는 미괄식 형태, 첫머리와 끝에 모두 나오는 양괄식 형태, 중간에 나오는 중괄식 형태가 있다. 두괄식 형태는 '주제문+뒷받침 문장들'로 구성되어 있고, 미괄식은 '뒷받침 문장들+주제문', 양괄식은 '주제문+뒷받침 문장들+주제문', 중괄식은 '뒷받침 문장들+주제문+뒷받침 문장들'로 되어 있다. 그러나 주제문이 드러나 있지 않고, 주제가 문단 내용 속에 내재되어 있어 문단 전체 내용을 읽어보고 거기에서 주제를 찾아내야 되는 경우도 있다. 그러나 보고서의 경우에는 이러한 형태는 바람직하지 않고, 두괄식의 문단이 가장 바람직하다. 아래 예시 문단은 하나의 주제문과 여러 개의 뒷받침하는 문장으로 이루어져 있는 두괄식 구성의 문단이다. 주제문은 "탁구는 중년 이후에 적절한 운동이다."이고, 뒷받침하는 문장은 주제문 다음의 여러 문장들이다.

탁구는 중년 이후에 적절한 운동이다. 탁구는 중년 이후의 체력에 적절한 운동이기 때문이다. 축구를 하기에는 뼈가 튼튼하지 않고, 테니스를 하기에는 공과 라켓이 무거워 중년 이후의 사람에게는 힘들다. 그러나 탁구는 라켓도 가볍고, 공도 가볍고, 뛰어 다니는 범위도 적고, 사람과 부딪치지 않아서 그렇게 힘들지 않다. 그리고 탁구는 경제적으로도 부담이 적다. 라켓은 한 번 사면 부러질 때까지 오래 쓸 수 있다. 그러나 거의 부러지지 않는다. 다만 러버와 공을 구입하는 데 5만 원 정도의 비용이 들어가는데, 한 번 구입하면 열심히 치는 사람이 보통 3개월은 쓴다. 다른 운동에 비하면 적게 드는 편이다. 중년 이후에 자녀 교육, 사회 활동 등으로 돈이 많이 들어가는데, 이러한 면에서 탁구는 가계에 경제적 부담을 적게 주어 좋다. 또 탁구는 같이 운동할 수 있는 사람이 많지 않아도 된다. 중년 이후는 매일 바쁜 삶을 살아가기 쉬운데 이때 여러 명이 모여 하는 운동은 사람들이 모이기가 힘들어 잘 하기 어렵다. 그런데 탁구는 두 사람만 있으면 되니까 운동을 할 수 있는 기회가 많아진다. 그리고 탁구장에 가면 공을 던져 주는 로봇이 있어 혼자서도 운동을 잘 할 수 있다.

좋은 문단을 쓰려고 할 때 몇 가지 주의할 점이 있다. 첫째로 한 문단의 길이가 너무 짧거나 길어서는 안 된다. 너무 짧으면 주제문의 의미를 잘 드러낼 수 없고, 너무 길면 한 문단에 여러 내용이 들어 있어 주제문이 강하게 나타나지 않을 수 있고, 문단 내용이 산만해진다. 보고서의 경우에는 보통 8-12문장이 적절하다. 둘째로 뒷받침하는 문장의 내용이 일반적인 내용이 되어서는 안 되고, 구체적인 문장들이어야 한다. 구체적인 문장이란 일반적인 문장과 대립된다. 일반적인 문장은 평범하고 막연한 문장을 말하고, 구체적인 문장은 구체적인 자료, 숫

자, 통계, 전문적인 내용 등 설득력 있는 문장을 말한다. 셋째로 통일성이 있어야 한다. 통일성이 있다는 것은 문단이 추구하는 목표가 하나여야 한다는 것으로 하나의 주제문과 그 주제문과 관련된 뒷받침 문장들로만 구성되어야 한다는 것이다. 넷째로 문단 그 자체로 완결된 의미를 가져야 한다. 주제문을 뒷받침하는 문장들로 표현된 문단이 하나의 의미의 완성을 이루어야 한다. 다섯째로 논리성이 있어야 한다. 앞 뒤 문장, 문단의 처음 문장에서부터 마지막 문장까지 논리적으로 일관성 있게 전개되어야 한다.

3.2.2 문장 및 단어 쓰기

문단은 여러 개의 문장이 모여서 이루어진다. 그러므로 좋은 문단이 되려면 문장상으로 오류가 있으면 안 된다. 이제 문장을 쓸 때 범하기 쉬운 오류 몇 가지를 알아보자.

첫째, 너무 긴 문장이다. 하나의 문장이 길다보면 주어와 서술어의 호응이 잘 이루어지지 않고, 또 말하고자 하는 의도가 명확히 드러나지 않는다. 그리고 너무 짧으면 의미의 단절이 이루어질 수 있다. 그러므로 문장의 길이를 적절한 크기로 해야 한다. 예를 들어 아래와 같은 하나의 문장이 있다고 한다면, 문장이 너무 길어 내용이 산만해져서 이 문장이 무엇을 말하고 있는지 얼른 알 수 없다.

우리가 염원하는 것은 보통 한두 가지가 아닌데, 국방을 튼튼하게 하는 것과 경제 민주화를 시키는 것과 창의성 있는 교육을 시키는 것과 복지 혜택을 많이 받도록 하는 것과 빈부의 격차를 해소하고, 도시와 농촌이 서로 협력하면서 잘 살아야 하는 것과 고용주와 피고용주가 서로 신뢰를 쌓아가며 좋은 관계를 유지해야 좋은 사회가 이루어진다.

둘째, 주어와 서술어의 호응관계이다. 주어와 서술어가 호응이 잘 이루어져야 의미를 잘 이해할 수 있다. 위 예문에서 주어는 '우리가 염원하는 것'이다. 그런데 마지막 서술어는 '이루어진다'이다. 그러나 '이루어진다'는 주어 '우리가 염원하는 것'의 서술어가 아니다. 주어 '우리가 염원하는 것'의 서술어는 '하는, 시키는, 받도록 하는, 해소하고, 하는' 등이다. 그러나 이러한 서술어는 관형사형 '하는, 시키는, 받도록 하는, 하는'과 연결형 '해소하고'이다. 그래서 주어 '우리가 염원하는 것'의 종결형 서술어는 없다. 종결형 서술어 '이루어진다'는 '좋은 사회가'의 서술어이다. 그렇기 때문에 위 예문은 주어와 서술어의 호응이 안 이루어져 이해하기 어렵고 혼란스러운 문장이 되고 말았다.

셋째, 시제 표현이다. 아래 예문 1)은 '기뻤던'과 '일이었다'가 모두 과거 형태로 쓰여 좀 어색하다. '기뻤던 일이다.'나 '기쁜 일이었다'로 고친다면 더 자연스러운 문장이 될 것이다. 그런데 예문 2)는 '받았다고'와 '생각했다'가 과거로 표현되었지만 적절한 표현이다. 보통 과거의 일을 표현하는 데 있어서 서술어가 두 개 이상 나올 때에는 4)처럼 맨 마지막 서술어만 과거로 표현한다. 그러나 꼭 그런 것만은 아니다. 2)처럼 두 개 모두 과거 형태로 표현하는 것이 바른 표현인 경우도 있다. 만약 '받았다고'를 '받는다고'로 한다면 오류 문장이 되고 만다. 3)은 '작다'와 '단단하다'가 동일한 시점을 표현하는 것으로 시제 표현을 3-1) 또는 3-2)처럼 동일하게 표현하거나 4)처럼 연결형 서술어는 현재, 종결형 서술어는 과거로 표현해야 한다. 그런데 3)은 '작았지만'은 과거, '단단하다'는 현재로 표현하여 잘못된 표현이다.

1) 그 일은 매우 기뻤던 일이었다.

2) 우리는 윤리 교육을 즐겁게 받았다고 생각했다.

3) 그는 몸집은 작았지만 매우 단단하다.

3-1) 그는 몸집은 작지만 매우 단단하다.

3-2) 그는 몸집은 작았지만 매우 단단했다.

4) 나는 어제 밥을 먹고, 집에서 공부를 하다가 말고, 학교에 가 축구를 하다가 돌아 왔다.

넷째, 외국어 표현의 영향을 받은 표현이다. 일본어 조사 영향 및 영어 피동 표현의 영향으로 아래 예문에서 볼 수 있는 바와 같이 '-의'와 '-어지다'가 과잉 사용되고 있다. 이는 문장의 의미를 모호하게 만들고 있다. 다른 문장 구조를 사용하거나 능동 표현 등 다른 문장을 써서 나타내고자 하는 의미가 잘 전달되도록 해야 할 것이다.

1) 우리의 윤리의 교육의 바르게 나아갈 길의 지침을 알고 싶습니다.

2) 그렇게 되어지는 원리가 알아졌습니다.

다섯째, 바른 단어 사용이다. 틀리기 쉬운 단어가 많이 있는데, 몇 가지만 알아보자. 먼저 '안'과 '않-'이다. '안'은 부사이고, '않-'은 동사 어간이다. 그래서 '안 간다, 가지 않는다'와 같이 써야 한다. 다음으로 '되-'와 '돼'이다. '되-'는 '되다'의 어간이고, '돼'는 '되어'의 준말이다. '됐다'는 '되었다'의 준말이다. 그러므로 '안 가도 되'는 틀리고 '안가도 돼, 안 가도 됐다, 안 가도 되었다'는 맞다. 그 다음으로는 '왠지'와 '웬' 이다. '왠'은 '왜인지'의 준말이고, '웬'은 '어찌 된, 어떠한'의 뜻을 가진

말이다. '왠지 꺼림직하다, 웬 일이야'와 같이 사용해야 할 것이다.

3.2.3 맞춤법에 맞는 글쓰기

맞춤법에 맞는 글쓰기에는 여러 가지가 있다. 그러나 여기에서는 띄어쓰기, 문장부호 등의 사용에 대한 것만 알아보겠다. 조사의 붙여 쓰기. 의존명사의 띄어쓰기, 보조용언의 띄어쓰기 및 붙여 쓰기, 반점의 사용, 가운뎃점의 사용, 인용 부호의 사용 등은 한글맞춤법에 맞게 사용해야 할 것이다. 아래 제시한 예를 보면서 알아보자. 첫째, 1)-3)처럼 조사는 앞말에 붙여 써야 한다. 둘째, 의존명사는 4)-5)처럼 띄어 써야 한다. 셋째, 보조용언은 6)처럼 띄어 쓰는 것이 원칙이나 붙여 쓸 수 있다. 넷째, 한 문장에 절이 두 개 있으면 7)처럼 앞 절의 끝에 반점을 사용해야 한다. 다섯째, 가운뎃점은 8)처럼 같은 계열의 단어 사이에 쓴다. 여섯째, 작은따옴표는 9)처럼 따온 말 가운데 다시 따온 말이 들어 있을 때나 10)처럼 마음속으로 한 말을 적을 때 쓴다.[1]

1) 꽃 입니다(x) → 꽃입니다(0)(조사)

2) 그 꽃에서 부터(x) → 그 꽃에서부터(0)(조사)

3) 너 만큼(x) → 너만큼(0)(조사)

4) 먹을만큼(x) → 먹을 만큼(0)(의존명사)

5) 책 두권(x) → 책 두 권(0)(단위성 의존명사)

6) 비가 올 듯하다(0) - 비가 올듯하다(0)(보조용언)

7) 흰 눈이 내리니, 경치가 더욱 아름답다.(반점)

---

[1] 위에 제시한 단어 쓰기 및 문장부호 쓰기 외에도 주의해야할 단어나 부호가 많다. 자세한 사항은 류성기(2013) 부록에 제시된 한글맞춤법 및 표준어 규정을 참조할 것.

8) 제주 방언의 조사·연구(가운뎃점)

9) "여러분! 침착해야 합니다. '하늘이 무너져도 솟아날 구멍이 있다.'고 합니다."(인용 부호)

10) '내가 만약 이런 모습으로 돌아간다면 모두들 깜짝 놀라겠지.'(마음속 말)

4. 나가는 말

 지금까지 저작권, 표절, 윤리적인 관점에서 좋은 글쓰기, 문장론적 관점에서 좋은 글쓰기에 대하여 알아보았다. 우리는 흔히 좋은 글을 쓰기 위한 욕심이 지나쳐, 혹은 글을 쓰는 수고를 덜고 글을 쉽게 쓰기 위하여 남의 글을 자기의 글인 양 도용을 하려는 마음을 갖게 되는 경우가 있다. 대학생인 경우 한 학기에 여러 개의 보고서를 제출해야 할 때가 있다. 이럴 경우에는 시간이 촉박하여 보고서를 쓰는 본래의 취지를 잊어버리고 남의 글을 요약하여 제출하거나 이 글 저 글의 내용을 편집하여 제출하는 경우도 있다. 물론 대학생이 스스로 연구한 보고서를 쓰기는 어렵다. 그래서 이 글 저 글을 참고하여 보고서를 써서 낸다. 그런데 그럴 경우 그대로 짜깁기를 해서는 안 된다. 자기 나름대로의 논점을 갖고, 글을 자기화해서 보고서를 써야 한다. 그리고 이때 주의할 점이 표절이다. 교육적 관점에서 남의 글을 인용하거나 참고하여 보고서를 제출하는 것은 표절이나 저작권 침해는 아니다. 다만 자기가 생각해 낸 것이 무엇이고, 남의 글을 참고한 것이 무엇인지는 명확하게 해야 한다. 그것이 정직한 보고서 쓰기이다. 부끄럼 없는 쓰기이다. 좋은 글쓰기다. 이 사람 저 사람의 글 내용 중 좋은 내용을 마치 자기가 연구한 것인 양 아무런 인용 또는 참고 표시도 없이 도용한다면 나쁜 글이고, 부끄러운 글이다. 그런 사람은 나쁜 사람이고, 부끄러운 사람이다.

좋은 글이 되기 위해서는 문장론적으로도 정확하고 효과적인 글을 써야 한다. 글의 체재가 논리적 체계성을 갖추어야 하고, 내용상으로도 서론부터 결론까지 논리적 일관성이 있어야 한다. 글 내용도 필요한 내용, 있어야 할 내용만을 쉽고도 간결하게 기술해야 한다. 그러기 위해서는 문단 쓰기, 문장 쓰기, 정확한 어휘 쓰기, 맞춤법에 맞는 글쓰기, 문단과 문단의 내용을 논리적으로 잘 연결해 가는 콘텍스트성이 있는 글쓰기를 해야 할 것이다. 모든 것이 쉽게 되지는 않는다. 글을 잘 쓰도록 노력해야 좋은 글을 쓸 수 있다. 특히 전문적인 글을 쓸 때에 좋은 글을 쓰고 싶다면 그 분야에 대한 연구에 많은 노력을 기울여야 한다. 아는 것이 많아야 글도 잘 쓸 수 있다. 아는 것이 없으면 글을 쓸 수 없을 뿐만 아니라 중요하지 않은 내용만 써서 지면을 채운다. 가치 없는 글이다. 대학생 때 학문에 빠져 보기를 바란다. 공부는 대학부터. 대학 때 교양을 넓히고, 전공 분야 연구에 매진하여 좋은 글, 필요한 글, 가치 있는 글을 쓰는 사람이 되어야 한다. 그러한 사람이 좋은 사람, 필요한 사람, 가치 있는 사람이다.

생각해 볼 문제

1. 저작권 침해나 표절이 횡행하는 사회와 저작권과 표절이 잘 보호되는 사회가 어떻게 다른지 토의해 보고, 우리 사회가 어떤 사회를 지향해 가야 할지 근거를 들어 말해 보자.
2. 내가 쓴 보고서를 비판해 보고, 표절이나 저작권 침해와 관련된 내용이 있다면 왜 그런 일이 일어났으며, 앞으로는 어떻게 할 것인지 말해 보자.
3. 내가 쓴 보고서를 다시 한 번 더 보고, 전체적인 체재, 문단 쓰기, 문장 쓰기에 잘못된 부분은 없는지 확인해 보자. 그리고 그런 부분이 있다면 고쳐 써 보자.

더 읽거나 가볼 만한 곳

1. 김기태(2010), 『글쓰기에서의 표절과 저작권』, 한국방송통신대학교출판부(지식의날개).
이 책은 저작권, 표절과 저작권의 관계, 인용 방법 등을 간략하게 정리해 놓은 책이다. 이 분야의 내용을 이해하기에 좋은 책이다. 특히 저작권, 표절과 저작권의 관계에 대한 내용의 기초적인 지식을 체계적으로 잘 전해 주는 책이다.
2. 리처드 앨런 포스너, 정해룡 옮김(2009), 『표절의 문화와 글쓰기 윤리』, 부산: 산지니.
이 책은 표절이 무엇인가에 대한 내용과 표절 현상을 다양한 관점에서 제시해 놓은 책이다. 그리고 윤리적인 관점에서 글쓰기의 가이드라인을 제시해 놓았다. 글쓰기 윤리, 모범적인 글쓰기 사례도 제시해 놓았다. 아울러 여러 가지 표절 양상도 예시와 함께 제시해 놓았다.
3. 캐슬린 E. 설리번, 최현섭·위호정 옮김(2000), 『작문, 문단쓰기로 익히기』, 삼영사.
이 책은 문단 쓰기 방법을 잘 알려주는 책이다. 문단 구성 원리와 주제 문장 쓰기, 뒷받침하는 문장 쓰기 방법을 잘 알려주고 있으며, 문단쓰기 연습까지 할 수 있는 책이다.

4. 김문오(2005), 『좋은 글의 요건』, 국립국어원.

이 책은 문단 쓰기 방법과 문장 쓰기 방법에 대하여 알려주는 책이다. 특히 문장 쓰기 오류의 예시와 이를 어떻게 수정할 것인가를 잘 보여 주고 있다.

5. 찰스 립슨, 김형주·이정아 옮김(2008), 『표절을 예방하는 인용법 길잡이-정직한 글쓰기』, 멘토르.

이 책은 미국 대학에서 이루어지기 쉬운 표절 및 표절 방지에 대하여 구체적인 방법을 제시해 주고 있다. 시카고 양식, MLA 양식, APA 양식 등 다양한 인용 양식에 대해서도 제시하고 있다.

참고자료

고춘화(2010), 『국어 교육을 위한 문법 교육론』, 역락.
김기태(2010), 『글쓰기에서의 표절과 저작권』, 한국방송통신대학교출판부(지식의날개).
김남국(2012), 『창조가 쉬워지는 모방의 힘』, 위즈덤하우스.
김문오(2005), 『좋은 글의 요건』, 국립국어원.
김용권(2007), 「연구 윤리 규정과 표절」, 『영미문학교육』, 제11집 제2호, 299-303.
남형두(2007), 「표절 문제 해결 방안에 관한 연구(I): 문화산업 발전을 위한 토대로서 저작권의식 제고를 위한 기초연구」, 저작권심의 조정위원회.
남형두(2008), 「표절 문제 해결 방안에 관한 연구(II): 표절사례 연구」, 저작권심의 조정위원회.
남형두(2009), 「표절 문제 해결 방안에 관한 연구(III): 표절 방지 가이드라인 제안」, 저작권심의조정위원회.
류성기(2013), 『초등 문법 교육의 내용과 방법』, 개정판, 박이정.
리처드 앨런 포스너, 정해룡 옮김(2009), 『표절의 문화와 글쓰기 윤리』, 부산:

산지니.
박기용(2009), 『초등 교사를 위한 글쓰기 이론과 실제』, 월인.
박덕유(2009), 『학교문법론의 이해』, 역락.
박종석(2008), 『현대시와 표절 양상』, 역락.
윤종수 외(2012), 『친절한 저작권ⓒ』, 북스페이스(유비미디어).
이주행(2011), 『알기 쉬운 한국어 문법론』, 역락.
이지연, 이상곤(2008), 「과제 표절과 관련한 대학생의 디지털 정보원 활용 현황에 관한 조사」, 『열린교육연구』, 제16집 제3호, 한국열린학회, 103-121.
이혜순, 정하영(2007), 『표절-인문학적 성찰』, 집문당.
임성규(1998), 『글쓰기 전략과 실제』, 박이정.
임원선(2012), 『실무자를 위한 저작권법』, 한국저작권위원회.
임지룡 외(2010), 『문법 교육론』, 역락.
저작권심의 조정위원회(1997), 『글쓰기와 저작권』, 저작권심의조정위원회.
정상조(2003), 「창작과 표절의 구별 기준」, 『서울대학교 법학』, 제44권 제1호, 107-140.
찰스 립슨, 김형주·이정아 옮김(2008), 『표절을 예방하는 인용법 길잡이-정직한 글쓰기』, 멘토르.
캐슬린 E. 설리번, 최현섭·위호정 옮김(2000), 『작문, 문단쓰기로 익히기』, 삼영사.
황성근(2008), 「대학생의 글쓰기 윤리와 표절 문제」, 『사고와 표현』, 9-2, 사고와 표현학회, 231-265.

제10장

초등 학습윤리

박기혁

1. 들어가는 말

 최근 모 배우의 대학원 석사논문 표절이 문제가 되면서 그 배우는 잘못을 인정하고 공식적으로 사과한 일이 있었다. 학위논문 표절, 노래 표절 등은 나쁜 것이라는 사실을 잘 알면서도 이런 일들이 벌어지고 있는 것이다.
 우리 어린이들의 지적 정직성은 어떠할까? 남의 글을 베껴 쓰는 일이 지적 도둑질이라는 것을 선생님의 지도로 잘 알고 있으나 보고서를 작성할 때, 모둠별 조사학습을 완성해 나갈 때, 교내 학예대회를 준비하면서 자신도 모르게 이 정도쯤이야 하는 마음으로 학습 윤리를 어기는 일이 많다.
 교육기본법에는 학습윤리를 지켜야 한다는 조항이 있으나, 별 효력이 없는 것 같다. 과도한 경쟁으로 이어진 학습의 결과로 인생의 기회가 배분되는 사회구조의 탓도 있다. 학생들의 양심적 자각이 선행하지 않는다면, 학습윤리는 성공하기 힘들 것이다. 그리고 학습윤리가 정착되지 않는다면, 우리 사회는 발전하기 힘들 것이다.

공부를 하는 사람이라면 누구나 알고 지켜야 하는 학습윤리! 미래의 꿈나무들에게 학습윤리의 개념을 바르게 인식시키는 것은 다른 어떤 것보다 우선되고 강조되어야 한다. 초등학생들이 학습을 하는 과정에서 지켜야 하는 지적 정직성과 올바른 생각과 태도를 함양시키는 것을 목표로 교재를 집필하게 되었다.

학습 윤리의 핵심은 '지적 정직성(intellectual honesty)'이며, 학생들에게 '지적 정직성'을 길러 주는 일은 학교 교육과정 전반을 통하여 강조되어야 한다. 여기서는 국어, 도덕, 사회, 과학, 창의적 체험활동 등 학습 윤리와 관련된 교과를 지도할 때 활용될 수 있도록 집필되었다(서울교육대학교, 2009:iii).

이 장은 크게 세 개의 부분으로 이루어져 있다. 첫째, 공부의 의미를 알고 공부하는 학생이 갖추어야 할 자세를 스스로 고민해 보게한다. 둘째, 공부하는 사람들 사이의 규칙을 살펴보고 정직하고 책임 있는 연구를 수행하려는 의지와 태도를 갖게 한다. 셋째, 공부/연구의 잘못된 사례를 살펴보고 친구들과 토론하고 인터뷰하는 다양한 활동을 통해 연구부정행위의 문제점을 알고, 초등학생 시기는 물론 성인이 되어서도 바람직한 태도로 연구 활동을 수행하겠다는 실천 의지와 마음을 다지는 기회를 갖게 한다.

2. 공부의 의미

인간은 본성상 우리를 둘러싼 이 세계는 어떤 곳이며 그 안에서 영위되는 우리의 삶은 무엇인지를 끊임없이 알고자 한다. 인간이 동물과 다른 점은 끊임없이 지적 호기심을 채우려고 한다는 점이다. '공부'라고 불리는 이 행위는 개인뿐만아니라 사회 전체에 영향을 미친다. 학습자에게 특별한 종류의 자세가 요구되는 것은 바로 이것 때문이다. 이 단원에서는 공부는 왜 하며, 학습자는 어떤 자세로 공부에 임해야 하는지 생각해 보고자 한다.

2.1 자아에 대한 이해

가치 있는 삶, 의미 있는 삶은 무엇인가? 인간은 누구나 가치 있는 삶을 살고 싶어 하고 그것을 위해 노력한다. 우리가 어려서부터 어른들에게 올바른 행동, 가치 있는 행위가 무엇인가를 배우고 학교교육을 통해서 지식을 배우는 것은 바로 이러한 삶을 살기 위한 것이다.

읽기자료 1	공자의 인격수양
지도목표	인격은 다양한 노력을 통해 성숙해진다는 것을 안다.

공자께서 말씀하셨다.
"나는 열다섯 살에 학문에 뜻을 두었고, 서른 살에 홀로 설 수 있었고, 마흔 살에 올바른 판단에 따라 살 수 있게 되었다. 쉰 살에 하늘의 뜻을 알았고, 예순 살에는 귀가 순해졌다. 일흔 살이 되니 비로소 내 마음이 시키는 대로 해도 그것이 세상 이치에 어긋나지 않았다."(『논어』, 위정편 4)

공자는 정말 자신의 내면세계에 지극한 관심을 보인 사람이다. 배움이 무엇인가에 대한 공자의 자각은 '인류의 배움다운 배움'을 출발시킨 사건이다. 홀로 선다는 것은 공부를 통해 인생에 대한 청사진, 방향을 세웠다는 뜻이다. 사십 살에 '불혹(不惑)'이라는 것은 상충되는 서로 다른 의견에 현혹됨이 없이 올바른 자기 주관에 따라 판단하고 행동하는 것을 의미한다. '지천명(知天命)'이라는 것은 사십 대에 가졌던 주관적 확신보다는 나의 판단을 넘어서는 보편적 기준, 어떤 보편적 가치의 세계를 깨닫게 되었다는 것이다. 예순의 '이순(耳順)'이라는 것은 용서의 의미로서 남이 나에게 역한 말, 비난을 해도 그것을 역한 말로 듣지 않을 정도로 마음이 순화된 상태이다. 일흔 살은 진정한 자유의 경지로서 내 마음, 내 생각이 외부의 법도와 같아진 상태, 곧 성인의 상태를 일컫는 말이다(김용옥, 『도올 논어』, 통나무, 2000).

(서울교육대학교, 2009:16, 재인용)

1. 공자가 훌륭한 인간이 될 수 있었던 이유는 무엇인지 생각해 보자.

2. 우리가 뜻을 세울 수 있는 보람된 일이 무엇인지 생각해 보자.

2.2 과학 발전의 의미

과학의 발달은 사회 전체에 커다란 영향을 미치고 있다. 과학은 어떻게 발전하는지 살펴보고, 과학기술의 가치에 대해 생각해 보자.

읽기자료 2	위대한 발명가 에디슨
지도목표	과학기술 문명의 가치와 연구수행의 진정한 가치를 안다.

미국의 발명왕 에디슨(Thomas Alva Edison)은 "온 종일, 심지어는 꿈에서도 발명을 해요."라는 말을 들을 정도로 연구에 몰두했다. 많은 발명품으로 사람들의 생활을 편리하게 만든 에디슨은 특허를 받은 것만도 1천 종이 넘는 발명왕으로, 전구 등 실생활에 사용할 수 있는 많은 발명품을 만들어 사람들의 생활 방식을 크게 향상시켰다.

1876년 탄소 마이크로폰으로 벨이 발명한 전화를 실생활에서 쓸 수 있게 했으며, 이듬해에는 축음기를 발명하고 1879년에는 전등에 관한 연구를 시작하여 필라멘트가 빛을 내는 백열등을 개발하였다. 이어 에디슨은 가정에서 백열등을 쉽게 사용할 수 있도록 중앙 발전소를 세워 각 가정과 회사에 전력을 공급했다. 그는 1882년 뉴욕에 처음으로 발전소를 세워 전기를 보다 쉽게 가정에 보내도록 했으며, 이후 전 세계의 여러 도시에 많은 발전소를 세웠다.

호기심이 많아 학교에서 쫓겨나는 어려움을 겪은 어린 시절도 있었지만 자신의 꿈을 위해 열심히 노력하여 인생의 주인공으로 선 에디슨의 가장 위대한 업적은 전기와 관련된 것으로 전구 발명, 발전기, 전구소켓, 모터, 퓨즈 등 여러 가지 전기 장치들을 고안해 냈다. 전구실험 중에 발견한 '에디슨 효과'는 20세기 들어와 열전자 현상으로서 연구되고, 진공관에 응용되어 전자공업 발달의 바탕이 되었다. 전기를 이용한 많은 실험은 오랫동안 과학자들을 괴롭혔던 기초적인 문제를 이해하는데 큰 도움을 주었다.

"1000번을 실패한 것이 아니라 실패할 수 있는 1000가지의 방법을 알아낸 것이다."라는 말처럼 끊임없이 연구와 창조를 계속한 끈질긴 그의 발명가 정신을 다시 한 번 새겨보아야겠다.

(이수정, 『WHO? 토마스 에디슨』, 다산어린이, 2010)

1. 무엇이 에디슨을 위대한 발명가로 만들었는지 생각해 보자.

2. 전구의 발명이 인류의 생활을 어떻게 변화시켰는지 이야기해 보자.

3. 공부의 규칙 및 지도상의 유의점[1]

3.1 공부의 이념과 규칙

공부는 개인적인 활동이 아니다. 설사 혼자 공부를 한다 하더라도 지난 세월 동안 다른 사람들이 일구어 놓은 학문의 궤적이 없이는 불가능한 것이 바로 학습이다. 이렇듯 공부는 사회적인 활동이기 때문에, 인간 사이에 지켜야 할 도덕이 있다. 이를 학습윤리라고 한다. 학습의 입문기에 있는 초등학생들에게 학습윤리는 강조되어 지도되어야 한다.

1) 독창성을 통해 학문세계에 기여한다.

가) 독창성은 기존의 것과 다른 새로운 것을 창조하는 것이다. 독창적 연구를 통해 학문세계가 더욱 풍성해진다. 그리고 이를 통해 사회도 발전한다.
나) 하지만 독창성은 무(無)에서 나오는 것이 아니고, 해당 분야의 맥락에서 나오는 것이다. 따라서 배움의 도상에 있는 사람들은 이것을 익혀 독창성을 발휘할 수 있는 실력을 기르고, 독창적 사고를 연습해야 한다.
다) 중복 게재와 같은 행위가 잘못된 이유는 이미 학계의 인정을 받은 것을 다시 새 것인 양 내어놓기 때문이다.
▶ 이미 발표된 내용이라는 것을 밝힘으로써 이러한 비난을 피할 수

---

[1] 이 부분은 손화철(2009)을 수정한 것이다.

있으나, 이미 발표된 내용의 재발표는 일반적으로 허용되지 않는다.

▶ 한 수업에서 숙제로 제출한 과제물을 다른 수업의 과제물로 제출하는 것은 학습 윤리에 어긋난다.

▶ 조사학습 과제를 인터넷에 있는 내용을 복사해서 그대로 베껴 제출하는 것도 학습윤리에 어긋난다. 그리고 인터넷 자료의 신뢰성도 잘 따져보아야 한다.

2) 다른 사람의 업적을 인정한다.

가) 해당 학문 분야에 독창적 기여를 했을 때에는 그에 준하는 인정을 받을 자격이 있다. 그리고 우리가 앞서의 독창적 연구에 도움을 받았을 때에는 그런 사실을 밝혀야 한다.

나) 그것은 주로 인용을 통해서 이루어지는데, 인용을 할 때에는 다른 사람이 해당문헌을 찾아볼 수 있도록 자세한 서지 사항을 밝혀야 한다.

다) 다른 사람의 연구결과를 참조할 때 인용을 하는 것은 세 가지 목적을 가진다.

▶ 첫째, 사람의 연구결과를 인정하고 그 가치를 칭찬하는 것이다.

▶ 둘째, 나의 연구(혹은 과제물)를 읽는 사람들이 인용된 문헌을 찾아볼 수 있도록 하는 것이다.

▶ 셋째, 나의 연구(혹은 과제물)에서 인용한 부분이 정당화될 수 있는지 검증받기 위해서이다.

라) 표절이 잘못된 이유는 자기의 것이 아닌 것을 자기 것인 양 속여 발표함으로써, 다른 사람의 기여한 것을 인정하지 않기 때문이다.

▶ 다른 사람의 저작이나 연구결과를 제대로 인용하지 않고 그대로

빌려 쓰는 것은 표절이다. 반드시 따옴표 안에 넣고 인용해야 한다.
▶ 중심 생각이 같다면, 표현이 달라도 표절이라고 보아야 한다. 간접 인용의 경우에도 인용해야 한다.
▶ 인용을 했지만, 출전의 표기가 명확하지 않은 것은 부적절한 행위이다.

마) 공부하는 사람은 표절의 유혹으로부터 벗어나야 한다.
▶ 레포트 월드, 해피캠퍼스, 레포트 지식월드, 레포트샵, 레포트 매니아, 페이퍼패스..
▶ 과제물을 인터넷에서 사고파는 행위는 공부하는 사람의 영혼을 사고파는 것과 같다.
▶ 사는 것만 범죄가 아니라 파는 것도 범죄다.
▶ 인터넷의 다양한 정보를 이용하는 것이 잘못이 아니지만, 자신이 빌려 온 것은 반드시 인용해야 한다.
▶ 인터넷 정보는 확인한 날짜와 URL을 명기해야 한다.
▶ 인터넷 상의 정보라 하더라도, 저자가 불분명한 경우는 되도록 인용을 삼가야 한다.

3) 공정하게 경쟁한다.

가) 공부의 세계에서는 선의의 경쟁이 이루어지는데, 이 경쟁은 절대적으로 공평해야 한다.
나) 연구(과제물)에 기여하지 않은 사람의 이름을 표기하거나, 기여한 사람을 빼는 것은 공평하지 못하다.

▶ 조별 과제 수행을 위한 모임에 참여하지 않은 사람의 이름은 보고서에서 빼고, 해당자는 선생님에게 문의해서 대안을 마련해야 한다.

다) 시험 시간에 부정행위를 하는 것은 선의의 경쟁을 훼손하는 일이다.

3.2 공부의 규칙 지도 시 유의점

연구결과물에 대한 객관적인 평가와 철저한 검증의 중요성을 인식하고, 정직하고 책임 있는 연구를 수행하려는 의지와 태도를 갖도록 한다. 특히 공동 연구에 있어서 개인별 연구 업적에 대해 공정하게 인정하는 문제의 중요성에 대해 알아보고, 앞으로 공동 연구를 수행할 때 연구에 참여하는 올바른 태도와 의지를 가지게 한다.

활동자료 1	공부의 규칙
지도목표	학습과정에서 지켜야 하는 규칙을 알고 실천한다.

지희와 승호의 대화 글을 읽고 물음에 답해 보자.

지희 : 승호야! 숙제 다 했어? 지난 주 선생님께서 내주신 사회 조사학습 말이야.
승호 : 그럼, 금방 끝나던데.
지희 : 조사할 내용이 많은데 어떻게 그렇게 빨리 할 수 있어?
승호 : 인터넷 검색하면 다 나와. 내용이 너무 많아서 고르기가 힘들어 그렇지. 필요한 내용만 골라서 복사하니까 한 시간도 안 걸렸어.
지희 : 그럼 인터넷에서 베낀 내용으로 숙제를 제출하려고 하니?
승호 : 그게 뭐 어때서? 어차피 어렵게 조사해도 내용은 비슷할 건데 시간도 절약되고 편하잖아?
지희 : ???

1. 승호가 숙제를 한 방법에 대하여 말해 보자.
2. 조사학습이나 보고서 등을 작성할 때 승호처럼 다른 사람이 해 놓은 것을 그대로 베껴 쓰는 행위에 대해 자신의 생각을 이야기해 보자.
3. 조사 학습이나 보고서 등의 과제를 제시할 때에는 어떠한 점을 유의해야 하는지 서로 생각을 나누어 보자.

4. 공부/연구의 부정사례 살펴보기

다양한 형태의 연구부정행위 사례들을 통하여 연구부정행위가 무엇인지, 그것을 예방하기 위해 어떤 마음 자세를 가져야 하는지 알아본다. 연구부정행위로 인해 발생되는 문제점을 알아보고, 초등학생 시기는 물론 성인이 되어서도 바람직한 태도로 연구 활동을 수행하겠다는 실천 의지와 마음을 다지는 기회를 가진다.

4.1 공부, 연구의 부정 사례

연구부정행위는 다음과 같이 세 가지 종류로 나누어 볼 수 있다. 우리의 학습도 이와 유사한 잘못을 범할 때가 있다.

연구부정행위	이 유
위조	존재하지 않는 데이터(자료)나 연구결과를 만들고 이를 기록하거나 보고하는 행위
변조	연구, 재료, 기기, 절차 등을 조작하거나, 자료나 결과를 생략 또는 변경하는 행위
표절	타인의 생각이나 연구결과를 적절한 인용 없이 자기의 것인처럼 자신의 글에 사용하는 행위

다음의 세 가지 사례는 어떤 연구부정행위에 해당하며 그로 인해 어떤 문제점이 발생할지 예측해 보자.

사례 1   경희의 자유 연구 보고서

경희는 방학 동안 캠프활동을 하느라 학교에서 하는 자유 연구발표준비를 하지 못했다. 당장 개학을 하면 자유 연구발표를 해야 하는 데 걱정이 되어 작년에 언니가 했던 자료를 보니 '식물의 성장'과 관련해 자신이 계획했던 내용과 비슷하였다.
언니의 자료 파일을 찾아서 이름만 바꾸어 선생님께 자유 연구 보고서로 제출하였다. 선생님께서 방학동안 식물의 성장에 대한 연구를 충실히 잘하고 발표도 신경 써서 잘 준비했다고 칭찬해 주셨다. 경희는 자유 연구발표로 상까지 받게 되었다.

1. 연구부정행위의 종류는?
2. 문제점은?

사례 2   진수의 성적표

진수의 부모님은 시험성적이 좋으면 원하는 물건을 사주기로 약속을 했다. 현수는 기대를 하고 열심히 공부하여 시험을 치렀다. 성적표를 받아본 현수는 성적이 너무 나쁘게 나와서 원하는 물건을 얻지 못할까봐 안절부절하였다. 이를 본 친구 미정이가 좋은 방법이 있다며 알려 주었다.

  미정 : 성적표 보여 주기가 걱정되면 컴퓨터에서 '한글'이나 마이크로소프트 '프리
        젠 테이션'을 이용하여 만들면 돼. 나도 지난번에 그렇게 해서 부모님께 보
        여 드렸는데 모르시던데. 표를 만들고 성적표와 비슷하게 표를 만들어서 프

린터로 뽑은 다음 모양에 맞게 오려내면 된다니까.
진수 : 정말 그렇게 하면 되는 거야.
미정 : 그럼, 한 번 해봐.

  진수는 미정이가 알려준 방법대로 성적표를 만들어 부모님께 보여드리고 원하던 물건을 선물로 받았으나 왠지 마음이 이상하였다.

1. 이것을 연구부정행위로 비유한다면, 어디에 해당하는가?
2. 문제점은?

사례 3	한 학자의 연구발표

  어느 과학자가 난치병을 치료할 수 있는 줄기세포 연구를 수행하고 있었다. 빨리 개발에 성공해야 특허를 내고 큰 경제적 이익도 낼 수 있었다. 이에 주목한 국가도 이 과학자의 연구팀에 연구비를 몰아주고 연구를 격려했다. 그런데 줄기세포 개발은 쉽지 않았다. 줄기세포를 만들기 위해 이천 개 이상의 난자를 사용했지만 줄기세포와 관련된 세포주는 1개 밖에 나오지 않았다. 1개 밖에 없는 줄기세포 세포주도 문제였지만, 이천 개 넘는 난자를 사용했다는 사실이 밝혀지면 실용성이 부족해 연구결과의 상용화에도 적신호가 켜진다.

  이에 과학자는 1개의 세포주를 가지고 이리저리 찍고 합성해 12개의 줄기세포주를 확보한 것처럼 만들고, 난자도 이천 개가 아니라 백오십 개 정도 사용한 것처럼 만들었다.

1. 연구부정행위의 종류는?
2. 문제점은?

4.2 공부, 연구(학습)의 부정행위 사례 찾기

  연구부정행위가 발생하는 원인을 탐색하고, 정직한 데이터 관리 방법, 연구결과의 기록 방법, 바른 인용 방법 등 책임 있는 연구 활동 방법에 대해 알아본다.

활동자료	연구(학습) 부정행위 찾기
지도목표	- 인터넷 검색을 통해 연구부정행위 찾아보기 - 올바른 자료(데이터) 관리 방법에 대해 알아보기 - 인터넷 검색을 통해 표절과 관련된 연구부정행위 찾아보기 - 다른 사람의 생각이나 글을 바르게 인용하는 방법 알아보기

1. 연구 자료(데이터)를 정직하지 못하게 관리함으로써 발생한 연구부정행위 사례를 찾아 그 내용을 써 보자.

때	
곳	
내용	
시사점	
기타	

2. 다른 사람의 생각이나 글을 자신의 생각이나 글처럼 베껴 쓰는 연구부정행위의 사례를 찾아 그 내용을 써 보자.

3. 다른 사람의 생각이나 글을 자신의 연구보고서나 글에 인용하는 올바른 방법을 조사해 보자.

5. 나가는 말

 인간은 누구나 가치 있고 행복한 삶을 살고 싶어 하며 그것을 위해 끊임없이 노력한다. 우리가 어려서부터 올바른 행동, 가치 있는 행위가 무엇인가를 배우고 학교교육을 통해서 지식을 배우는 것은 바로 이러한 삶을 살기 위한 것이다. 학생들에게 제대로 인용하는 방법을 가르치고 학습윤리를 공유할 기회를 제공해야 할 의무가 교육자에게는 있다.

학습의 입문기에 있는 초등학생들에게 공부하는 사람으로서 마땅히 지켜야 할 학습 윤리를 지도함으로써 앞으로 성인이 되었을 때에도 연구에 참여하는 올바른 태도와 의지를 가지게 될 것이라 기대한다.

학습부정행위를 막기 위해서 다양한 방법이 모색되어야 한다. 다음 사례를 읽고 이 문제를 생각해 보도록 하자.

〈사례 1〉 '귀찮은 방학숙제 해드려요. – 대행업체 기승!'

학교 방학이 끝나는 주에 밀린 방학 숙제를 대신해 주는 업체들이 성행하고 있어 문제다. 인터넷에 방학 숙제 대행이라고 검색해 봤더니 독후감이나 만들기 숙제를 해주겠다는 사이트가 쏟아져 나왔다.

초등학생 숙제를 대신해 주는 비용이 얼만지 방학 숙제 대행 업자에게 알아보니 글 한 편당 보통 3만 원에서 4만 원이고, 과학탐구보고서는 9만 원에서 10만 원 정도라며 요즘엔 돈만 내면 원하는 숙제를 내려 받을 수 있는 인터넷 업체도 성업 중이라고 한다.

선생님들이 베낀 숙제가 무언지 알기 어려운데도 일부는 수행평가에 반영된다는 점도 문제이며, 스스로 문제 해결 능력을 기르고 성취감을 맛볼 수 있어야 하는데 죄의식 없이 표절을 하면 아이들이 도덕 불감증에 이기적으로 자라지 않을까 걱정하는 학부모의 모습에서 대책이 필요하다는 지적이다.

(출전: 황재헌 기자, MBN, 2013. 01. 28)

〈사례 2〉 '시험부정행위!'

진천군 M초등학교는 지난 8일 실시된 6학년 기말고사에서 이 학교 학생 6명이 사회과목 시험 도중에 핸드폰으로 정답을 주고받는 부정행위를 하다 적발돼 재시험을 치르는 소동이 벌어졌다. 이들은 시험이 끝나갈 무렵 자신의 핸드폰 문자메시지를 통해 정답을 보내는 형식으로 부정행위를 한 것으로 드러났다.

이에 따라 학교 측은 지난 10일 학교어머니회와 학교운영위원회를 긴급 소집해 회의를 가진 후 12일 재시험을 실시했다.

(출전: 조무주 기자, 국민일보 쿠키뉴스, 2005. 12. 05)

생각해 볼 문제

1. 방학숙제 대행과 학생들의 시험부정행위의 공통점은 무엇인가?
2. 방학숙제 대행과 학생들의 시험부정행위의 문제점은 무엇이라고 생각하는가?
3. 방학숙제 대행이나 시험부정행위를 없애기 위한 방안에는 어떤 것들이 있는가?

더 읽거나 가볼 만한 곳

1. 페르난도 샤바테르(2005), 『청소년을 위한 이야기 윤리학』, 웅진닷컴.
도덕적이라고 한정지어지지 않으면서 인간답게 자유로운 영혼으로 살기 위한 방법, 인간들 속에서 멋지게 사는 방법을 가볍게 일러주는 책으로 표절 문제를 구체적으로 다루지는 않지만 나의 행동을 들여다보게 하는 책이다.
2. 서울교육대학교(2009), 「초등학생을 위한 올바른 탐구활동 자료」, http://www.cre.or.kr/board/?board=educations.
초등학교 선생님들이 연구윤리를 지도하는 데 도움이 되는 교사용 지도서이다. 특히 초등학생에게 적절한 다양한 사례들을 참고할 수 있다.

참고자료

서울교육대학교(2009), 「초등학생을 위한 올바른 탐구활동 자료」, http://www.cre.or.kr/board/?board=educations
손화철(2009), 「공부하는 사람이라면」, http://grp.or.kr
이수정(2010), 『WHO? 토마스 에디슨』, 다산어린이.
호평초등학교(2010), 「더불어 행복한 자람을 실현하는 참사람 호평교육」, 경기도 교육청 100대 교육과정.

연구윤리 블로그 좋은 연구-http://blog.daum.net/cgrp79/7864077
연구윤리정보센터-http://www.cre.or.kr
지식채널e, http://home.ebs.co.kr
Center for Academic Integrity-http://www.academicintegrity.org/

제11장

초등 글쓰기 윤리

이점선·류성기

1. 들어가는 말

　한국학술단체총연합회의 연구윤리 지침 4조에 따르면 표절은 "의도적이든 비의도적이든 일반적 지식이 아닌 타인의 아이디어나 저작물을 적절한 출처 표시 없이 자신의 것처럼 부당하게 사용하는 학문적 부정행위"를 말한다. 그런데 현 사회에서의 표절 문제는 문학, 영상물(영화), 그림, 다양한 예술 방면 등 창작물뿐 아니라 전문 연구 분야, 대학생들의 보고서 및 졸업논문, 심지어 초등학교 학생들의 활동물에까지 문제가 되고 있다. 그래서 초등학교에서도 표절 방지 교육이 필요하다는 논의들이 대두되었다. 초등학생들에게 일어나는 문학이나 글쓰기에서 이루어지는 표절 양상은 대부분 글쓰기에 대한 부담감에서 일어난다. 그래서 초등학생의 경우 우선은 글을 제대로 쓸 수 있게 하는 글쓰기 교육이 필요하다. 남의 글을 베껴 쓰거나 거짓 정보로 쓴 글은 진실성이 없으며 법적 처벌을 받을 수 있다는 것을 인식시키고, 표절을 했을 경우 스스로 양심의 가책을 느낄 수 있게 지도해야 한다. 나아가 남의 글을 자기 글인 양 가져올 것이 아니라 정직하게 자기 글을 쓰도록 지도해야 한다. 그래서 여기에서는 초등 현장에서의 글쓰기 윤리 지도 방법을 알아보고자 한다. 먼저 어린이 글쓰기와 표절의 양상을 알아보겠다. 다음으로 어떻게 글쓰기 지도를 해야 할 것인지를 알아보겠는데, 정직한 글쓰기 지도, 자기 생각 글쓰기 지도의 관점에서 윤리적 글쓰기 지도 방법을 알아보겠다.

2. 글쓰기 표절과 글쓰기 방법

2.1 표절한 시와 창작시

윤리적 글쓰기란 저자에게서 생산된 결과물이 원고, 책, 논문, 보고서 등 어떤 형태일지라도 "글로 생산된 결과물의 저자가 그 결과물의 유일한 독창적 저자이며, 그가 다른 사람의 텍스트나 아이디어를 빌려올 때는 기존에 확립되어 있는 학문적 관례에 따라 명확하게 그 출처를 밝혀야 한다."는 기본 원칙을 준수하는 글쓰기를 말한다(L. A. 포스너, 정해룡 옮김, 2009:144). L. A. 포스너는 형식주의 글쓰기에서는 필자는 스스로 자기 글에 만족하게 되고 독자의 반응에 대해서는 관심이 없다고 한다. 교사는 어법, 문체, 내용 조직 방법, 맞춤법, 장르 규범 등 객관적 지도 요소만 중요시 하고 이러한 요소를 시범, 반복적인 연습, 모범적 글의 모방 등을 통하여 모든 학생이 같은 방법으로 습득하도록 교육이 이루어진다고 한다. 그런데 여기서 학생들은 같은 형식을 배우면서 '표절의 위험성'에 노출되는 글쓰기 교육을 받은 것이다.

다음 〈보기 글 1〉 가, 나)를 보자. 이 시는 박기용(2009:254)에 수록된 시다.

〈보기 글 1〉

가) 기성작가의 시	나) 표절한 학생의 시
길을 잃을까봐 철로 위로만 다니지요. 기차는 바아보 강을 건널 땐 무서워서 소릴 빽빽 지르지요 기차는 바아보 하모니카처럼 생겼어도 노래 한마디 못 하지요 기차는 바아보 (「기차는 바보」, 윤석중/동요작가)	전차는 바아보 넘어질까봐 줄을 잡고 다니니…… 전차는 바아보 길 잃을까 봐 철길을 타고 다니니…… 전차는 바아보 밤이면 무섭다고 불을 켜고 저렇게 커다란 몸뚱이인데도 사람보고 무섭다고 뿡뿡 겁먹고 소릴 내고…… (「전차는 바보」, ( )/중 2학년)

이 시를 보면 어린이 작품 '전차는 바보'라는 시는 기성작가 윤석중의 '기차는 바보'라는 시를 모방하여 지은 것이다. '-는 바아보, ㄹ까봐, -다니-' 등의 표현을 그대로 사용했을 뿐만 아니라 무서워서 소릴 지르는 것이나 불을 켜고 다닌다는 것 등 전체적인 시의 흐름이 같다. 단어와 몇 가지 표현만 바꾸었을 뿐 전체적으로 표절하여 글을 쓴 것이다. 그래서 이 표절시에는 글쓴이의 독창적인 세계가 들어있지 않아

서 죽은 시, 나쁜 시가 되고 말았다. 이러한 현상은 '형식적 표절'에 해당한데, 그래서 시 쓰기 지도를 할 때에는 형식주의 관점을 넘어선 지도를 해야 한다.

이제 〈보기 글 2〉를 보자. 박기용(2009:254)에 수록된 시다. 이 글은 〈보기 글 1〉보다는 자기 주관적 관점에서 시를 썼지만 표절의 예이다. '꽃씨'가 싹을 낸 후 자라고 또 꽃이 피면서 일어날 수 있는 일들을 상상한 내용을 표절한 것이다.

〈보기 글 2〉

가) 기성작가의 작품

꽃씨 속에는
파아란 잎이 하늘거린다.

꽃씨 속에는
빠알가니 꽃도 피어있다.

꽃씨 속에는
노오란 나비 떼도 숨어 있다.

「꽃씨」, 최계락/동시시인)

나) 모방작

까아만 꽃씨 속에는
자물통이 채워져 있다.
아무리 열려고 해도 열리지 않는
단단한 자물통이 채워져 있다.

저 조그마한 비밀의 방 속에
무엇이 들어 있길래
저리도 단단한
자물통을 채워 뒀을까?

노랑, 빨강, 꽃잎이 들어있을까?
향기로운 향기가 들어 있을까?

저 조그마한 비밀의 방을
뽀개어 보고 싶구나.

(「꽃씨」, 6학년)

〈보기 글 2〉의 어린이 작품은 기성작가의 시를 모방한 시로서 여기에는 지은이의 생각과 감정이 들어 있지 않아 감동이 없다. 시를 모방하여 표절하는 것은 매우 잘못된 것이며, 생명이 없는 죽은 시가 된 것이다.

그러면 〈보기 글 3〉의 시를 비교해 보면서 과연 어떻게 시를 써야 할 것인지 알아보자. 이오덕(1999:111)에 수록된 어린이 시이다.

〈보기 글 3〉

가) 내 동생 　　　　　　　　　　5학년 여	나) 내 동생 지희 　　　　　　　　　　4학년 남
내 동생은 내 동생은 욕심꾸러기 지우개도 장난감도 뺏으니까. 내 동생은 내 동생은 장난꾸러기. 사이좋게 친구들과 놀 때면 언제든지 찾아와서 방해하니까.	내 동생 지희는 거의 1년 동안 목이 아파왔다. 병원에 가도 안 되어서 엄마하고 같이 태백 기도원에 가 있다. 그래서 아버지하고 내하고 둘이 밥해먹고 있다. 동생을 생각하면 눈물이 난다. 오늘도 반찬은 김치, 멸치, 이 두 가지로 먹는다 아버지는 직장에 가야하기 때문에 아침에 밥을 지으면 하루 동안 먹어야 한다. 밥이 모자라면 저녁에는 굶든지 사 먹는다 나는 엄마의 반찬 솜씨와 밥을 먹어 봤으면 좋겠다. 동생과 놀이터에 가서 그네도 같이 타며 즐겁게 놀고 싶다. 나는 엄마하고 동생하고 같이 살고 싶다.

위 〈보기 글 3〉의 가, 나)를 비교해서 어느 글이 남의 글을 베낀 경우일까. 흔히들 창조는 모방에서 온다고 하지만 글쓰기에서는 다르다. 글쓰기를 모방한다는 것은 어린이가 가지고 있는 성품과 재능을 무시한 것이며, 인간 고유의 창의성, 독창성을 짓밟아버리는 행위이다. 그

래서 교사의 역할은 정직하고 독창적인 글을 쓸 수 있도록 안내하는 역할을 잘 해야 한다. 〈보기 글 3〉의 가)는 흔히 신문이나 잡지에 나오는 동시이다. 잘 썼지만 누구나 쓸 수 있는 시이다. 〈보기 글 3〉의 나)는 어린이의 마음이 느껴지면서 감동을 주고 시를 쓴 어린이에 대해서도 궁금해진다. 이런 글이 살아 있는 글이라 할 수 있다. 교사는 어린이들이 나)와 같은 글을 쓰도록 지도해야 할 것이다.

2.2 글쓰기 지도 방법

어린이들이 글쓰기에서 모방을 비롯한 표절을 하지 않게 하기 위해서는 글쓰기 지도를 잘 해야 한다. 그래서 글쓰기 지도의 원리가 필요하고 원칙을 가르칠 필요가 있는 것이다. 글쓰기 지도 시 필요한 주의점을 들면 다음과 같다.

첫째, 과정중심 글쓰기 지도가 필요하다. 학생이 쓴 글의 오류를 지적하는 정도이거나 좋은 글을 모방하게 하는 지도는 학생의 글쓰기 능력을 신장시킬 수 없다. 글쓰기 과정을 정확하게 가르쳐 기능이나 전략을 익힐 수 있게 한다. 글쓰기 과정은 크게 계획하기, 내용 생성하기, 조직하기, 고치기 등으로 각 과정에서 교사의 지도가 들어가야 한다.

둘째, 구체적인 방법을 가르쳐주어야 한다. 글쓰기에 필요한 지식 위주로 가르치는 게 아니라 글을 쓰는 데 필요한 방법을 가르쳐야 한다.

셋째, 무엇을 가르칠까 하는 문제로 내용 자체보다는 방법을 알도록 지도해야 하는 것이다. 예를 들면 글쓰기 시간에 '부모님께 효도하자'에 대해 글을 쓴다고 하자. 이때 중요하게 생각해야 하는 것은 부모님께 효도하는 마음을 갖게 하는 것이 쓰기 수업의 목표가 아니라 글을 쓰는 방법을 아는 것이다. 이때 어떤 형식과 내용을 쓸 것인가 계획하고 내용을 생성하여 글을 쓰는 것이다. '편지글' 형식으로 글을 쓴다면 우선 '편지글 형식'을 알고 있어야 한다. 내용을 쓸 때에 미숙한 저학년일 경우는 "낳아 주고 키워 주고 학교 보내 주어서 정말 고맙습니다. 부모님 은혜를 꼭 갚겠습니다. 사랑해요."라는 말을 주로 사용한다. 하지만 왜 고마운지 이유를 구체적으로 밝혀야 읽는 부모님께서 공감하고 '정말 내 자식이 잘 알고 있구나.' 하고 감동하실 수 있는 것이다. 구체적인 내용을 보면 다음과 같다.

  1) 부모님께 진짜 서운했거나 실망했었던 경우를 솔직하게 쓴다.(동생이 거짓말 했는데 계속 내 말을 믿어 주지 않으셨을 경우 등)

  2) 나를 감동시킨 구체적인 사건을 돌이켜본다.(시험을 망쳐 혼나는 줄 알았는데 다음에 잘 할 수 있다며 꼭 안아 주셨을 때)

  3) 부모님이 힘드신 점을 구체적으로 알고 있다.(밤늦게 집안일을 마무리하시고 아침 일찍 밥상 차려 주시고 출근 하시는 점 등)

  넷째, 사실에 바탕을 둔 진실한 글쓰기 지도를 해야 한다. 사실을 제대로 표현하는 일은 진실된 글쓰기에서 기본이 된다. 심지어 감정을 노래하는 시에서조차 사실을 다르게 묘사하거나 서술하면 진실에서 벗어난 오류를 범하게 된다. 글쓰기에서 중요하게 생각하는 상상력도 반드시 사실과 진실에 바탕을 두어야 한다. 왜냐하면 글쓰기는 단순히 쓰는 행위를 뛰어넘어 자신의 진실된 마음을 글로 표현하는 일이기 때문이다. 정직한 글쓰기는 사실을 사실대로 표현할 줄 아는 진실에서 출발하는 것이다.

  다섯째, 학생들의 개인차를 중요시한 지도를 해야 한다. 학생들의 과제 중에서 글쓰기만큼 개인차가 뚜렷하게 보이는 것도 드물다. 학생이 가지고 있는 지식이나 상상력을 동원하여 표현하는 일은 단순히 외워서 문제를 푸는 문제와는 다르기 때문에 개인차가 심하다. 그리고 개인이 겪은 경험이나 환경적 요인이 가장 민감하게 적용되기 때문에 개인차를 존중해 주고 배려해 주는 지도를 해야 한다.

여섯째, 형식주의에 빠지지 않고 자유스럽게 글쓰기를 하도록 해야 한다. 너무 시의 형식에 맞추어 글을 쓰려 하면 기성작가들의 시를 모방하는 시를 쓰기 쉽다. 그래서 자신의 감정을 솔직하게 쓸 수 없게 된다. 그러므로 형식에 얽매이지 않고 자유롭게 글을 쓰도록 해야 한다. 〈보기 글 3〉의 가) 글은 형식을 중시했고, 나) 글은 형식에 얽매이지 않고 자유롭게 쓴 시이다. 형식에 얽매이지 않으니까 진실된 글을 쓸 수 있게 된 것이다. 물론 형식에 맞춘 시가 모두 진실된 시가 아니라는 것은 아니다. 얼마든지 진실한 시일 수 있다. 그러나 적어도 어린이들이 시 쓰기에 익숙하게 되기 전까지는 형식에 얽매이지 않는 시 쓰기 지도를 하는 것이 좋다.

3. 정직한 글쓰기 지도

표절은 원전이 존재하는데도 불구하고 마치 자기가 창조한 것처럼 가장하는 행위이기 때문에 부도덕하다고 할 수 있다. 초등학교 학생의 경우는 글쓰기에 있어 많은 어려움을 겪고 있고, 학급 내 5% 이내의 학생을 제외하면 글쓰기는 어려운 과제인 것이기 때문에 남의 글을 모방 또는 표절하여 쓰는 유혹을 받게 된다. 그래서 글짓기를 할 때 기성작가의 글을 베껴서 자기 것처럼 쓰거나 다른 친구가 쓴 글을 보고 비슷하게 바꾸어 쓴다. 그런데 문제는 어린이들이 이런 행위가 표절이며, 또 표절은 부도덕하고, 또 저작권 문제와 결부되면서 손해 배상도 해야 할 경우가 생긴다는 것을 인식하지 못하고 있다는 것이다. 그래서 표절하지 않는 정직한 글쓰기를 하도록 지도해야 한다.

글을 쓰려면 우선 주제를 생각하고 글감을 생각하고 문장 구성에 능해야 한다. 하지만 학생들은 우선 무엇을 어떻게 써야 할지 망설이고 주춤거린다. 이런 미숙한 학생들이 쓸 거리가 없어 고민할 때 '문학적 상상력'을 허용하여 없는 사실을 있는 사실처럼 꾸며 자신의 감정을 표현하게 하면 안 된다. 산문이나 시에서 남의 글을 베끼거나 없는 사실을 허위로 만들어 실제 있었던 것처럼 쓰게 하는 것은 분명하게 비정직성을 심어 주는 교육이다. 그러다보니 글짓기에 정답처럼 일정한 형식이 필요하고 인터넷에서 자기 글이 아닌 남의 글을 그대로 베껴 마치 자기가 생각한 것처럼 처리하여 제출하게 된다. 이때 교사는 학생이 낸 글을 정확하게 읽을 줄 알아야 되며 표절인지 아닌지 구별하여 지도하여야 한다. 학생들은 남의 글을 베껴 쓸 때 '이것은 비도덕적 행위이며 범죄이다.'라는 죄책감을 가지지 않는 것이 더 큰 문제이다. 남의 물건만 훔치는 것이 도둑질이 아니라 남의 글을 함부로 베껴 쓰는 것도 똑같다는 걸 심어 주어야 한다. 표절은 나쁜 행동이며, 해서는 안 된다는 것을 깨닫게 해야 한다. 남의 글이나 생각을 베끼다 보면 언젠가 책임을 물어오는 일을 겪을지도 모르고, 남의 글을 베끼다 보면 진짜 자기가 하고 싶은 말을 글로 표현하는 데 익숙해질 수가 없다.

정직한 글쓰기 지도를 위해서는 다음 몇 가지를 주의하여 지도해야 한다.

첫째, 학생들이 표절의 심각성을 스스로 깨달을 수 있도록 일화나 경험을 통해 지도한다.

둘째, 표절을 통해 불이익을 받은 예를 실제로 보여 주면 효과적인 수업이 된다.

셋째, 지금 당장 법적인 처벌이 없더라도 도덕적인 책임이 따른다는 것을 일깨워준다.

넷째, 어른들의 어려운 말을 사용하기보다는 쉬운 일화를 통해 지도한다.

다섯째, 학생들의 느낀 점을 솔직하게 나타내어 자신의 다짐을 표현하도록 한다.

요즈음 학생들은 인터넷을 아주 다양하게 활용하고 있다. 교육과정에서도 폭발적 정보 시대에 대응하기 위한 자기 주도적 학습 방안으로 정보 교육을 중요시 하고 있다. 학생들은 과제 해결이나 자료조사를 위해 주로 인터넷을 이용한다. 하지만 문제는 자료조사가 검색을 그대로 복사하여 사용한다는 것이다. 자료조사에서도 분명히 필요한 자료를 추출하여 제출자의 관점에서 해석하여 제출할 수 있어야 하는데 그대로 복사하여 표절하기 때문에 어떤 과제를 제출했을 경우 거의 비슷한 내용을 제출한 경우가 발생한다. 글쓰기의 경우 인터넷에서 복사하여 마치 자기 것인 양 제출하는 것이 가장 심각한 문제로 볼 수 있다. 이는 창작성 문제도 있지만 표절로 저작권 위배 및 도덕성 결여 문제까지 발생할 수 있기 때문에 반드시 지도해야 할 문제이다.

다음 예시는 2012년도 진주에 소재한 'ㅊ' 초등학교의 글쓰기 과제를 검사한 결과 인터넷에서 검색하여 거의 그대로 내용을 복사하여 낸 경우로 자기 생각과 정보를 제대로 재구조화하여 쓰지 못한 경우를 보여준다. 〈보기 글 1〉 가, 나) 글은 보고서가 아닌 '자기 생각 글쓰기' 과제에 인터넷에서 검색한 자료를 정리하여 제출한 예인데, 특히 나) 글은 인터넷의 내용을 거의 그대로 옮겨 온 것이라 할 수 있다.

〈보기 글 1〉

가) 세금이 중요한 까닭

c 초등학교 6학년 한○희

세금은 크게 국세와 지방세로 나누어진다.
국세는 말 그대로 나라에서 나라 살림을 위해 걷는 세금이고 지방세는 시청이나 동사무소, 지방자치 단체에서 걷는 세금이라고 한다.
우리나라에는 편의 시설이 많다.
그 편의시설은 우리국민이 낸 세금이라고 한다. 우리가 빠르게 다른 곳으로 갈 수 있도록 만들어진 고속도로, 여러 문제들을 해결하여 주는 경찰서와 소방서, 우편물을 배송해 주는 우체국 등이 그 예이다. 고속도로 같은 것이 없으면 모임에 가거나 할머니 댁에 가게 되면 일찍 출발하여 힘들어질 것이다. 우리가 낸 세금으로 돈을 버는 직업들도 많다. 경찰관, 소방관, 군인, 시청이나 동사무소에서 일하는 사람들 같은 공무원들이 이런 직업에 해당된다.
세금이 없으면 이런 직업들이 없어지게 되는데 경찰관이 없으면 도둑이나 강도 등을 잡지 못해 집 전체가 타는 등 피해가 많을 것이고 군인들이 없다면 전쟁이 일어나도 싸우지 못하고 패배하여 국가가 사라지거나 약하게 되고 많은 사람들이 잡혀가거나 죽을 것이다.
이런 여러 가지 경우를 보면 세금은 정말 중요한 것 같다. 나는 세금의 중요성을 알고 지켜야겠다.

나) 세금

c 초등학교 6학년 정○훈

세금이란 나라에서 중요한 일들이 많은데 여기에 필요한 비용을 마련하기 위해 국민들이 나누어 내는 돈을 세금이라고 한다. 즉 세금은 국민 누구나 분담해야하는 나라의 공통 경비라고 한다.
세금의 종류는 지방세, 구세, 목적세, 종합소득세, 법인세, 부가가치세, 양도소득세, 상속세, 교통 에너지 환경세, 교육세, 농어촌특별세, 주민세, 취득세, 등록세, 재산세, 도시계획세, 공동시설세 등 많은 종류가 있다. 이렇게 많은 세금들은 다 어디에 쓰일까? 세금은 크게 국세와 지방세로 구분된다고 하는데 국세는 말 그대로 나라의 살림을 꾸려나가는데 필요한 돈을 세금으로 걷는 것이고, 지방세는 시청, 구청 등에서 걷는 세금이다.

그래서 이런 학생들에게는 우선 다음과 같은 지도 목표를 가지고 지도해야 한다.

첫째, 인터넷에서 조사한 내용을 바탕으로 하여 정직하게 글을 써야 한다.

둘째, 인터넷에서 그대로 글을 가져오는 행위는 지적재산권을 침해하는 것임을 알게 한다.

셋째, 검색한 자료를 그대로 베끼는 행위가 계속되면 스스로 글 쓰는 능력을 키울 수 없어 학년이 올라갈수록 글쓰기에 어려움을 겪게 된다는 것을 알게 한다.

실제로 '글쓰기'를 입력하여 검색하면 아래에서 볼 수 있는 바와 같이 한 지식창에서 다음과 같은 다양한 글을 보여 준다. 어려운 글쓰기 숙제를 복사 한 번, 붙이기 한 번으로 해결해 버릴 수 있다. 요즘처럼 여유 없는 학생들에게 이처럼 달콤한 해결책이 어디 있을까?

건강글짓기1 / 건강글짓기2 / 건강글짓기3 / 건강글짓기4 / 건강글짓기5 / 건강글짓기6
경제글짓기1 / 경제글짓기2 / 경제글짓기3 / 경제글짓기4 / 경제글짓기5 / 경제글짓기6
과학글짓기1 / 과학글짓기2 / 과학글짓기3 / 과학글짓기4 / 과학글짓기5 / 과학글짓기6
과학보고서1 / 과학보고서2 / 과학보고서3 / 과학보고서4 / 과학보고서5 / 과학보고서6
교통안전글1 / 교통안전글2 / 교통안전글3 / 교통안전글4 / 교통안전글5 / 교통안전글6
국토사랑글1 / 국토사랑글2 / 국토사랑글3 / 국토사랑글4 / 국토사랑글5 / 국토사랑글6
금연글짓기1 / 금연글짓기2 / 금연글짓기3 / 금연글짓기4 / 금연글짓기5 / 금연글짓기6
나라사랑글1 / 나라사랑글2 / 나라사랑글3 / 나라사랑글4 / 나라사랑글5 / 나라사랑글6
녹색성장글1 / 녹색성장글2 / 녹색성장글3 / 녹색성장글4 / 녹색성장글5 / 녹색성장글6
다문화가정1 / 다문화가정2 / 다문화가정3 / 다문화가정4 / 다문화가정5 / 다문화가정6
독도글짓기1 / 독도글짓기2 / 독도글짓기3 / 독도글짓기4 / 독도글짓기5 / 독도글짓기6
물사랑하기1 / 물사랑하기2 / 물사랑하기3 / 물사랑하기4 / 물사랑하기5 / 물사랑하기6
불조심하기1 / 불조심하기2 / 불조심하기3 / 불조심하기4 / 불조심하기5 / 불조심하기6
사이버윤리1 / 사이버윤리2 / 사이버윤리3 / 사이버윤리4 / 사이버윤리5 / 사이버윤리6
세금글짓기1 / 세금글짓기2 / 세금글짓기3 / 세금글짓기4 / 세금글짓기5 / 세금글짓기6
아가모운동1 / 아가모운동2 / 아가모운동3 / 아가모운동4 / 아가모운동5 / 아가모운동6
안전글짓기1 / 안전글짓기2 / 안전글짓기3 / 안전글짓기4 / 안전글짓기5 / 안전글짓기6
양성평등글1 / 양성평등글2 / 양성평등글3 / 양성평등글4 / 양성평등글5 / 양성평등글6
에너지절약1 / 에너지절약2 / 에너지절약3 / 에너지절약4 / 에너지절약5 / 에너지절약6
연평도사건1 / 연평도사건2 / 연평도사건3 / 연평도사건4 / 연평도사건5 / 연평도사건6
우체국예금1 / 우체국예금2 / 우체국예금3 / 우체국예금4 / 우체국예금5 / 우체국예금6
위안부문제1 / 위안부문제2 / 위안부문제3 / 위안부문제4 / 위안부문제5 / 위안부문제6
음식문화글1 / 음식문화글2 / 음식문화글3 / 음식문화글4 / 음식문화글5 / 음식문화글6

학생들은 인터넷에서 복사한 글을 그대로 제출하거나 조금 머리를 쓴 학생들은 자기 처지와 비슷하게 상황과 인물의 이름을 바꾸어 재구성한 후 제출하게 된다. 2009 개정 교육과정 5·6학년군 내용 성취기준에서 "(6)다양한 매체에서 조사한 내용을 바탕으로 쓰기 윤리를 지키며 글을 쓴다."처럼 구체적으로 글쓰기 윤리를 다루게 된 까닭도 이런 학생들의 문제점과 현 사회에서 요구하는 저작권 윤리에 대한 지도를 하기 위한 것이다. 그래서 학생들이 인터넷에서 자료를 얻더라도 그대로 복사하거나 내용을 그대로 베끼는 행위를 하지 않도록 하고, 검색한 자료를 잘 읽어보고 참고 자료로만 활용해야 한다는 것을 가르쳐주어야 한다. 나아가 필요한 내용을 자신의 관점에서 편집하는 기술도 익히도록 지도해야 한다.

다음 박기용(2009:301)에 제시된 〈보기 글 2〉 가), 나)를 살펴보자.

글 가)는 본 것을 자세하게 묘사하면서 자기 생각을 설득력 있게 설명한 설명문이다. 하지만 내용면에서 정말 어린이가 쓴 글이 맞는가 하는 의구심이 들게 한다. "나보다도 남을 우선으로 생각해야 한다."는 말은 요즘 아이들의 생각이라기보다는 어른이나 선생님이 한 말이라는 생각이 더 든다.
만약 이 어린이가 정말로 이런 생각을 하고 이 글을 썼다면 정말 칭찬할 만한 일이지만 자기 생각이 아닌데도 이렇게 썼다면 문제가 된다. 이때 교사는 이 글이 정직한가를 판단해야한다. 글 속의 생각이 어린이 수준에 맞게 썼는가를 평가해야 하는 것이다. 글 나)는 어린이의 생각을 참 솔직하게 드러내어 글을 읽는 사람이 스스로를 돌아보게 할

⟨보기 글 2⟩

가) 오후 세 시, 부산가는 고속버스를 타러 바쁘게 터미널 쪽으로 걸어가고 있었다. 하얀 가운을 입은 아가씨들이
"헌혈하세요."
"헌혈 좀 해 주세요."
하며, 아저씨, 아주머니들에게 사정하다시피 했다. 엠블런스 차에는
"A형 혈액 급히 구함."
이라고 쓰여 있었다.
지나가는 사람들은 헌혈에는 관심이 없었다. 가운을 입은 아가씨들이 접근할까봐 미리부터 멀리 돌아서 갔다.
나는 용기를 내서 가운 입은 아가씨들에게 말을 걸었다.
"누나, 제 혈액형이 A형인데 헌혈을 해 주세요."
하고 말했다. 누나는
"고맙지만, 꼬마 같은 마음이면 얼마나 좋겠니?"
하고 되뇌었다. 피를 구하지 못한 아쉬운 표정이 역력했다.
9.11테러가 났을 때 미국 국민들도 너도나도 헌혈로 아픔을 나누었다던 신문기사가 생각났다. 이 세상은 혼자서는 살 수 없다고 사회시간에 배웠다. 우리나라 사람들도 미국처럼 큰 사건이 터지면 피를 나누어 주는 사람이 줄을 서겠지만, 평소에 피 한 방울이라도 나누어 쓰는 마음이 더 중요할 거라고 생각을 했다.
함께 사는 사회에 동참하는 길은 나보다도 남을 우선으로 생각하는 마음이어야 하지 않을까?

(「함께 사는 사회」, 6학년 김상배, 2005:80)

나) 나는 피아노 선생님이 너무나 좋다. 나는 원래 피아노 치기를 아주 싫어하여서 세 군데나 다니다가 다 끊었는데, 친구 이은정 어머니가 아주 좋은 피아노 선생님을 소개해 주어서 지금 그 피아노 선생님한테 배우고 있다. 피아노 선생님 이름은 오경희인데, 음악 전공으로 대학을 나오셔서 지금 동생과 나 그리고 여러 아이들이 오경희 선생님에게 배우고 있다. 오경희 선생님은 화내시는 일이 거의 없다시피 해서 아이들이 거의 다 선생님을 존경하며 따르고 있다. 그래서 피아노에 관심이 완전히 없었던 내가 많은 관심을 쏟게 되었다. 그리고 오경희 선생님은 아이들에게 협박을 안 하셨다. 그 협박이란 아이들이 피아노 연습을 못해 피아노를 잘못 치게 될 경우 하루 종일 여기서 피아노 연습만 하라느니, 어디를 놀러가지 못하게 할 거라느니, 여러 가지 협박을 늘어놓는 것이다. 그래서 내가 피아노 학원을 끊었던 이유가 선생님들의 협박 때문이다. 또 오경희 선생님은 이제 401호로 이사를 가시는데, 짐들을 챙기시다가 내가 필요한 물건이나 선생님이 작아서 못 입는 옷은 나를 주셨다. 나는 이렇게 상냥하고 친절하고 혼내시지 않는 선생님이 참 좋다.

(「피아노 선생님」, 6학년 정은혜, 이오덕 1993:36)

수 있는 좋은 글이라 할 수 있다. 선생님에 대한 경험을 바탕으로 내 생각과 느낌을 잘 나타내었다. 그래서 글쓰기를 할 때는 〈보기 글 2〉 나)에서 보는 것처럼 자기 생각을 정직하게 펼칠 수 있어야 하며, 이런 생활문을 쓸 때는 자기 중심 생각을 펼치기 위해 겪었던 일을 상세하게 묘사할 수 있도록 지도해야 한다. 제목과 내용이 일치해야 하며 자세하게 묘사하되 간결한 문장을 쓰도록 지도해야 한다. 자기 생활에 대해 정직하고 솔직하게 써야 자기 삶을 돌아보고 가꿀 줄 아는 글쓰기가 되기 때문이다.

4. 자기 생각 글쓰기 지도

어린 학생들이 의도하지는 않았지만 표절을 하게 된 여러 가지 이유가 있다. 그 중에서 가장 심각한 것은 2007 개정교육과정까지는 국어과 쓰기 교육에서 글쓰기 윤리 문제에 대해 다루지 않았다는 점이고, 다음으로는 입시 위주로 치닫는 입시 목표 지향주의적 가치관으로 글쓰기 문제를 소홀하게 했다는 점이다. 대학교를 졸업한 사람이 자기 생각을 표현하는 편지글도 제대로 못 쓰는 경우가 파악된 뒤 자기주장과 생각을 펼치는 '논술쓰기'가 성행하였다. 하지만 어릴 때부터 독서나 자기 생각 글쓰기에 익숙하지 못한 학생들은 당황스러워 하면서 큰 혼란을 겪었다. 논술이란 고등학교 수능시험을 마친 학생들이 단기간에 기술을 익혀 쓸 수 있는 단순한 글쓰기였을까? 실제 2012학년도 J시 D고등학교에 재학하던 B학생은 수학이나 영어 성적이 우수하여 거의 전교 1등급 수준이었으나 대학교 수시모집에서 자기소개서를 제출해야 했을 때 논술학원에 부탁하여 소개서를 완성하였다. 학원이나 학부모, 학생들 사이 분위기는 학생 스스로 소개서를 쓴다면 통과할 확률이 낮아진다는 것이다. 읽는 사람의 마음을 움직일 극적인 상황이나 구체적인 표현을 학원이나 글 쓰는 전문가가 손보지 않으면 통과할 수 없다는 것이다. 이런 점 때문에 고 3 학생들은 자기 생각을 펼쳐 써 보기도 전에 학원가에 떠도는 모범 답안지를 보고 비슷하게 베낄 수밖에 없게 되었다. 이것은 학교 글쓰기 교육에서 제대로 자기 생각을 글로 써 보는 교육을 받지 못했기 때문이다.

그러면 이제 다시 초등학교로 돌아와 초등학교 국어 교과서에 실린 시가 어린이들의 자기 생각 시 쓰기에 어떤 영향을 미칠지 알아보자. 먼저 2007 개정 국어 교과서에 실린 본보기 시는 거의 어른 작가들이 쓴 시였다. 2012년도 국정 국어 교과서에 실린 시는 99% 이상이 기성 작가가 쓴 시를 다루고 있다. 그것도 교사용 지도서에 소개된 어린이 시를 제외하면 거의 기성작가의 시를 통하여 시 지도가 이루어지고 있다. 국어과 교사용 지도서를 살펴보면 평가 자료와 동기유발 자료, 심화활동을 위한 보충 자료를 포함해서 소개된 시가 1학년 31편, 2학년 29편, 3학년 18편, 4학년 30편, 5학년 32편, 6학년 24편으로 그 중 어린이 시는 5학년 1학기 평가 자료에서 이수연(강원도 오색초등학교 5년)의 버들강아지, 황동곤(울진 온정초등학교 4년)의 감홍시, 김영진(강원도 봉정초등학교 5)의 안개밖에 찾을 수 없다. 그렇기 때문에 학생들은 교과서에 실린 성인 작가들이 쓴 동시를 감상하고 모방하면서 자기 생각을 솔직하게 드러내는 법이나 생각을 글로 표현하는 방법을 낯설어 하게 되었다. 6, 7차 교육과정에까지 많이 소개되던 어른이 쓴 동시는 2009 개정 국어 교과서에서는 어린이글이 두 편 실리게 되었다. 시는 시 쓰기가 주된 학습목표가 아니고 자기가 일상생활에서 느낀 것을 시 형식으로 표현한다고 볼 때 어떻게 어린이가 생활하지 않은 시대의 감성과 경험을 살려 노래한 시로 학생들에게 감동을 줄 수 있겠는가? 어른들이 쓴 동시, 이러한 시가 학생들에게 자기 생각을 제대로 표현한 글을 읽을 기회를 빼앗는 것이다.

다음 〈보기 글 1〉은 아이의 생각이 잘 드러나는 시이다. 가)-마) 글 중 어느 글이 더 정직하게 자기 생각을 드러냈을까?

〈보기 글 1〉

가) 시험공부

열심히
하면
똑똑해지는
공부
재밌는
공부
친구들과
함께 하는
공부

(c초등학교 2년 강○○ /2012.11/17)

나) 공부

시험공부를 했다. 며칠
남지 않아서 아빠가 2시
까지 시켰다 눈이 빠지
도록 공부하고 잔다고
진짜 진짜 힘들었다.
눈을 감으니 진짜 편했다

(c초등학교 2년 권○○/2012.11/17)

다) 일기글

전우치

오늘은 수 목 드라마 '전우치'를 봐야 한다. 그런데 오늘은 보여주지 않는다. 이유를 여쭈어 보았더니 누나 때문에 안 보여 주는 거라고 했다. 그러면 누나만 안 보면 되지, 왜 나까지? 아빠를 설득해 보아도 보여 주지 않는다. 누나가 놀아줄 때는 좋지만 지금은 화가 나고 짜증난다. 왜? 누나 때문에… 난 우리 누나가 성격이 달라졌으면 좋겠다. 그랬다면 지금은 '전우치'를 마냥 볼 수 있는데…

난 누나가 세상에서 내 길의 가장 큰 걸림돌처럼 너무 싫다.

(c초등학교 2년 권○○)

날씨
얼음이 녹았다. 나는 잘 됐다고 생각한다. 얼음이 있으면 사람들이 올라가고 그게 깨지면 사람이 빠지고 물살에 쓸려 내려가 죽게 된다. 난 오늘이 참 잘 된 것 같다.
(ⓒ초등학교 2년 이○○)

라) 생활문

나를 키워낸 아토피

나는 3살 때부터 아토피를 가지고 있었다.
낮에는 건조하지 않아서 그렇게 간지럽지도 않았지만 밤이 되면 간지러워서 잠을 자지 못했다. 그래서 늘 1시간 씩 정도로 늦게 자므로 정말 힘들었다. 어떤 때는 1시간 30분 동안도 못 잘 때가 있어서 나 자신에게 미안하고 서럽고 억울해서 눈물이 주르륵 흘러내릴 때도 있었다. '나만 왜 이게 걸렸을까?' '다른 친구들은 다 괜찮은데 왜 나만 이렇게 되었지?'라는 생각이 들어서 너무 서러웠다.
밤을 그렇게 넘기고 아침이 되어 학교에 가면 어떤 날엔 얼굴이나 코 밑이 빨개서 친구들이 '야, 너 얼굴이 왜 그래?' '야, 너 왜 코 밑이 빨개?' '아~아토피 때문이지?' 하고 묻고 짐작했다. 난 웃으면서 답했지만 속은 부글부글 끓고 꼭 그런 것을 물어보는 친구들이 야속했다. 나는 아토피가 얼마나 힘든지 모르는 친구들이 자기 마음대로 듣는 사람 생각도 하지 않고 그런 걸 물어볼 때면 나는 답하고 나서 눈에 눈물이 가득 찼다. 그리고 친구들이 미웠고 억울했다.
그래서 나는 물을 마시고, 불량식품도 거의 다 안 먹었다. 친구들이 하루에 물을 2잔 마실 때 나는 4잔을 마시고 친구들이 좀 짜고 몸에 별로 좋지 않은 과자를 6살 때 알게 되면 나는 8살에 알게 되었다. 그때는 정말 싫었지만 그런 것을 참아서 더욱 건강해 졌다는 생각을 하게 되었다.
아토피로 인해 어릴 때는 힘들었지만 지금은 좋은 생각을 가지게 되었다. 그리고 나는 이렇게 되었다. 남이 책을 하루에 2권 읽을 때 나는 5권을 읽고 남이 학원 3개를 다닐 때 나는 다니지 않았다. 이런 것을 보면 아토피로 인해서 컸고 끈기를 기르고 거의 모든 것을 참을 수 있게 되었다.
아토피 덕분에 나는 지금까지 오면서 아토피보다 힘든 것은 없었고, 그래서 다른 아이보다 더욱 인정받고 깊게 생각하고 공부를 즐거워하는 아이가 되었다.
이제는 감사한다. 내 아토피한테 말이다. 빨리 낳으면 좋겠지만, 더욱 많은 것을 깨우치게 하려고 아직도 있다고 생각하기로 했다. 하지만 점점 낫고 있는 것을 보면 아토피도 알고 있는 것 같다. '이제 얘는 내가 없어도 되겠구나' 라고 말이다.
(ⓒ 초등하교 5년 김○○)

> 마) 아버지 옷 냄새
>
> 점심을 먹고 아버지가 불러서 가 보았더니 소마구를 치자고 했다. 소마구에 가 보니 아니, 파리가? 파리는 소 몸에 똥 위에, 아니 파리가 안 붙은 곳이 없었다. 바닥을 보니 똥이 10cm 넘게 깔려 있었다. 난 앞이 캄캄했지만 송아지가 나갈까봐 문 앞에서 지키고 있고, 아버지는 트렉터로 소마구를 쳤다. 원래 트렉터는 앞에 큰 바가지가 없는데 우리 아버지가 큰 바가지를 달았다. 그것을 밑으로 내려 자꾸 밀고나갔다. 그렇게 자꾸 세 번 쯤 하다가 소마구에 톱밥을 깔았다.
> 근데 트렉터에서 내가 날마다 맡는 흙과 똥이 섞인 냄새가 났다. 그 냄새를 곰곰히 생각해 보니 날마다 저녁때쯤 들어오시는 아버지 옷 냄새였다.
> 그 냄새 내한테는 좋다.
>
> (D 초등학교 6학년 박지윤, 「갈래별 글쓰기」에서 재인용)

글 가)에 비해 나), 다), 라), 마)글은 아이들의 생각이나 마음이 솔직하게 드러난다고 볼 수 있다. 보통 아이들이라면 자기의 병을 솔직하게 드러내거나 부모님한테서 이런 냄새가 났다고 솔직하게 쓰기 어렵다. 자기 생각과 경험을 솔직하게 썼기 때문에 위의 두 산문은 읽는 사람이 감동할 수 있다.

2004년 우리 교육에서 펴낸 「갈래별 글쓰기」에서 이승희는 서사문 (생활문 쓰기 지도에서 다음과 같이 생각했다(「갈래별 글쓰기」에서 재인용).

자신만의 생각을 가지려면 삶이 있어야 하는데 오늘날은 학교에서고 집에서고 아이들에게 삶을 주지 않고 다만 책 읽고 외우게 하거나 컴퓨터 앞에서 앉아 있게만 한다. 남다르게 겪는 일이 좀처럼 없고 그날이 그날 같은 아이들의 삶이다 보니 "쓸게 없어요."라는 말이 나올 수밖에 없다. 그래서 아이들이 쓴 글을 보면 남의 생각, 책에서 읽은 것, 선생님한테 배운 것을 자기 생각인 양 써 놓은 게 많다.

그러나 "쓸게 없어요."라고 말하는 아이들을 그대로 두는 것이 자유로운 교사의 자세인가 생각해 보자. 이오덕(1999:114)에 제시된 〈보기 글 2〉를 보자.

〈보기 글 2〉

가) 부모님 은혜

부모님은 우리를 낳아 주시고 길러 주시는 분들입니다. 만약 부모님이 계시지 않았다면 우리는 이 세상에 있을 수 없습니다. 그래서 우리는 부모님을 생명의 은인으로 알아야 한다고 생각합니다. 내가 무슨 잘못을 저지르면 어머니는 꾸중을 하십니다. 그러면 내가 왜 그랬던가 반성을 하게 됩니다. 그리고 다음부터는 그러지 않아야지 다짐을 하게 됩니다. 우리들은 부모님의 은혜를 잘 모릅니다.
우리를 낳아주시고 길러 주신 부모님을 평생 잊지 말아야 하겠습니다. 부모님 말씀을 잘 듣고 공부 열심히 하는 착한 사람이 됩시다.

(6학년. 여)

나) 술 챈 아버지

시간을 마치고 집으로 왔다. 아버지께서는 술이 채셨다. 아버지가 가방을 벗어 놓고 부엌에 오라고 하셨다. 그래서 부엌에 가보니 아버지께서 밥을 먹을래 안 먹을래 그랬다. 안 먹는다고 하니 아버지가 놀러 가라고 하셨다. 맨 처음에는 놀로 가라는 소리를 안 들었다. 그러니 아버지께서 큰 몽둥이로 낮아야 하나 그랬다. 속으로 아버지가 미웠다. 아버지가 술이 너무 많이 채서 무서운 것 같았다.
숙제를 하는데도 아버지가 상방에 누가 불을 켜 놨노 하면서 방문을 열으셨다. 아버지께서 책을 들고 나온나고 하셨다. 나가니 아버지께서 들어가서 공부해라고 하셨다. 엄마도 없는데 아버지가 술을 먹고 채서 집으로 오는게 무슨 말이 되노. 아버지가 술 챘는 것을 엄마가 알면 싸우겠구나 생각했다. 술 챈 아버지는 우리 아버지가 아니라고 생각한다.

(4학년. 여)

〈보기 글 2〉의 가), 나) 글 중 어느 글이 우리 가슴에 와 닿는지 보자. 가) 글은 내용에서 하나도 잘못된 말은 없다. 하지만 글쓴이의 경험이나 생각이 담겨있지 않고 누구나가 학교에서 배워서 알고 있는 교훈적인 내용을 썼다. 그러나 나) 글은 이 글을 쓴 어린이만의 경험이고 글을 쓴 어린이만의 아버지에 대해 썼기 때문에 자기 생각을 담을 수 있는 글이다. 그래서 창조적인 글이라 볼 수 있다. 교사는 어른들의 글을 모방하는 글을 쓰도록 하지 않고, 어린이들이 자기의 생각과 감정을 솔직하게 쓰는 글쓰기 지도를 해야 할 것이다.

5. 나가는 말

내 글이 표절인지도 모르고 글을 쓰는 학생들에게 자기 생각과 자기 이야기를 쓸 수 있도록 초등학교부터 지도하는 것은 윤리 글쓰기에서 아주 중요한 시작이다. 이 문제를 해결해 보고자 하는 문제점에서 어린이들의 표절 양상과 원인, 표절을 극복하기 위한 정직하게 글쓰기, 자기 생각 글쓰기에 대하여 살펴보았다. 우리의 글자를 가지고 마음대로 자기 생각을 나타낼 수 없고 자기 생각이나 감정을 제대로 표현할 수 없어 다른 사람의 생각이나 표현을 표절해 쓴다는 것은 자신의 가치를 존중할 줄 모르는 행위라고 할 수 있다. 그것이 과제건 창작 문학 활동이건 글쓰기는 자기 자신의 생각을 드러내고 세상의 진실과 만나는 일이므로 얼마나 신중하게 써야 하는지 알아야 한다.

디지털 시대에 살고 있는 어린 학생들의 글쓰기에 대한 어려움도 이해해 줘야 하면서 글쓰기에 대해 알려주어야 하고, 또 글쓰기에서 변할 수 없는 진실도 알려주어야 한다. 무엇보다 글쓰기를 즐겨 할 수 있는 습관도 형성해 주어야 하고, 이 시대는 글쓰기가 더욱 필요한 시대임을 자각시켜 주어야 한다. 인터넷상으로 남발하는 글에서 진실을 볼 줄도 알아야 하고, 거짓 글이나 표절을 판단하기 위해서는 교사 스스로 많은 글을 알아야 한다. 그래서 어린이들이 자기 의사를 바르고 자유롭게 표현하도록 지도해야 한다.

생각해 볼 문제

1. 학생들은 배운 지식이나 공부한 것, 책에서 읽은 것을 자기 생각인 것처럼 생각하고 글을 쓴다. 이 문제를 해결하기 위해서는 학생들을 어떻게 설득해야 할까 생각해 보자.
2. 글쓰기 자체를 싫어하는 학생들이 있다면 그 학생들이 왜 표절을 하기 쉬운지 생각해 보자. '답은 가깝고 길은 멀다.', '글쓰기는 습관이 되어야 한다.' 조언자들의 말을 적용해 보면서 생각해 보자.
3. 디지털 시대의 글쓰기에서 종이 위에서의 글쓰기와 컴퓨터에서 글쓰기의 차이점은 무엇일까? 종이에 글을 쓰든, 컴퓨터에 글을 쓰든 '글쓰기 전 생각하기 과정'을 꼭 거쳐야 한다면 컴퓨터 글쓰기가 가져오는 문제점은 무엇일까?

더 읽거나 가볼 만한 곳

1. 헤더 리치·로버트 그레이엄(2010), 『창의적 글쓰기의 모든 것』, 베이직북스.
이 책은 한 마디로 글쓰기 기술, 이론, 실제 글쓰기를 위한 안내서이다. 창의적 글쓰기에 대한 이해, 창작 과정 안내, 용어 해설, 장르별 쓰기 안내 등을 심층적으로 제공하고자 했다. 학생들에게 글쓰기를 가르쳐야 하는 교사들에게 확실하게 지도하는 법을 안내하고 예비 작가에게는 글쓰기의 핵심 테크닉을 소개하고 있다.

2. 건국대학교 글쓰기 연구회(2012), 『창의적 글쓰기의 기법』, 조율.
수평 사회를 맞이하는 지금 자기 표현 능력이 우선시 되는 점에 대응하기 위한 능력을 위한 책으로 대학생을 위한 글쓰기의 이론과 실제, 문화적 글쓰기, 실용적 글쓰기, 학문적 글쓰기 등의 통하여 글쓰기에 필요한 주제를 소개하였다.

3. 김남국(2012), 『창조가 쉬워지는 모방의 힘』, 위즈덤하우스.
위대한 혁신을 가져오는 모방, 창의적이란 있는 것을 재배치하는 것, 모방에 대한 편견과 오류 등을 밝히면서 세계의 위대한 발명이 실은 모방에서 시작되었으며, 창의적으로 만들거나 쓰기 위해서는 모방한 것을 어떻게 자기화 시켜 나가야 되는가를 밝히고 있는 책으로 모방, 표절 문제를 근본적으로 이해할 수 있는 책이다.

4. 로드 루리 감독(2007), 영화 〈챔프의 부활〉, 미국.
대학 사회의 글쓰기에 관한 유용한 글쓰기의 지평을 열어 보이는 영화다. 챔피언을 사칭한 복서와 그를 챔피언이라고 세상에 드러내고자 했던 기자가 겪는 진실에 관한 영화다. 글쓰기란 발가벗긴 채 링에 오를 각오로 진실을 탐구하는 행위라는 것을 보여 준다.

참고자료

계명대학교 윤리교육센터(1994), 『논증적 글쓰기』, 이문출판사.
권경근, 권서용 등(2011), 『창의적 사고와 글쓰기』, 부산대학교출판부.
리처드 앨런 포스너, 정해룡 옮김(2009), 『표절의 문화와 글쓰기 윤리』, 산지니.
박기용(2009), 『초등 교사를 위한 글쓰기 이론과 실제』, 월인
박종석(2008), 『현대시와 표절 양상』, 역락.
신헌재 외(2009), 『예비교사와 현장교사를 위한 초등 국어과 교수·학습 방법』, 박이정.
이오덕(2004), 『무엇을 어떻게 쓸까?』, 보리.
이오덕(1999), 『글쓰기 어떻게 가르칠까?』, 보리.

이호철, 주중식 외(2004), 『아이들과 함께하는 갈래별 글쓰기』, 우리교육.
임정섭(2012), 『글쓰기, 어떻게 쓸 것인가』, 경향BP.
찰스립슨(2008), 『정직한 글쓰기-표절을 예방하는 인용법 길잡이』, 멘토르.
한국저작권 위원회(2010), 『쉽게 익히는 이야기 속 학교 저작권』, 경남도교육청.
해더 리치·로버트 그레이엄(2010), 『창의적인 글쓰기의 모든 것』, 베이직북스.

부록

1. 과학부정행위의 사례 _김명진
2. 연구윤리 확보를 위한 지침 _교육과학기술부 훈령
3. 임상시험 설명문 및 동의서 _예시
4. 동물보호법 _법률 제11737호
5. 학부생용 표절방지 지침 및 연구윤리 준수 확인서

1. 연구부정 사례

여기서는 1970년대 이후 발생했던 연구부정의 대표적인 사례를 소개한다. 김명진(2006: 연구윤리의 쟁점과 법적·제도적 현황, http://walker71.com.ne.kr/long_e.htm)에서 전재한 것으로, 이를 허락해 준 김명진 선생님께 감사드린다.

1. 윌리엄 서머린 사건

1974년 윌리엄 서머린(William Summerlin)은 뉴욕에 있는 슬로언-케터링 연구소에서 피부암 연구를 하던 면역학자였다. 그는 유전적으로 부적합인 피부 조직의 이식을 쉽게 하기 위한 조직 배양 기법을 연구하고 있었다. 그는 연구소장과의 면담을 앞두고 흰쥐의 이식된 피부 조각을 펠트펜으로 검게 칠해 검은 쥐의 피부 조각을 흰쥐에 이식하는 획기적 실험에 성공한 것처럼 가장했다. 나중에 그는 조작 사실을 시인하면서 '정신적·육체적 피로', '연구결과를 발표하라'는 연구소 측으로부터의 압력, 그리고 '도저히 견딜 수 없는 임상과 실험의 부담'이 겹쳐 판단력이 흐려졌다고 주장했다. 결국 조사위원회는 그를 해고했고, 이후 서머린의 상사이자 연구소 소장이었던 저명한 면역학자 로버트 굿(Robert Good)도 소장직에서 물러났다. 일명 '색칠한 쥐' 사건으로 불렸던 이 에피소드는 미국 내에서 대중적 주목을 끌었던 최초의 데이터 조작 사례였으며, 이후 1980년대까지 반복되는 부정행위의 전형적 특징을 보여 주었다.

2. 존 다시 사건

1981년 하버드 의대의 심장병학 연구자였던 존 다시(John Darsee)는 실험실 연구에서 데이터를 조작하다 적발되었다. 학과장인 저명한 심장병학자 유진 브라운왈드(Eugene Braunwald)는 이것이 단 한 차례만 일어난 괴상한 행동이라고 보고 다시가 면밀한 감독 하에서 계속 연구를 할 수 있도록 허용해 주었다. 그러나 6개월 후에 여러 센터가 공동으로 진행 중이던 허혈 심근(ischaemic myocardium) 보호를 위한 치료 연구에서 다시의 데이터가 연구에 참여한 다른 세 곳에서 보유한 데이터와 다르다는 사실이 밝혀졌다. 이에 하버드 의대는 조사위원회를 만들었고, 다시가 예전에 일했던 NIH와 에모리대학 역시 조사위원회를 꾸렸다. 조사 결과 다시는 노트르담대학에 다니던 학부 시절부터 광범한 기만행위를 저질렀고, 이러한 기만행각이 에모리와 하버드에서도 계속되었음이 드러났다. 다시는 존재하지도 않는 환자나 공동 연구자를 꾸며내기도 했고 여러 센터가 참여한 공동연구에서 그랬던 것처럼 데이터를 지어내기도 했다. 다시는 도합 100여 편의 논문과 초록을 발표했는데, 이들 중 상당수는 철회가 불가피했다.

다시 사건은 '정신 나간' 연구자가 고립되어 혼자 저지른 일이 아니라 저명한 연구기관, 공저자, 학술지가 여럿 개입된 사건이었기 때문에 대단히 큰 대중적 주목을 받았다. 이 사건은 데이터 날조에 초점이 맞춰진 사건이었지만, 이와 아울러 새로운 문제를 제기하기도 했다. 다시는 논문에 수많은 공저자들을 올려놓았는데, 이들 중 일부는 연구에 직접 참여하지 않은 이른바 '명예 저자'들이었다. 이들은 논문이 발표되었을 당시에는 저자로 기재되는 것에 반대 의사를 밝히지 않았으나, 문제가 제기된 후에는 논문 내용에 대한 책임을 부인하고 나섰다. 이에 공저자들의 기회주의적 태도에 대한 비난의 목소리가 일었고, 이 사건을 계기로 저자 표시 문제의 윤리성이 본격적으로 도마에 올랐다.

3. 헤르만-브라흐 사건

헤르만-브라흐 사건은 제2차 세계대전 이후 독일(더 나아가 유럽) 과학계에서 일어난 최대 규모의 연구부정행위 사건으로, 유전자치료와 암 연구에서 두각을 나타내던 분자생물학자 프리드헬름 헤르만(Friedhelm Herrmann)과 마리온 브라흐(Marion Brach)가 공저한 수십 편의 논문에서 부정행위를 저지른 것이다.

사건의 발단은 두 사람이 공동으로 연구를 진행했던 1990년대 초로 거슬러 올라간다. 헤르만은 브라흐보다 11살 연상으로, 오랜 기간을 서로 같이 해온 스승이자 공동 연구자였으며 연인이기도 했다. 헤르만은 독일 통일 후 동베를린에 세워진 국가 연구센터인 막스 델브뤽 분자의학 센터에 실험실 공간을 얻어 20여명의 과학자들로 연구팀을 조직했는데, 이때 브라흐는 팀에서 네 명의 그룹 책임자 중 한 명이었다. 그들은 줄곧 공동 연구를 하다가 1996년 초에 헤르만이 울름대학, 브라흐가 뤼벡대학에 각각 정교수 자리를 얻어 베를린을 떠났다.

두 사람의 부정행위가 드러나게 된 것은 1997년 초, 그들의 연구 데이터 중 일부가 조작되었다는 의심을 품은 베를린 연구팀의 한 박사후 연구원이 이 사실을 멀리 뮌헨에 있던 자신의 박사논문 지도교수에게 상의한 것이 계기가 되었다. 지도교수는 이 사실을 막스 델브뤽센터, 울름대학, 뤼벡대학에 각각 알렸고, 고발 내용을 추궁당한 브라흐는 자신이 헤르만과 공저한 4편의 논문에서 데이터를 조작했다고 실토했다. 그녀는 서로 연관이 없는 방법론을 사용한 서로 무관한 실험들에서 나온 이미지 파일들을 '뒤섞고 잘라 붙여' 새로운 실험 데이터를 만든 것으로 알려졌다. 그녀는 자신이 조작한 논문은 4편뿐이며, 그것도 헤르만으로부터 조작 압력을 받은 것으로 자신은 오히려 피해자라고 주장했다. 반면 헤르만은 베를린에 있을 당시 연구 프로젝트는 네 명의 그룹 책임자들에게 일임해 자신은 모르는 일이라며 조작의 모든 책임을 브라흐에게 돌렸다.

이 문제를 조사하기 위해 막스 델브뤽센터, 울름대학, 뤼벡대학은 각각 조사위원회를 꾸렸고, 각각의 대표들이 모이는 국가 차원의 조사위원회도 구성되었다. 이러한 사실이 언론을 통해 알려지자 헤르만과 브라흐는 정직되고 그들의 실험실로 들어가던 연구비 지급은 조사가 끝날 때까지 즉각 중단되었다. 이들 위원회는 헤르만과 브라흐가 쓴 다른 논문들의 조작 여부를 조사했고, 결국 두 사람이 공저한 37편의 논문들에서 데이터가 조작된 것이 확실하거나 그랬을 '가능성이 매우 높다(most probably)'고 결론 내렸다. 이에 따라 브라흐는 1997년 9월 뤼벡대학에서 파면되었고, 끝까지 결백을 주장하던 헤르만은 다음해 9월 스스로 교수직에서 물러났다. 1998년 4월 독일연구재단(DFG)은 이 사건의 파장을 좀 더 완전하게 평가하기 위해 태스크포스 팀을 구성했다. 이 팀은 조사 대상을 넓혀 1985년부터 1996년 사이에 헤르만이 저자로 들어간 347편의 논문을 조사한 후, 2000년 6월에 이 중 94편의 논문(브라흐와 공저한 53편

포함)이 조작된 것이 확실하거나 그랬을 '가능성이 매우 높다'는 결론을 발표했다.

이 사건은 독일 과학계에 엄청난 파장을 미쳤다. 독일 과학자들은 부정행위의 엄청난 규모에 경악했지만, 그에 못지않게 그러한 사실이 너무나 늦게 밝혀졌다는 사실에 당혹감을 느꼈다. 이 사건에서 베를린 팀의 젊은 연구자들은 헤르만과 브라흐의 데이터 일부가 조작되었다는 사실을 상당기간 동안 알고 있었지만 자신들의 앞날이 위협받을까 두려워 문제제기를 하지 못하고 있었던 것으로 나중에 밝혀졌다. 결국 이 사건은 독일에서 부정행위와 연구윤리 문제를 다루는 제도적 장치가 정비되는 계기를 제공했다.

4. 말콤 피어스 사건

말콤 피어스(Malcolm Pearce)는 런던의 세인트 조지 병원(St Jeorge's Hospital)에 근무하던 산부인과 의사였다. 그는 1994년에 『영국산부인과학회지(British Journal of Obstetrics and Gynaecology)』에 두 편의 중요한 논문을 발표했다. 첫 번째 논문에서 그는 자궁외 임신 상태인 5주 된 태아를 해당 여성의 자궁으로 이식시키는 데 성공했고 이후 아기의 출산에도 성공했다고 발표했다. 자궁외 임신 태아의 이식은 전 세계적으로 처음 보고된 일이었기 때문에 이 논문은 학계의 상당한 주목을 받았다. 그리고 두 번째 논문에서 그는 다낭 난소 질환(polycrytic ovary disease)이라는 희귀병으로 여러 차례 유산을 경험한 191명의 여성에 대해 복잡한 일련의 검사를 수행한 결과를 보고했다. 이 병을 앓는 사람은 매우 드물었기 때문에 그런 환자를 191명이나 검사했다는 데 의문이 제기되었으나 데이터 상으로는 문제가 없어 보여 논문은 그대로 발표되었다.

피어스의 연구에 대한 의문 제기는 매우 우연한 행정적인 문제에서 비롯되었다. 세인트 조지 병원에서 자궁외 임신 태아를 이식한 피어스의 수술을 도와주었다는 사람이 아무도 없었던 것이다! 병원 측은 조사위원회를 구성했고 피어스는 결정이 내려질 때까지 정직 처분을 받았다. 8개월 후인 1995년 6월에 발표된 조사 결과는 두 논문이 완전히 날조되었다는 충격적인 내용이었다. 이식 수술은 행해진 적이 없었고, 191명의 여성은 가공의 인물로 데이터는 전부 날조된 것이었다. 이에 따라 GMC는 피어스의 의사 면허를 박탈했다.

이 사건은 미국에서 일어난 다시 사건과 마찬가지로 명예 저자 표시에 내포된 문제점을 다시금 상기시켰다. 피어스의 첫 번째 논문은 세 사람이 저자로 올라가 있었는데, 이 중 세 번째 인물은 피어스의 상급자인 세인트 조지 병원의 산부인과장인 제프리 체임벌린으로, 그는 『영국산부인과학회지』의 책임 편집자이자 이 학술지를 발간하는 왕립산부인과의사협회의 회장이기도 했다. 체임벌린은 조사 결과 발표가 나기 전에 사태의 책임을 지고 편집자와 협회장 직책을 모두 사임했으나, 자신은 피어스가 보고한 수술의 세부 내용에 대해서는 아무것도 몰랐으며 단지 '예우 차원에서' 자신의 이름을 저자에 넣어야 한다는 데 동의했을 뿐이라고 주장했다.

또한 이 사건은 학술지의 논문심사에 심각한 구멍이 있을 수 있음을 폭로했다. 피어스는 『영국산부인과학회지』의 부편집자 중 한 사람이기도 했는데, 이식 수술의 성공을 알린 첫 번째 논문은 이 학술지의 편집회의에서 처음 보고된 후 편집위원들의 종용에 따라 논문으로 발표된 것이었음이 밝혀졌다. 피어스는 신뢰받던 편집자였으므로 논문 초고는 동료심사도 거치지 않았고 심지어 저자 전원이 서명한 심사본 제출 과정도 생략되었다. 이 사례는 편집위원회 내부의 이해관계 충돌이 제대로 관리되지 못했음을 드러내었고, 어떠한 상황에서도 표준 절차가 생략되어서는 안 된다는 중요한 교훈을 남겼다.

2. 연구윤리 확보를 위한 지침

아래의 2011년 교육과학기술부 훈령은 연구부정행위의 범위와 연구진실성위원회 운영방식을 규정하고 있다. 이것은 대부분의 대학과 연구기관에 존재하는 연구윤리규정과 연구진실성위원회의 기본 틀이라고 할 수 있다.

「연구윤리 확보를 위한 지침」

[시행 2011.6.2] [교육과학기술부훈령 제2011-218호, 2011.6.2, 일부개정]

제1장 총칙

제1조(목적) 이 지침은 국가연구개발사업의 관리 등에 관한 규정 제30조에 따라 국가연구개발사업을 추진·관리하거나 수행하는 대학 및 연구기관 등의 연구부정행위를 방지하고 연구윤리를 확보하는데 필요한 역할과 책임에 관하여 기본적인 원칙과 방향을 제시함을 목적으로 한다.

제2조(적용대상) ① 이 지침은 국가연구개발사업의 관리 등에 관한 규정 제2조제1호에 따른 교육과학기술부 국가연구개발사업을 수행하는 대학, 연구기관(이하 "연구기관 등"이라 한다) 및 연구자와 이를 지원하고 관리·감독하는 전문기관(이하 "전문

기관"이라 한다)에 적용한다.

② 제1항의 국가연구개발사업 이외의 연구개발을 수행하는 기관 또는 단체가 제9조의 연구윤리 확보를 위한 자체규정을 마련하고자 할 경우 이 지침을 준용할 수 있다.

제3조(적용범위) 연구윤리 확보 및 연구부정행위 검증에 대해 다른 법령에서 정한 경우를 제외하고는 이 지침을 따른다.

제4조(연구부정행위의 범위) ① 국가연구개발사업의 관리 등에 관한 규정 제30조제1항의 행위는 다음 각 호를 말한다.

1. "위조"는 존재하지 않는 데이터 또는 연구결과 등을 허위로 만들어 내는 행위
2. "변조"는 연구 재료·장비·과정 등을 인위적으로 조작하거나 데이터를 임의로 변형·삭제함으로써 연구 내용 또는 결과를 왜곡하는 행위
3. "표절"은 타인의 아이디어, 연구내용·결과 등을 적절한 인용 없이 사용하는 행위
4. "부당한 논문저자 표시"는 연구내용 또는 결과에 대하여 과학적·기술적 공헌 또는 기여를 한 사람에게 정당한 이유 없이 논문저자 자격을 부여하지 않거나, 과학적·기술적 공헌 또는 기여를 하지 않은 자에게 감사의 표시 또는 예우 등을 이유로 논문저자 자격을 부여하는 행위
5. 본인 또는 타인의 부정행위의 의혹에 대한 조사를 고의로 방해하거나 제보자에게 위해를 가하는 행위
6. 그밖에 과학기술계에서 통상적으로 용인되는 범위를 심각하게 벗어난 행위 등

② 연구기관 등의 장은 제1항에 따른 연구부정행위 외에도 자체 조사 또는 예방이 필요하다고 판단되는 행위를 자체규정에 포함시킬 수 있다.

제2장 연구기관 등과 전문기관의 역할과 책임

제5조(연구환경 및 연구관리 제도의 개선) ① 연구기관 등의 장은 연구자가 연구에 전념하고 연구윤리를 준수할 수 있도록 합리적이고 자율적인 연구 환경과 연구 문화를 조성하는데 적극 노력하여야 한다.

② 연구기관 등의 장은 연구윤리를 확보하고 연구부정행위의 발생을 예방하기 위하여 연구수행 과정에서의 갈등이나 분쟁을 중재하거나 조정하는 기구를 설치·운영할 수 있다.

제6조(연구윤리자문위원회 구성ㆍ운영) ① 연구윤리 정책 등에 대한 전반적인 자문을 받기 위하여 관계전문가로 구성된 연구윤리자문위원회를 둘 수 있다.

② 연구윤리자문위원회는 위원장 1인을 포함하여 15인 이내로 구성한다.

③ 연구윤리자문위원회의 위원은 관련분야의 학식과 경험이 풍부한 자 중에서 교육과학기술부장관이 위촉하며, 위원장은 위원 중에서 호선한다.

④ 그 밖의 위원회 운영을 위하여 필요한 사항은 위원장이 따로 정한다.

⑤ 연구윤리자문위원회의 자문에 대하여는 예산의 범위 안에서 필요한 비용을 지급할 수 있다.

제7조(자신의 연구결과 사용) 연구자는 다음 각 호의 사항을 준수하도록 노력하여야 한다.

1. 연구논문 등 작성 시 이전에 발표하지 않은 자신의 연구결과를 사용
2. 자신의 이전 연구결과와 동일하거나 실질적으로 유사한 저작물을 게재ㆍ출간하여 본인의 연구결과 또는 성과ㆍ업적 등으로 사용하는 행위 금지
3. 연구자가 자신의 이전 연구결과를 사용하고자 할 경우에는 인용사실을 표시하거나, 처음 게재한 학술지 등의 편집자 또는 발행자의 허락을 받은 후 사용

제8조(연구윤리에 대한 교육) ① 연구기관 등의 장은 연구자가 연구수행 과정에서 연구윤리를 준수하고 연구부정행위에 대응 할 수 있도록 교육을 실시하여야 한다.

② 교육과학기술부장관과 전문기관의 장은 연구윤리 인식 확산을 위한 교육ㆍ홍보 및 정보 제공, 연구윤리 교육 자료의 개발ㆍ보급 등을 위해 필요한 지원 시책을 마련하여야 한다.

제9조(연구윤리 자체규정 마련) ① 국가연구개발사업의 관리 등에 관한 규정 제31조 제1항의 연구윤리에 관한 자체규정(이하 "자체규정"이라 한다)에는 다음 각 호의 사항을 포함하여야 한다. 다만, 정부출연연구기관 및 고등교육법 제2조의 대학 이외의 연구기관은 협약 체결시 이 지침에서 제시하는 연구부정행위의 검증, 보고, 후속조치 등을 포함하는 경우 자체규정을 마련한 것으로 본다.

1. 연구부정행위의 범위
2. 연구부정행위의 신고 접수 및 조사 등을 담당하는 기구, 부서 또는 책임자
3. 연구부정행위 자체조사 절차 및 기간

4. 제17조에서 정한 본조사 실시를 위한 위원회(이하 "조사위원회"라 한다) 등 검증 기구의 구성 및 운영 원칙

5. 제보자 및 피조사자 보호방안

6. 판정 이후의 처리절차

② 자체규정은 정부로부터 지원받은 연구개발사업 이외에도 적용할 수 있다.

제10조(연구부정행위 처리) ① 교육과학기술부장관, 전문기관 및 연구기관 등의 장은 연구부정행위 제보 접수창구를 마련하여야 한다.

② 교육과학기술부 및 전문기관이 연구부정행위에 대한 제보를 접수하였거나 그 발생사실을 인지하였을 경우에는 해당 기관에 내용을 이관하여 조사될 수 있도록 조치하여야 한다.

③ 교육과학기술부 또는 전문기관은 다음 각 호 어느 하나에 해당하는 경우 연구부정행위 검증을 위한 조사를 할 수 있다.

1. 제보자 또는 피조사자가 제22조제3항에 따른 재조사 요청내용에 합리적인 이유가 있다고 인정되는 경우

2. 연구기관 등의 판정 또는 절차에 중대한 하자가 발견되어 재조사가 필요한 경우

3. 연구기관 등이 공정하고 합리적인 조사를 할 수 없다고 판단한 경우

4. 연구기관 등의 장이 제13조제2항에 따른 조사를 요청한 경우

제3장 연구부정행위 제보자 등에 대한 보호

제11조(제보자의 권리 보호) ① 제보자는 연구부정행위를 인지하여 인지한 사실 또는 관련 증거를 해당 연구기관 등 또는 교육과학기술부, 전문기관에 알린 자를 말한다.

② 제보는 구술·서면·전화·전자우편 등의 방법으로 할 수 있으며 실명 제보를 원칙으로 한다. 단, 익명 제보라 하더라도 연구과제명, 논문명, 구체적인 연구부정행위 등이 포함된 증거를 서면이나 전자우편으로 받은 경우 연구기관 등 및 전문기관은 실명 제보에 준하여 처리하여야 한다.

③ 교육과학기술부장관, 전문기관 및 연구기관 등의 장은 제보자가 연구부정행위를 제보했다는 이유로 신분상의 불이익이나 근무조건상의 차별을 받지 않도록 보호하여야 한다.

④ 제보자의 신원에 관한 사항은 정보공개의 대상이 되지 않는다.
⑤ 제보자가 제3항의 불이익 또는 차별을 받거나 자신의 의지에 반하여 신원이 노출될 경우 해당 기관이 이에 대한 책임을 진다.
⑥ 제보자는 제보 접수기관 또는 조사기관에 연구부정행위 신고 이후에 진행되는 절차 및 일정 등에 대해 알려줄 것을 요구할 수 있으며 해당 기관은 이에 성실히 응하여야 한다.
⑦ 제보내용이 허위인 줄 알았음에도 불구하고 이를 제보한 제보자는 보호 대상에 포함되지 않는다.

제12조(피조사자의 권리 보호) ① 피조사자는 제보자의 제보나 연구기관 등의 인지로 연구부정행위의 조사 대상이 된 자 또는 조사과정에서 연구부정행위에 가담한 것으로 추정되어 조사 대상이 된 자를 말하며, 조사과정에서의 참고인이나 증인은 이에 포함되지 아니한다.
② 조사기관은 검증과정에서 피조사자의 명예나 권리를 침해하지 않도록 주의하여야 한다.
③ 연구부정행위에 대한 의혹은 판정 전까지 외부에 공개되어서는 아니 된다. 다만, 제23조제3항 각 호의 사항이 발생하여 필요한 조치를 취하고자 할 때에는 해당되지 아니한다.
④ 피조사자는 조사기관에 연구부정행위의 절차 및 일정 등에 대해 알려줄 것을 요구할 수 있으며, 해당 기관의 장은 이에 성실히 응하여야 한다.

제4장 연구부정행위 검증 절차와 기준

제13조(연구부정행위 검증 책임주체) ① 연구부정행위에 대한 검증 책임은 해당 연구가 수행될 당시 연구자의 소속 기관에 있다.
② 연구기관 등은 제1항에도 불구하고 다음 각 호의 어느 하나에 해당되는 때에는 전문기관에 직접 조사를 실시해 줄 것을 요청할 수 있다. 요청을 받은 전문기관은 특별한 사유가 없는 한 이에 응하여야 한다.
1. 2개 이상의 연구기관 등이 참여한 연구부정행위에 대한 검증이 원활하게 이루어지지 않을 경우
2. 검증관련 전문가 확보 등이 어려워 자체조사가 곤란한 경우

제14조(연구부정행위 검증 원칙) ① 연구부정행위 여부를 입증할 책임은 해당 기관의 조사위원회에 있다. 단, 조사위원회가 요구한 자료를 피조사자가 고의로 훼손하거나 제출을 거부한 경우에 그 책임은 피조사자에게 있다.

② 조사위원회는 제보자와 피조사자에게 의견진술, 이의제기 및 변론의 권리와 기회를 보장하여야 하며 관련 절차 및 일정을 사전에 알려주어야 한다.

③ 연구기관 등의 장은 조사위원회가 부당한 압력이나 간섭을 받지 않고 독립성과 공정성을 유지할 수 있도록 노력하여야 한다.

④ 제보 받은 사항에 대한 연구부정행위 여부의 판단은 해당 연구가 수행되거나 결과물을 제출 또는 발표할 당시의 관련 규정 또는 학계·연구계의 통상적 판단기준에 따른다.

제15조(연구부정행위 검증 절차) ① 전문기관 및 연구기관 등의 장이 연구부정행위를 검증하고자 할 때에는 "예비조사"와 "본조사", "판정"의 절차를 거쳐야 한다.

② 해당 기관의 장은 제1항의 검증 절차 외에도 필요한 절차를 추가할 수 있다.

③ 해당 기관의 장은 연구부정행위에 대한 충분한 혐의를 인지하였을 때에는 예비조사 절차를 거치지 아니하고 바로 본조사에 착수할 수 있다.

제16조(예비조사) ① 예비조사는 연구부정행위 의혹에 대하여 본조사 실시 여부를 결정하기 위한 절차로, 제보를 접수한 날로부터 30일 이내에 착수하여야 한다. 예비조사 기구의 형태는 해당 기관의 장이 자율적으로 정한다.

② 해당 기관의 장은 피조사자가 연구부정행위 사실을 모두 인정한 때에는 본조사를 거치지 않고 바로 판정을 내릴 수 있다.

③ 해당 기관의 장은 증거자료에 대한 중대한 훼손 가능성이 있다고 판단되는 경우에는 조사위원회 구성 이전이라도 제20조제2항에 따른 증거자료 보전을 위한 조치를 취할 수 있다.

④ 해당 기관의 장은 예비조사가 종료된 날로부터 10일 이내에 제보자에게 예비조사 결과를 문서로 통보하여야 하며, 본조사를 실시하지 않기로 결정한 경우에는 이에 대한 구체적인 사유를 포함하여야 한다. 단, 익명제보의 경우는 그러하지 않는다.

제17조(본조사) ① 본조사는 연구부정행위의 사실 여부를 입증하기 위한 절차로, 제18조에 따른 조사위원회를 구성하여 실시하여야 한다.

② 조사위원회는 제14조제2항에 따라 제보자와 피조사자에게 의견진술 등의 기회를 주어야 하며, 당사자가 이에 응하지 않을 경우에는 이의가 없는 것으로 간주한다.

제18조(조사위원회 구성 등) ① 해당 기관의 장은 본조사를 위해 위원장 1인을 포함한 5인 이상으로 조사위원회를 구성하여야 한다. 다만, 해당 기관의 실정과 연구부정행위의 규모·범위 등을 고려하여 다른 형태의 검증기구를 설치·운영할 수 있다.

② 제1항의 조사위원회 또는 검증기구를 구성할 때에는 해당 연구분야의 전문가 및 해당 기관 소속이 아닌 외부인이 다음 각 호와 같이 포함되어야 한다.

1. 해당 연구 분야 전문가 50% 이상
2. 해당 기관 소속이 아닌 외부인 30% 이상

제19조(조사위원의 제척·기피·회피 등) ① 다음 각 호의 어느 하나에 해당하는 경우에는 당해 사건에 조사위원이 될 수 없다.

1. 피조사자와 사제지간이거나 연구를 공동으로 하였거나 하고 있는 자
2. 피조사자와 친족관계가 있거나 이러한 관계가 있던 자
3. 그 밖에 조사의 공정성을 해할 염려가 있는 자

② 해당 기관의 장은 본조사 착수 이전에 제보자에게 제18조제1항에 따른 조사위원 명단을 알려야 하며, 제보자가 정당한 사유로 조사위원에 대해 기피 신청을 할 경우 이를 수용하여야 한다. 단, 제보자의 사정에 의해 연락을 취할 수 없을 경우에는 해당하지 않으며, 이 경우 관련 내용을 조사결과보고서에 포함시켜야 한다.

③ 조사위원이 제1항 또는 제2항의 사유에 해당하는 때에는 스스로 그 사건에서 회피할 수 있다.

제20조(조사위원회의 권한) ① 조사위원회는 조사과정에서 제보자, 피조사자, 증인 및 참고인에게 진술을 위한 출석을 요구할 수 있으며, 이 경우 피조사자는 반드시 이에 응하여야 한다.

② 조사위원회는 피조사자에게 자료의 제출을 요구할 수 있으며, 증거자료의 보전을 위하여 해당 기관의 장의 승인을 얻어 연구부정행위 관련자에 대한 실험실 출입 제한 및 관련 자료의 보전을 위한 조치를 취할 수 있다.

③ 조사위원회는 해당 기관의 장에게 연구부정행위 관련자에 대한 적절한 제재조치를 건의할 수 있다.

제21조(판정) ① 판정은 해당 기관의 장이 조사결과를 확정하여 이를 제보자와 피조사자에게 문서로 통보하는 것을 말한다.

② 예비조사 착수 이후 판정까지의 모든 조사는 6개월 이내에 종료하여야 한다. 단, 이 기간 내에 조사가 이루어지기 어렵다고 판단될 경우 해당 기관은 제보사실 이관 기관, 제보자 및 피조사자에게 그 사유를 통보하고 조사 기간을 연장할 수 있다.

제22조(이의신청 등) ① 제보자 또는 피조사자는 예비조사 결과 또는 판정결과에 이의가 있는 경우 그 결과를 통보받은 날부터 30일 이내에 조사를 실시한 기관의 장에게 서면으로 이의신청을 할 수 있다.

② 조사를 실시한 기관의 장은 제1항에 따른 이의신청에 대하여 특별한 사유가 없으면 이의신청이 접수된 날로부터 60일 이내에 처리하여야 한다.

③ 제보자 또는 피조사자는 이의신청과는 별도로 교육과학기술부장관 또는 전문기관의 장에게 당해 건에 대하여 재조사를 요청할 수 있다.

제5장 조사결과에 대한 후속조치 등

제23조(조사결과의 제출) ① 전문기관 및 연구기관 등의 장은 국가연구개발사업 지원을 받은 연구결과물에 대하여 예비조사 및 본조사를 실시한 경우 조사 종료 후 각각 10일 이내에 교육과학기술부장관에게 그 결과를 제출하여야 한다.

② 제1항의 보고서에는 다음 각 호의 사항이 반드시 포함되어야 한다.

1. 제보의 내용
2. 해당 연구부정행위
3. 조사위원회의 위원 명단(본조사의 경우에 한한다)
4. 본조사 실시 여부 및 판단의 근거(예비조사의 경우에 한한다)
5. 해당 연구에서의 피조사자의 역할과 연구부정행위의 사실 여부(본조사의 경우에 한한다)
6. 관련 증거 및 증인(본조사의 경우에 한한다)
7. 제보자와 피조사자의 진술내용
8. 검증결과에 따른 처분요구결과(본조사의 경우에 한한다)

③ 연구기관 등의 장은 조사 과정에서 다음 각 호의 사항을 발견한 경우 즉시 교육

과학기술부장관 및 전문기관의 장에게 보고하여야 하며, 이를 보고받은 교육과학기술부장관 및 전문기관의 장과 조사를 실시한 연구기관 등의 장은 수사기관에 수사의뢰 또는 고발 등의 조치를 취할 수 있다.

1. 법령 또는 해당 규칙에 중대한 위반사항
2. 공공의 복지 또는 안전에 중대한 위험이 발생하거나 발생할 우려가 명백한 경우
3. 기타 전문기관 또는 공권력에 의한 조치가 필요한 경우

제24조(조사결과에 대한 후속조치) ① 교육과학기술부장관은 제23조제1항에 따라 통보받은 조사결과가 연구부정행위로 판단되는 경우에는 국가연구개발사업의 관리 등에 관한 규정 제31조제3항에 따른 후속조치를 취할 수 있으며, 이를 해당 기관에 통보하여야 한다.

② 교육과학기술부장관은 제23조제1항에 따른 보고서가 합리성과 타당성에 문제가 있다고 판단되는 경우, 해당 기관에 대하여 추가조사 및 조사와 관련된 자료의 제출을 요구하거나 필요한 경우 직접 재조사를 실시할 수 있다.

제25조(조사의 기록과 정보의 공개) ① 조사를 실시한 기관은 조사 과정의 모든 기록을 음성, 영상, 또는 문서의 형태로 반드시 5년 이상 보관하여야 하며, 교육과학기술부는 제23조제1항에 따라 제출받은 받은 해당 보고서를 10년 이상 보관하여야 한다.

② 조사보고서 및 조사위원 명단은 판정이 끝난 이후에 공개할 수 있다.

③ 조사위원, 증인, 참고인, 자문에 참여한 자의 명단 등은 당사자에게 불이익을 줄 가능성이 있을 경우 공개하지 않을 수 있다.

제26조(업무의 위탁) 교육과학기술부장관은 제10조제1항 및 제3항과 관련한 연구부정행위의 접수 및 조사에 관한 사항, 제23조제3항과 관련한 수사의뢰 또는 고발 등에 관한 사항, 제24조제1항 및 제2항과 관련한 후속조치 및 조사, 제25조제1항과 관련한 보고서의 보관 등에 관한 사항을 전문기관에 위탁할 수 있다.

제27조(국가과학기술위원회의 조사요청) 교육과학기술부장관은 국가적 현안으로 대두되어 범정부 차원의 조사가 필요하다고 인정되는 사안 등에 대해서는 국가과학기술위원회에 조사를 요청할 수 있다.

제28조(재검토기한) 「훈령·예규 등의 발령 및 관리에 관한 규정」(대통령훈령 제248호)에 따라 이 훈령 발령 후의 법령이나 현실여건의 변화 등을 검토하여 이 훈령의 개정 등의 조치를 하여야 하는 기한은 2012년 09월 22일까지로 한다.

부칙 〈제2011-218호, 2011.6.2〉

제1조(시행일) 이 지침은 발령한 날부터 시행한다.

제2조(경과조치) 이 지침 시행 전 구성된 「연구윤리자문위원회」는 이 지침 제6조에 따라 처리한 것으로 본다.

3. 임상시험 설명문 및 동의서

다음은 어느 대학병원의 임상시험 설명문과 동의서이다. 피험자에게 충분한 정보를 제공하고, 자발적 동의를 구해야 한다는 윤리원칙을 실현하기 위해 현재 거의 모든 대학과 병원, 연구기관의 기관윤리위원회(IRB)에서 이와 유사한 것을 요구하고 있다.

(예 시)

1. 임상 연구 제목

2. 시험 책임자

3. 개요
이 연구는 (연구에 대한 간략한 설명)에 대한 연구입니다. 귀하는 (피험자 설정 이유 기술)이기 때문에 이 연구에 참여하도록 권유 받았습니다. 이 연구를 수행하는 00대학병원 소속 (연구책임자 혹은 직접 동의서를 받는 연구원명), 연구원(이름, 전화번호 명시)이 귀하에게 이 연구 참여 과정에 대하여 설명해 줄 것입니다. 이 연구는 자발적으로 참여 의사를 밝히신 분에 한하여 수행 될 것이며, 귀하께서는 본 임상 연구에 참여 의사를 결정

피험자 동의서(예시)

1. 본인은 임상연구에 대해 구두로 설명을 받고 상기 피험자 설명문을 읽었으며 담당 연구원과 이에 대하여 의논하였습니다.
2. 본인은 위험과 이득에 관하여 들었으며 나의 질문에 만족할 만한 답변을 얻었습니다.
3. 본인은 이 연구에 참여하는 것에 대하여 자발적으로 동의합니다.
4. 본인은 이후의 치료에 영향을 받지 않고 언제든지 연구의 참여를 거부하거나 연구의 참여를 중도에 철회할 수 있고 이러한 결정이 나에게 어떠한 해가 되지 않을 것이라는 것을 알고 있습니다.
5. 본인은 이 설명서 및 동의서에 서명함으로써 의학 연구 목적으로 나의 개인정보가 현행 법률과 규정이 허용하는 범위 내에서 연구자가 수집하고 처리하는 데 동의합니다.
6. 본인은 이 동의서 사본을 받을 것을 알고 있습니다.

피험자 성명	서명	날짜 (년/월/일)
동의서 받은 연구원 성명	서명	날짜 (년/월/일)
연구책임자 성명 (해당 되는 경우)	서명	날짜 (년/월/일)
법적 대리인 성명	서명	날짜 (년/월/일)
입회인 성명	서명	날짜 (년/월/일)

하기에 앞서, 본 임상연구가 왜 수행되고, 귀하의 정보가 어떻게 사용될지, 본 임상연구가 어떤 것을 포함하고 있는 지와 가능한 이점, 위험, 불편함은 무엇인지에 대하여 이해하는 것이 중요합니다. 다음의 설명을 신중하게 시간을 가지고 주의 깊게 읽으시기 바라며, 필요하시면 귀하의 주치의 또는 가족이나 친구들과 와 상의하시기 바랍니다. 만일 어떠한 질문 사항이 있으시면 담당 연구원이 자세하게 설명해 줄 것입니다.

4. 임상시험의 목적
이 연구의 목적은 (   ) 입니다.

5. 연구 약물

6 대안 치료(임상시험 이외의 다른 대체 가능한 치료법)
피험자에게 도움이 될 가능성이 있는 적절한 다른 치료법에 대한 기술
(예: 귀하가 본 임상연구에 참여하기를 원하지 않는다면, 귀하의 연구 담당의사는 귀하에게 적절한 치료법에 대해 설명 할 수 있으며 귀하는 모든 표준 요법들로 치료받으실 수 있습니다.)

7. 임상 연구 방법에 관한 설명
a. 절차 또는 치료
b. 피험자 참가 기간 및 예상 피험자 수
c. 임상시험 제한 사항 및 피험자 의무
d. 시험약/ 대조약의 복용 방법

8. 피험자에게 예견되는 부작용, 위험과 불편함
a. 부작용
  − 피험자가 임상시험 참여시 예견되는 모든 부작용 기술
b. 예견할 수 없는 위험에 관한 설명
  − 특정한 치료 또는 시술이 피험자 (피험자가 임신을 했거나 임신할 가능성이 있을

때 배아, 또는 태아)에게 현재로서는 예견할 수 없는 위험을 포함할 수 있는 경우 이에 대한 사실 기술

c. 불편함

- 피험자가 임상시험 참여시 예견 될 수 있는 기타 불편함에 대한 기술

9. 피험자에게 예견되는 이득

피험자가 임상시험에 참여시 얻을 수 있는 이득에 관한 기술

(예: 귀하가 본 임상 연구에 참여함으로써 귀하에게 의학적 혜택이 보장되는 것은 아닙니다. 그러나 이 연구에서 얻은 정보는 유사한 질환을 가진 환자의 더 나은 치료에 도움이 될 수 있습니다.)

10. 연구 관련 새로운 정보의 지속적 제공

피험자의 지속 참여 의지에 영향을 줄 수 있는 새로운 정보가 수집되는 즉시 피험자 또는 대리인에게 알려질 것이라는 사실 기술

(예: 본 임상시험 기간 중 귀하의 시험 참여 여부를 결정하는데 영향을 줄 수 있는 새로운 유의한 정보가 얻게 되는 즉시 귀하 또는 귀하의 대리인에게 알려 드릴 것입니다.)

11. 금전적 지급

피험자가 연구에 참여함으로써 받게 될 금전적 보상이 있는 경우 받게 될 금액 또는 현물의 조건 기술

12. 피해발생 시 피험자 보상(의료적 치료/보상)

최소한의 위험 이상의 연구에서 손상이 발생하였을 경우 피험자에게 보상이나 치료가 주어지는가의 여부, 치료가 주어질 경우 어떠한 치료가 가능하며 어디서 정보를 구할 수 있는지에 관한 기술(보험 가입 여부 및 피험자 보상 규약에 대한 내용)

13. 비밀 보장

피험자의 신원을 파악할 수 있는 기록은 비밀로 보장될 것이며, 임상시험의 결과가 출판

될 경우 피험자의 신원은 비밀상태로 유지될 것이라는 사실, 피험자의 자료는 어떤 시스템으로 처리되고, 어떻게 보관될 것이라는 구체적 기술

14. 자발적 참여

피험자의 연구 참여 여부 결정은 자발적인 것이며, 피험자가 원래 받을 수 있는 이익에 대한 손실 없이도 연구 참여를 거부하거나 연구 도중 언제라도 중도에 이익에 대한 손실 없이 참여를 포기할 수 있다는 사실 기술

(예: 본 임상시험에 참여하시는 것은 귀하에게 달려 있습니다. 귀하는 언제든지 시험에 참여하지 않기로 결정할 수 있고 또한 시험을 그만 둘 수 있습니다. 귀하가 본 연구에 참여하지 않아도 아무런 불이익을 받지 않으며 귀하의 결정은 향 후 귀하가 진료를 받는 것에 영향을 미치지 않습니다.)

15. 임상시험 관련 책임자 및 연락처

연구와 피험자의 권익에 관해 추가적인 정보를 얻고자 하거나 연구와 관련이 있는 손상이 발생한 경우에 접촉해야 하는 사람 또는 기관 기술

(예: 귀하는 연구담당자 (이름/전화번호) 에게 임상연구 기간 중에 언제든지 추가적인 정보를 요청할 수 있습니다. 또한 귀하는 연구 피험자로서의 귀하의 권리에 대해 의문이 있을 경우 임상시험연구윤리위원회(IRB) (02-000-0000) 로 연락할 수 있습니다.)

4. 동물보호법(법률 제11737호)

동물보호법은 원래 1991년부터 있었으나 내용도 빈약하고 유명무실했었다. 2000년대 초반 동물권 운동단체들이 열심히 활동하면서 2007년 대폭 개정되어 2008년부터 시행되었고 수차례 개정을 거쳐 가장 최근에 개정된 것은 2013년 4월이다. 2007년 이후 개정된 동물보호법은 생명의 존엄성과 가치를 인정하고, 동물실험 및 동물 사육관리에 대한 비교적 구체적인 규정을 담고 있다.

동물보호법 [시행 2013. 4. 5.] [법률 제11737호, 2013. 4. 5., 일부개정]

제1장 총칙

제1조(목적) 이 법은 동물에 대한 학대행위의 방지 등 동물을 적정하게 보호·관리하기 위하여 필요한 사항을 규정함으로써 동물의 생명보호, 안전 보장 및 복지 증진을 꾀하고, 동물의 생명 존중 등 국민의 정서를 함양하는 데에 이바지함을 목적으로 한다.

제3조(동물보호의 기본원칙) 누구든지 동물을 사육·관리 또는 보호할 때에는 다음 각 호의 원칙이 준수되도록 노력하여야 한다.

1. 동물이 본래의 습성과 신체의 원형을 유지하면서 정상적으로 살 수 있도록 할 것
2. 동물이 갈증 및 굶주림을 겪거나 영양이 결핍되지 아니하도록 할 것
3. 동물이 정상적인 행동을 표현할 수 있고 불편함을 겪지 아니하도록 할 것
4. 동물이 고통·상해 및 질병으로부터 자유롭도록 할 것
5. 동물이 공포와 스트레스를 받지 아니하도록 할 것

제3장 동물실험

제23조(동물실험의 원칙) ① 동물실험은 인류의 복지 증진과 동물 생명의 존엄성을 고려하여 실시하여야 한다.
② 동물실험을 하려는 경우에는 이를 대체할 수 있는 방법을 우선적으로 고려하여야 한다.
③ 동물실험은 실험에 사용하는 동물(이하 "실험동물"이라 한다)의 윤리적 취급과 과학적 사용에 관한 지식과 경험을 보유한 자가 시행하여야 하며 필요한 최소한의 동물을 사용하여야 한다.
④ 실험동물의 고통이 수반되는 실험은 감각능력이 낮은 동물을 사용하고 진통·진정·마취제의 사용 등 수의학적 방법에 따라 고통을 덜어주기 위한 적절한 조치를 하여야 한다.
⑤ 동물실험을 한 자는 그 실험이 끝난 후 지체 없이 해당 동물을 검사하여야 하며, 검사 결과 해당 동물이 회복될 수 없거나 지속적으로 고통을 받으며 살아야 할 것으로 인정되는 경우에는 가능하면 빨리 고통을 주지 아니하는 방법으로 처리하여야 한다.
⑥ 제1항부터 제5항까지에서 규정한 사항 외에 동물실험의 원칙에 관하여 필요한 사항은 농림축산식품부장관이 정하여 고시한다.(개정 2013. 3. 23)

제25조(동물실험윤리위원회의 설치 등) ① 동물실험시행기관의 장은 실험동물의 보호와 윤리적인 취급을 위하여 제27조에 따라 동물실험윤리위원회(이하 "윤리위원회"라 한다)를 설치·운영하여야 한다. 다만, 동물실험시행기관에 「실험동물에 관한 법률」 제7조에 따른 실험동물운영위원회가 설치되어 있고, 그 위원회의 구성이 제27조제2항부터 제4항까지에 규정된 요건을 충족할 경우에는 해당 위원회를 윤리위원회로 본다.
② 농림축산식품부령으로 정하는 일정 기준 이하의 동물실험시행기관은 다른 동물실험시행기관과 공동으로 농림축산식품부령으로 정하는 바에 따라 윤리위원회를 설치·운영

할 수 있다.(개정 2013. 3. 23)
③ 동물실험시행기관의 장은 동물실험을 하려면 윤리위원회의 심의를 거쳐야 한다.

제26조(윤리위원회의 기능 등) ① 윤리위원회는 다음 각 호의 기능을 수행한다.
1. 동물실험에 대한 심의
2. 동물실험이 제23조의 원칙에 맞게 시행되도록 지도·감독
3. 동물실험시행기관의 장에게 실험동물의 보호와 윤리적인 취급을 위하여 필요한 조치 요구
② 윤리위원회의 심의대상인 동물실험에 관여하고 있는 위원은 해당 동물실험에 관한 심의에 참여하여서는 아니 된다.
③ 윤리위원회의 위원은 그 직무를 수행하면서 알게 된 비밀을 누설하거나 도용하여서는 아니 된다.
④ 제1항에 따른 지도·감독의 방법과 그 밖에 윤리위원회의 운영 등에 관한 사항은 대통령령으로 정한다.

제27조(윤리위원회의 구성) ① 윤리위원회는 위원장 1명을 포함하여 3명 이상 15명 이하의 위원으로 구성한다.
② 위원은 다음 각 호에 해당하는 사람 중에서 동물실험시행기관의 장이 위촉하며, 위원장은 위원 중에서 호선(互選)한다. 다만, 제25조제2항에 따라 구성된 윤리위원회의 위원은 해당 동물실험시행기관의 장들이 공동으로 위촉한다.(개정 2013. 3. 23)
1. 수의사로서 농림축산식품부령으로 정하는 자격기준에 맞는 사람
2. 제4조제3항에 따른 민간단체가 추천하는 동물보호에 관한 학식과 경험이 풍부한 사람으로서 농림축산식품부령으로 정하는 자격기준에 맞는 사람
3. 그 밖에 실험동물의 보호와 윤리적인 취급을 도모하기 위하여 필요한 사람으로서 농림축산식품부령으로 정하는 사람
③ 윤리위원회에는 제2항제1호 및 제2호에 해당하는 위원을 각각 1명 이상 포함하여야 한다.
④ 윤리위원회를 구성하는 위원의 3분의 1 이상은 해당 동물실험시행기관과 이해관계가

없는 사람이어야 한다.
⑤ 위원의 임기는 2년으로 한다.
⑥ 그 밖에 윤리위원회의 구성 및 이해관계의 범위 등에 관한 사항은 농림축산식품부령으로 정한다.(개정 2013. 3. 23) (권한의 위임) 농림축산식품부장관은 대통령령으로 정하는 바에 따라 이 법에 따른 권한의 일부를 소속 기관의 장 또는 시·도지사에게 위임할 수 있다.

5. 학부생용 표절방지 지침 및 연구윤리 준수 확인서

아래는 진주교육대학교 표절방지 지침 및 윤리선언서이다. 매년 2월 진행되는 신입생 오리엔테이션에서 간단한 연구윤리 강의를 하고 연구윤리를 위반하지 않겠다는 다짐을 받고자 하는 의도로 2008년 제작되었다.

진주교육대학교 표절방지지침 및 윤리선언서(학생용)

1. 표절의 정의

연구부정행위는 위조행위, 변조행위, 표절행위 등 다양하다. 진주교육대학교 연구윤리 규정에 따르면 각각은 다음과 같이 정의된다.

1. '위조'는 존재하지 않는 데이터 또는 연구결과 등을 허위로 만들어 내는 행위를 말한다.
2. '변조'는 연구 재료·장비·과정 등을 인위적으로 조작하거나 데이터를 임의로 변형·삭제함으로써 연구 내용 또는 결과를 왜곡하는 행위를 말한다.
3. '표절'은 저작권법상 보호되는 타인의 저작, 연구 착상 및 아이디어나 가설, 이론 등 연구결과 등을 정당한 승인 또는 인용 없이 사용하는 행위를 말한다.

여기서 가장 문제가 되는 것은 표절이다. 표절(剽竊)은 한자어로 '도둑질하다, 훔친다'는 의미로, 한 마디로 다른 사람의 정신적 산물을 훔치는 것으로 '지적인 도둑질'에 해당된다. 표절의 종류에 다음과 같은 것이 있다.

- 아이디어 표절: '아이디어 표절'이라 함은 창시자의 공적을 인정하지 않고 전체나 일부분을 그대로 또는 피상적으로 수정해서 그의 아이디어(설명, 이론, 결론, 가설, 은유 등)를 도용하는 행위를 말한다.

- 텍스트 표절: '텍스트 표절'이라 함은 저자를 밝히지 않고 타인 저술의 텍스트 일부를 복사하는 행위를 말한다.

- 모자이크 표절: '모자이크 표절'이라 함은 타인 저술의 텍스트 일부를 조합하거나, 단어를 추가 또는 삽입하거나, 단어를 동의어로 대체하여 사용하면서 원저자와 출처를 밝히지 않는 행위를 말한다.

2. 표절과 적절한 인용의 구별법

표절과 적절한 인용을 구별하는 것은 매우 중요하다.

[원문] 정보주, 「바른생활과의 정체성에 관한 연구」, 『초등도덕교육』, 24집, 한국초등도덕교육학회, 2007년, 21쪽)
7차 교육과정에서 도덕적 가치나 규범이 전혀 배제된 것은 아니다. 자주, 검소, 우애, 우정, 배려, 약속 지키기, 환경보호, 규칙준수와 같은 요소들이 포함되어 있지만, 그 이전 교육과정이 포함하고 있었던 정직, 성실, 협동, 책임, 동정, 존중, 공경과 같은 요소들이 보이지 않는다. 활동을 중심으로 하는 교과로서 규정함으로써, 도덕적 가치 개념보다는 행동으로 나타낼 수 있는 요소들을 중심으로 내용을 설정하는 것을 원칙으로 삼아, 이런 결과가 나왔다고 생각된다.

[축약을 통한 표절]
 7차 교육과정에서도 도덕적 가치는 포함되어 있다. 자주, 검소, 우애, 우정, 배려, 약속 지키기와 같은 요소들은 존재하지만, 이전 교육과정에 있었던 정직, 성실, 협동, 책임, 동정과 같은 요소들은 배제되었다. 아마도 도덕과를 활동을 중심으로 하는 교과로서 규정해 활동으로 나타날 수 있는 요소들을 중심으로 내용을 설정했기 때문으로 판단된다.

　　○ 해설: 이 지문은 원전의 내용을 축약과 말 바꾸기를 이용하여 다시 서술하면서 출처
　　　　를 밝히지 않았다.

[문장의 일부를 그대로 사용하는 표절]
 7차 교육과정에서는 자주, 검소, 우애, 우정, 배려, 약속 지키기, 환경보호, 규칙준수와 같은 요소들은 포함되고, 정직, 성실, 협동, 책임, 동정, 존중, 공경과 같은 요소들은 배제되었다. 활동을 중심으로 하는 교과로서 규정함으로써, 도덕적 가치 개념보다는 행동으로 나타날 수 있는 요소들을 중심으로 내용을 설정하는 것을 원칙으로 삼아, 이런 결과가 파생되었다.

　　○ 해설: 밑줄 친 부분이 원전의 내용이다. 출처를 밝히지 않고 그대로 이용하였다.

[적절한 직접 인용]
 7차 교육과정에 대해서는 다양한 평가가 있다. 도덕적 가치와 규범은 여전히 포함되어 있지만, 행동으로 나타날 수 있는 요소들을 부각시켰다는 입장이 그렇다. 이런 입장을 대변하는 정보주의 주장을 들어보자.

 7차 교육과정에서 도덕적 가치나 규범이 전혀 배제된 것은 아니다. 자주, 검소, 우애, 우정, 배려, 약속 지키기, 환경보호, 규칙준수와 같은 요소들이 포함되어 있지만, 그 이전 교육과정이 포함하고 있었던 정직, 성실, 협동, 책임, 동정, 존중, 공경과 같은 요소들이 보이지 않는다. 활동을 중심으로 하는 교과로서 규정함으로써, 도덕적 가치 개념보다는 행동으로 나타날 수 있는 요소들을 중심으로 내용을 설정하는 것을 원칙으로 삼아, 이런

결과가 나왔다고 생각된다(정보주, 2007: 11).

[적절한 간접인용: 풀어쓰기]

  7차 교육과정에 대해서는 다양한 평가가 있다. 도덕적 가치와 규범은 여전히 포함되어 있지만, 행동으로 나타날 수 있는 요소들을 부각시켰다는 입장이 그렇다. 정보주(2007; 21)에 따르면, 7차 교육과정에서는 이전 교육과정에 있던 정직, 성실, 협동, 책임, 동정, 존중, 공경과 같은 요소들은 보이지 않지만 자주, 검소, 우애, 우정, 배려, 약속 지키기, 환경보호, 규칙준수와 같은 요소들은 포함되어 있다. 그 이유를 그는 도덕과를 활동을 중심으로 하는 교과로서 규정해, 순수한 의미의 도덕적 가치 개념보다는 행동으로 나타날 수 있는 도덕적 가치 개념으로 내용을 설정한 결과라고 분석한다.

  ○ 해설 : 원전의 생각을 분석하고 필자의 생각으로 소화하여 필자의 해석과 주장으로 제시한다.

3. 인터넷 표절

  학부생들 사이에서 가장 빈번하게 나타나고 있는 표절의 형태는 인터넷 표절이다. 현재 인터넷에서는 다른 학생들의 리포트를 거래하는 업체가 공개적으로 영업활동을 하고 있어서, 다른 리포트의 표절을 촉진시키고 있다. 하지만 이것은 모두 표절에 해당한다. 인터넷 사이트에서 다른 사람의 리포트를 사서 출처를 밝히지 않고 자신의 글에 포함시키는 행위는 명확히 표절행위로 금지된다.

4. 표절에 대한 처벌

  1) 리포트 표절이 발각될 시, 해당 리포트를 0점 처리한다.
  2) 리포트 표절이 3회 이상 적발될 시, 학생징계위원회에 회부한다.

윤리선언서

나는 진주교육대학교의 표절금지지침을 읽었고, 내용을 이해했습니다.

나는 표절을 금지하는 학교당국의 지침을 준수하겠습니다.

나는 내가 제출한 과제물과 논문에 표절탐지 소프트웨어의 사용을 승인합니다.

나는 내가 제출한 과제물과 논문이 표절로 판명되어 처벌이 내릴 경우, 이를 감수하겠습니다.

심화과정

학번

이름   서명

엮은이

김명식 _진주교대 도덕교육과 교수, 윤리학 전공
고려대 철학과를 졸업하고 같은 대학원에서 박사학위를 받았다. 영국 랭커스터대 포스트닥 연구원, 계간 『과학사상』 편집주간을 지냈고, 현재는 저널 *Environmental Ethics* 편집위원이다. 주요 저서로는 『숙의민주주의와 환경』, 『환경, 생명, 심의민주주의』가 있고, 옮긴 책으로는 『환경윤리』가 있다.

집필자

공영태 _진주교대 과학교육과 교수, 화학교육전공
경상대 화학교육과를 졸업하고 부산대에서 박사학위를 받았다. 일본 아이치교육대학 연구교수, 한국초등과학교육학회, 한국과학교육학회 편집위원이다. 주요 저서로는 『초등과학교육론』이 있고, 옮긴 책으로는 『핀란드 교육의 성공』, 『지구온난화 주장의 거짓과 덫』, 『원소 생활』이 있다.

김명식 _진주교대 도덕교육과 교수, 윤리학 전공

김정선 _진주교대 미술교육과 교수, 미술교육학 전공
서울교대, 서울대, 홍익대에서 공부했으며, 시각문화교육으로 박사학위를 받았다. 한국초등미술교육학회 편집위원장을 지냈으며 현재는 한국미술교육학회, 문화예술교육학회 학술위원으로 활동 중이다. 공저로 『야! 미술이 보인다』, 『미술교육 이론과 사상』 등이 있으며, 공번역서로 『어린이와 어린이 미술』이 있다.

류성기 _진주교대 국어교육과 교수, 국어학 및 국어교육 전공
전주교대를 졸업하고, 한국정신문화원 부설 한국학 대학원에서 문학석사, 전주대학교에서 문학박사 학위를 받았다. 초등학교 국어 교과서 집필위원을 지냈으며, 현재 연구위원으로 활동하고 있다. 주요 저서로는 『초등 말하기 듣기 교육론』, 『초등 문법 교육의 내용과 방법』이 있다.

박기혈 _진주교대 부설초등학교 교사, 초등도덕교육 전공
진주교대를 졸업하고 같은 대학원에서 초등도덕교육과 다문화교육을 주제로 각각 석사학위를 받았다. 12기, 13기 민주 평화통일 자문위원을 지냈고, 2009 개정 3-4학년군 도덕과 교과서 집필진으로 활동하고 있다.

이점선 _경남 진주 촉석초등학교 교사, 국어교육학 전공
진주교대 국어과를 졸업하고 같은 대학원 초등국어 석사과정을 이수했다. 2004년 한국 포스트 모더니즘 시 전문 잡지 『시와 세계』를 통해 등단했다. 현재는 모더니즘시학회 회원으로 활동하고 있다.

정보주 _진주교대 도덕교육과 교수, 철학 전공

연세대 철학과를 졸업하고 같은 대학원에서 박사학위를 받았다. 한국초등도덕교육학회 회장, 한국대학교육협의회 이사, 진주교육대학교 총장을 지냈다. 저서로는 『우리 교육, 우리대학, 우리사회를 생각하며』, 『과학과 형이상학』(공저), 『공학인을 위한 윤리』(공저)가 있다.

최문성 _진주교대 도덕교육과 교수, 정치학 전공

서울대 정치학과를 졸업하고 같은 대학원에서 박사학위를 받았다. 경남다문화사회연구소 소장과 통일교육연구소 소장을 지냈고, 현재는 민주평화통일자문회의 자문위원, 동북아역사재단 자문위원, 경남교육청 자문위원이다. 저서로는 『2000년대와 한국의 선택』(공저), 『21세기 한국의 정치와 경제』(공저)가 있다.